大变局时代的文化思考

范周 等 著

知识产权出版社
全国百佳图书出版单位
——北京——

图书在版编目（CIP）数据

言之有范：大变局时代的文化思考 / 范周等著. -- 北京：知识产权出版社，2021. 10
ISBN 978-7-5130-7438-4

Ⅰ.①言…　Ⅱ.①范…　Ⅲ.①文化产业—产业发展—研究—中国　Ⅳ.①G124

中国版本图书馆CIP数据核字（2021）第036777号

内容提要

大变局时代赋予文化新使命，文化正以软性内核的方式实现与各领域的融合，与经济社会发展日益密切，未来文化的发展将融入整个经济社会运行发展之中，成为不可或缺的重要组成部分。随着我国对外开放水平的提高和综合国力的提升，中华文化彰显出的独特魅力将更加历久弥新，异彩纷呈。本书对于文化产业研究者和相关工作者具有参考价值。

责任编辑：卢媛媛　　　　　　　　**责任印制：刘译文**

言之有范——大变局时代的文化思考
YANZHIYOUFAN——DABIANJU SHIDAI DE WENHUA SIKAO
范周等　著

出版发行：知识产权出版社 有限责任公司	网　址：http://www.ipph.cn
电　话：010-82004826	http://www.laichushu.com
社　址：北京市海淀区气象路50号院	邮　编：100081
责编电话：010-82000860转8597	责编邮箱：luyuanyuan@cnipr.com
发行电话：010-82000860转8101	发行传真：010-82000893
印　刷：三河市国英印务有限公司	经　销：各大网上书店、新华书店及相关专业书店
开　本：720mm×1000mm　1/16	印　张：19.5
版　次：2021年10月第1版	印　次：2021年10月第1次印刷
字　数：328千字	定　价：86.00元

ISBN 978-7-5130-7438-4

《言之有范——大变局时代的文化思考》是对2019年上半年文化发展的记录。改革开放40年取得的辉煌成就已经定格在历史长河之中，未来还有更长的路要走。回首40年改革开放以来的发展历程，我们在为取得显著成就骄傲的同时也要直面现实存在的问题。当前，改革触及的问题已从浅层转向深层，需要统筹推进各领域各方面改革，为决胜全面建成小康社会、实现第一个百年奋斗目标、开启全面建设社会主义现代化国家新征程提供强大动力。

当前，全球化的进程处于百年之变，国际形势变幻莫测。世界范围内的商品流通、人员流动、信息传播在深入发展的同时，国际不稳定不确定性因素增多，加速着全球国际秩序的变革。习近平总书记指出，"当前中国处于近代以来最好的发展时期，世界处于百年未有之大变局，两者同步交织、相互激荡"。互联网技术的快速更迭在给人们带来便利的同时也增加了治理的难度。处于大变局时代，文化要发挥应有的作用。我们取得的一切发展成就始终离不开深厚的文化根基，文化自信是更基本、更深沉、更持久的力量。

大变局时代赋予文化新使命，文化正以软性内核的方式实现与各领域的融合，与经济社会发展日益密切，未来文化的发展将融入整个经济社会运行发展之中，成为不可或缺的重要组成部分。随着我国对外开放水平的提高和综合国力的提升，中华文化彰显出的独特魅力将更加历久弥新，异彩纷呈。

大变局时代需要精准务实的科学研判。2019年，从中央到地方出台了多部文化及相关产业的扶持、引导政策，为文化产业发展创造了良好的政策环境。这些政策的引导和扶持透露出顶层设计的动态变化，同时也引领着文化领域的变革发展。文化与各领域间的融合更加深入，"魂能赋体"的格局正在形成。文化作为灵魂发挥着引领示范作用，承载文化的"体"更加丰富，科技是体、旅游是体、金融是体、商贸是体，跨界融合的思路在文化领域得到更多的应用和发展。

大变局时代需要理性思辨的战略思维。文化的发展要胸怀大局，深刻把握国内外两个大局的辩证关系。牢牢抓住我国发展的战略机遇期，推进文化强国建设。要进一步深化文化体制机制改革，加强顶层逻辑的系统部署。从供给端出发为人们提供高品质的文化产品和服务，以满足多层次、多样化的精神文化需求。加快文化产业数字化转型，推动数字文化产业高质量发展。统筹推进区域间的深化合作，加强各地区间的联系，借助"一带一路"倡议推进文化走出去，讲好中国故事，更好地促进文化交流和民心相通。

大变局时代需要行稳致远的文化定力。文化定力是坚定文化自信的内在要求，是推进文化创新发展的必要条件。在变局之中，文化要找准自己的方向和坐标，彰显中华民族文化的底色。随着科技赋能作用的加强，传统文化、乡村旅游、公共文化等领域成为热议的话题。文化新业态层出不穷，正在成为文化产业发展的新增长点。科技的革新不仅使得人们生活方式发生变化，也在促使思维方式的转变和升维。

正是源于此，"言之有范"要在大变局中抓住机遇，在变局中保持自己的定力，继续以一颗热忱之心去观察、去思考、去记录这个时代文化的变革与发展。

以上感慨是为序。

城乡建设，感悟不同地域间的文化力量

传统文化，忧喜交集下的文化博弈

时尚节事，蕴藏节日下的文化潜力

热点追踪,文化热点现象的背后机理

文创观察,用脚步丈量国际文化发展

后　记

聚焦政策，阐述顶层动态的内在逻辑

政策引领发展方向。2019年全国两会报告中，涉及文化发展多个领域的内容均在其中得以体现。与此同时，从中央到地方出台了多部文化及相关产业的扶持、引导政策，为文化产业发展创造了良好的政策环境。了解政策及其内在逻辑，对产业实践的意义不言而喻。从这里开始，开启了解2019年文化产业顶层设计的第一步。

两会闭幕，文化产业人都应关注这些"大趋势"

范周

【写作背景】2019年3月15日，第十三届全国人民代表大会第二次会议在圆满完成各项议程后，于人民大会堂闭幕。会议经表决，通过了第十三届全国人大二次会议关于政府工作报告的决议，通过了外商投资法。大会主席团常务主席、执行主席栗战书在讲话中指出，"中华民族正处在伟大复兴的关键时期。我们要更加紧密地团结在以习近平同志为核心的党中央周围，高举中国特色社会主义伟大旗帜，增强'四个意识'，坚定'四个自信'，做到'两个维护'，牢记使命，开拓进取"。两会期间，党和国家领导人对文化产业的内容创作、营商环境、区域合作等领域提出了指导性意见。未来，文化产业应继续夯实基础，发展科技格局，以优异成绩庆祝中华人民共和国成立70周年。

2019年3月15日午间，随着李克强总理答记者问的结束，2019年的全国两会正式闭幕。无论是政府工作报告和总理答记者问，还是总书记、总理等党和国家领导人组团参加地方会议，都透露出不少影响文化产业发展的重要信息。

内容创作是文化产业的起点，文艺创作应以人民为中心

2019年3月4日，在全国政协十三届二次会议的文化艺术界、社会科学界委员联组会上，习近平总书记就文化文艺和哲学社科方面工作强调指出："**新时代呼唤着杰出的文学家、艺术家、理论家，文艺创作、学术创新拥有无比广阔的空间，要坚定文化自信、把握时代脉搏、聆听时代声音，坚持与时代同步伐、以人民为中心、以精品奉献人民、用明德引领风尚。**"

这一重要讲话进一步明确了新时代文化文艺和哲学社科工作的地位、使命、价值和原则，将为文化文艺和哲学社科事业新发展注入强大动能，成为广大文艺工作者开展创作的新的指引和纲领。内容创作是文化产业的源头和起点。面对人民日益增长的美好生活需要，文艺工作者和相关各界人士须秉持对产业源头之清净的责任立场，坚守对市场供给的使命感，端正创作心态，在文艺创作过程中立足时代特色，以人民为中心，彰显新时代的价值追求。

从近两年的市场表现来看，"小鲜肉+大IP"这种近乎锁定的制作模式已经被市场宣告失灵，充分印证了唯市场轻内容、唯娱乐轻艺术的创作理念注定不能长久。**在对质量要求趋于理性的消费者面前，未经打磨就推向市场的作品越来越难以激起水花。**

同时，我们也欣喜地看到一大批优秀的现实主义题材影视文艺作品重回市场主流，反映改革开放40年百姓生活的电视剧《大江大河》，以及现代都市情感剧《都挺好》等广受观众追捧，聚焦百姓医疗难题的电影《我不是药神》总票房突破30亿元……

这些或反映时代变迁，或反映社情民意的作品，都成

微评

★ 市场化和娱乐化的作品可能在当下会获得人们的追捧，但终究是经不起时间的检验的。优秀的文艺作品需要优质的内容和艺术家的精心打磨，这样的作品才能够经受住历史和人民的检验。

为时代的"传声筒",成为群众生活的"发言人",更成为人民对于美好生活向往的寄托。这样的作品,值得被深入研究,深入思考,并以其为借鉴,牵动一批又一批各类型的优秀文艺作品面市,引领我国文化市场的繁荣发展。

改善营商环境的基调已经定下,文化企业将大有可为

两会期间,"营商环境"成为官方会议的高频词汇。在2019年政府工作报告中,共5次提及"营商环境",李克强总理在参加湖北代表团和吉林代表团等组团审议的讨论中,乃至最后的答记者问环节上,也多次强调了转变政府职能,改善营商环境的重要性,抛出下一阶段政府开展公共治理的思路主线和执行路径,对于文化企业而言有不小的价值。

第一,减税降费。经历了2016年的雏形初现和2017年、2018年的不断推行,国务院对于减税降负(税)的理解和自我革命的决心都在逐渐深入。2019年的政府工作报告中,开篇不久便阐述了"深入推进简政减税减费"的发展目标和保障措施。报告中提到,要实施更大规模的减税,明显降低企业社保缴费负担,全年减轻企业税收和社保缴费负担近2万亿元。此外,降低一般工商业电价10%的措施对于文化产业园区和文化企业削减运营成本也是极大的利好消息。

"为支持企业减负,各级政府要过紧日子,想方设法筹集资金。""为此,政府就要过紧日子,就要让利,政府的存量利益也要动,得罪人也要动,让利于企业,让利于民。"从这些铿锵有力的字眼中,能看出我国在继续深入推进减税降费从而增强市场活力方面的决心。

第二,扶持中小微企业成长。文化产业中,中小微企业既是主力军,也是生力军,扶持中小微企业的成长,既

微评

★ 小微企业普惠性税收减免政策为中小微企业的发展带来了机遇。近年来,文化领域的中小微企业融资难的问题一直是制约文化企业乃至整个文化产业发展的重要因素。

是当务之急，也是长久之计。政府工作报告中强调，重点降低小微企业税收负担，并且抓好财政部和税务总局于2019年1月联合出台的小微企业普惠性税收减免政策（财税〔2019〕13号）的落实。总理在答记者问的过程中提出促进资金流向民营企业、让小微企业融资成本在去年的基础上再降低1个百分点等措施，并表示："**小微活，经济才活，就业才多。**"对于存在大量个人及品牌工作室等小微企业的文化产业亦如是，融资渠道愈加顺畅、融资成本相对降低，小微企业的活力便能够增强，文化市场的活力也才能有所保障。

此外，两会期间的部长通道上，财政部部长表示，要积极落实国务院的要求，为广大中小微企业带来了**放宽认定范围、协调投融资难题、政府直接采购和支持中小企业"双创"升级四项具体措施**，支持中小微企业茁壮成长，在市场中发挥独特的、强劲的作用。也希望广大文化企业，把握政策利好，提高创新能力和市场核心竞争力。如总理所说，做到"激发消费的潜力、市场的活力、社会的创造力"。

第三，加大知识产权保护力度。随着经济和科技文化实力的不断增强，以及全球贸易合作的不断深入，保护知识产权在营造有利于商业发展的市场环境中被置于越发重要的位置。2019年的政府工作报告中提出，"**全面加强知识产权保护，健全知识产权侵权惩罚性赔偿制度，促进发明创造和转化运用**"。知识产权法也将修改，通过对侵权行为引入惩罚性的赔偿机制，使侵犯知识产权的行为无处可遁。必须要认识到的是，**一个国家的知识产权保护水平要和原创能力、创新能力成正比，若知识产权得不到有效保护，那创新型国家也就无从谈起。**

就文化产业而言，一方面，保护知识产权就是保护原创内容，加大对于盗版行为在司法、行政、经济方面的打击力度刻不容缓；另一方面，全面加强知识产权保护意味着市场环境的肃清，我国内容创作者的生产环境将得到进一步改善，属于创作者和文化品牌的商标、专利和版权将得到更为健全的保护机制，以此鼓励更多创新要素的活跃涌流。

第四，两会期间国务院办公厅印发《关于在制定行政法规规章行政规范

性文件过程中充分听取企业和行业协会商会意见的通知》。该政策的出台同样值得关注。由于非政府行为在文化产业的发展过程中发挥着非常大的作用，如制定标准，发布规范等（2019年初，中国网络视听节目服务协会发布《网络短视频平台管理规范》和《网络短视频内容审核标准细则》，对短视频的发布者和平台方提出详细要求），在产业运行当中要发挥好企业、行业协会和商会的知情权及表达权。企业、行业协会、商会在产业相关法规规章和政策的制定过程中话语权比重的提高，有助于政策更好地切中和把握产业的痛点，打通和理顺产业的难点。

国家战略纵横捭阖，静待区域内外文化产业"扶摇直上九万里"

2019年的政府工作报告中强调，要"优化区域发展格局"，更要"推动城乡融合发展"。时至今日，国家战略早已不能再用片面、孤立的眼光进行看待了。不论是横向的国家区域战略，还是纵向的国家产业战略，都是国家战略一体化框架中相互联系、相互影响的重要组成部分，并且以产业发展战略为支点，以区域发展战略为杠杆，撬动了文化产业在区域经济当中的作用。在文旅融合、乡村振兴和全域旅游等空间提升理念的影响下，文化产业已被赋予和积蓄了强大的能量，对于区域增长极的打造将扮演重要角色。

京津冀协同、长三角城市群发展规划、粤港澳大湾区等区域规划虽在国家定位上有所差异，但在发展理念上都创新性地夯实了文化产业全方位、多层次融合发展的基础。

从空间来看，三大区域的发展理念突破了以往的省市限界，着眼以城市群思路协调城市功能和资源向最有利于发展的方向进行布局，突破现有的城市发展瓶颈并在更广泛的版图上产生辐射效应，成为衔接"一带一路"倡议的世界级中心城市，在促进人口流动和文化融合等方面产生新的可能性。

从措施来看，三大区域依托现有的发展基础，根据比较竞争优势，明确了各自发展的定位，提出了区域文化建设的目标。如京津冀协同定位"以首都为核心的世界级城市群、区域整体协同发展改革引领区、全国创新驱动经济增长新引擎、生态修复环境改善示范区"，将以规划后试点最后推开的多步走模式进行公共文化服务的建设，逐渐壮大地方文化产业；而粤港澳大湾区则定位"充满活力的世界级城市群、具有全球影响力的国际科技创新中心、'一带一路'建设的重要支撑、内地与港澳深度合作示范区、宜居宜业宜游的优质生活圈"，将重点培育壮大以动漫游戏、网络文化、数字文化装备、数字艺术展示等数字创意产业为代表的战略性新兴产业，构建现代服务业体系。在建构思路和路径上三大区域因各自基础的不同而有所差异，但各规划中已表明的各项文化产业发展思路，令人对三大区域如何挖掘和激活在地文化、如何缔结和凝练新文化抱有期待。

从发展来看，2019年的政府工作报告中提到："对标全面建成小康社会任务，扎实推进脱贫攻坚和乡村振兴。"**面对2020年全面建成小康社会的目标，乡村振兴和全域旅游定将实现新一轮的文化产业飞跃和融合。**

一方面是因为乡村振兴离不开文化振兴。**利用文化产业来推动和实现乡村振兴，既可以发挥文化产业的经济属性，通过利用乡村良好的人文生态环境开发文化项目和产品，提振乡村经济，又可以发挥文化产业的社会属性，借文化产业的外部性带动乡村文化水平的进步，实现乡村的文化脱贫。**

另一方面则是因为全域旅游既是旅游的全域化，也是文化的全域化，这是由于"全域"的概念，既是看得见摸得着的旅游空间，同样也是看不见摸不着的文化载体。乡村振兴和全域旅游的交叉演进，将进一步提高消费者对于乡村和旅游景点中文化氛围提炼程度的要求，以供给侧要

微评

★ 文旅融合的背景下，要不断探索文化产业与乡村振兴的协同发展。用文化产业带动乡村经济的发展，以文化助力乡村扶贫工作，实现乡村文化的可持续发展。

求的变化带动产业向更高质量的文旅融合进行发展。

科技格局将迎新嬗变，"三创"风潮撬动文化产业衍生新形态

在2019年的全国两会新闻中心中，5G全方位服务已经得以实现，经过认证的各媒体可以在现场体验到5G千兆的上网速度，而5G+4K+AI+VR（5G网络+4K高清视频传输+人工智能+虚拟现实技术）则成为两会记者进行报道的标配。同时，工信部部长苗圩于两会期间表示，5G牌照很快将发放。尽管5G的商业场景还不甚明晰，各投资机构也都仅仅进行着战略性的投资布局，并未深入产业链攻城略地，但随着5G和物联网技术的不断发展，我国科技格局定将进入崭新的阶段。**届时，由于传输速度的指数型增长，在线的将不仅仅是我们的数据，我们的私人生活和个人的存在方式都有可能被颠覆，实现在线化、虚拟化和无边化。**

一是网络的提速降费是眼前的头号利好。截至2018年年底，我国网民规模达8.29亿，全年新增网民5653万，互联网普及率为59.6%。面对规模庞大的互联网用户，解决好、落实好、服务好网络使用条件已经是人民群众的普遍诉求。本次两会中，李克强总理曾多次强调，网络提速降费是有利于消费者，也有利于产业发展的，今年要在过去的基础上再降费20%。使用成本的降低有可能下探新的市场，从而带来更多的用户，潜在地扩大了数字内容消费的市场规模。

二是继"互联网+"被写入政府工作报告后，"智能+"也在2019年的两会中被多次提出，并且首次被写入政府工作报告。总理在答记者问中提到，通过推进"互联网+"来拓展"智能+"，推动数字经济、共享经济又好又快地健康发展。在推动发展的过程中，既要符合发展规律，也要不断寻求突破，跃出传统思维的限制。

过去几年当中，偏远地区的群众、家庭、孩子已经能够通过互联网获得优质的教育和医疗资源来帮助他们解决实际的问题。同时，人工智能技术几乎席卷了各个行业，成为各个国家和行业巨鳄角力厮杀的焦点，一定程度上

也推动了文化产业领域创新、创业、创造的前进，启迪了诸多创业者投身蓝海，文化产业新业态新模式如雨后春笋般快速涌现。

"三创"风潮将继续催生许多文化产业新业态。"互联网+"联动了许多方面，释放着市场的活力和社会的创造力，更多的机遇也在我国互联网不断推广普及的过程里，一点一点地酝酿。

科技与文化产业联系密切，深刻地影响着文化产业的生产、传播和消费等各个阶段，每个阶段如何应对新技术的到来，新技术的传导机制如何建立，都值得去仔细思考。 而共享经济和抖音的相继成功，让人再也无法忽视互联网中潜藏的商业机会。随着经济社会形势的逐渐变化，以科技为基础的创新工具不断丰富，打破常规又极富创造力的青年群体将会积极响应创新、创业、创造的"三创"号召，并在文化产业（特别是数字创意产业）中发挥巨大作用，传统商业模式被突破和再造有可能成为常态。

继续夯实文化产业基础是经济之选、民生之选、时代之选

必须认识到的是，我国文化产业发展时间还很短，基础还较为薄弱，具有世界影响力的文化产品还很少。**但是面对复杂多变的国内外环境，坚持发展文化产业，夯实文化产业的基础，将是经济之选、民生之选，也是时代之选。**

由于我国正处于供给侧结构性改革、寻求新旧动能转换的新常态时期，发展文化产业成为经济之选。从数据来看，自1978年至2018年，我国的国内生产总值从3679亿元增长到82万亿元，经济规模扩大了225倍；全国人均可支配

微评

★ 科技的更新催生了文化产业在生产、传播、消费等各个领域的变革。文化和科技的融合不是文化和科技的物理相加，更多的是要产生化学反应，是深度融合下的解构与重构。

★ 文化产业作为朝阳产业与各领域融合发展。文化产业是幸福产业，它对于调整经济结构、满足文化需求、促进社会发展起着重要作用。

收入从343元增长到25974元，扣除价格因素后比1978年实际增长22.8倍。我国的平均恩格尔系数由1978年的60%降低到2017年的29.3%。从增速上来看，近年以来，我国经济增速从7%放缓至6.7%，进入新常态。其中，第三产业在我国经济结构中的比重稳步提升，于2015年突破50%。

历年三次产业吸纳就业的人数也很明确地显示了我国的产业结构在朝着高度化的方向上迈进。但在几轮抗周期的经济增长过后，我国面对世界经济走入下行通道以及内部体制弊端带来增长放缓的双重困境，投资和出口两大传统经济增长驱动力相继进入瓶颈，急需有新兴产业加入到新旧动能转换中来。

正是在这种情况下，我国文化产业近年内逆势上扬，每年增速大幅领先GDP增速，居民年均文化娱乐消费也从2013年的1398元增长至2017年的2086元，消费势头和产业发展都相当迅猛。加之强外部性和边际效应递增的特点，文化产业已逐渐被各地确立为国民经济支柱型产业，各级财政日渐重视，在新旧动能转换过程中能够发挥重要作用。

由于我国的社会现状和人口结构，发展文化产业成为民生之选。李克强总理表示："民生是天大的事情"，仅以老龄化为例，按照国际上将全国65岁以上人口占全部人口比重达7%作为老龄化社会的标准，我国自1999年起已经进入了老龄化社会。

根据相关的人口预测数据，在未来的20年中我国将进入人口老龄化高峰期，平均每年增加的老龄人口数将为1000万人，2050年老年人口将占到总人口数的1/3之多，老龄化问题非常严重。如李克强总理所说："**老年人能安度晚年，孩子们有幸福的童年，那就有千家万户幸福愉悦的家庭，也可以让青年人或者中青年人有更多的精力去就业创业。**"足见发展高质量的康养产业的必要性和紧迫性。

到目前为止，我国的养老服务体系还不够健全，养老机构和养老设施的模式也较为原始，无法满足现代老年人的心理和社会需求。**因此，加大康养产业中文化产业的组成占比，如老年大学、日间照料等成分，有助于实现国家"老有所养、老有所为、老有所学、老有所乐"的老年工作目标，有助于**

"独生一代"组成的家庭卸下赡养四位老人的过重负担，也有助于社会的和谐和稳定。

由于文化软实力在国家竞争中权重的提升，发展文化产业成为时代之选。5G和人工智能在全球范围内的竞争呈白热化的军备竞赛之势，透露出这样一条信息——全球信息化时代，软实力体系的建构是国家竞争中最有力的武器，文化软实力是其中相当重要的一环。这样的背景，使得我国作为秉持着对外开放等一系列和平外交政策的世界上最大的发展中国家，要应对更为复杂的国际关系，也对我国的文化软实力建设提出了更高的要求。面对该情况，文化产业各界人士应积极参与到区域发展中去，实现区域内、区域间的统筹协调发展，实现文化事业和文化产业的统筹协调发展。

此外，短期内加强公共文化服务设施的建设，中期内坚持以乡村振兴和全域旅游带动文化和旅游融合，推进文化精神在全域空间的显化，并且制定积极的人才政策吸引文化人才、教育人才等向不发达地区流动，实现长期的、可持续的文化软实力提升。

必须要注意的是，国际关系不仅仅有竞争，"人类命运共同体"同样是我国理解国际关系的视角。对外加强中外人文交流，同样是时代的迫切要求。如文化和旅游部部长雒树刚在部长通道上所表示："通过文化和旅游的融合发展，推动中外人文交流。2018年我们出境游近1.5亿人次，我们国家已经成为世界上最大的旅游客源国。所以，一方面我们要积极地采取措施，保证我们出境游客的安全。另一方面我们要积极引导出境游客的文明旅游，要使中国的游客成为中国形象的体现者、中国故事的传播者和中国文明的代言人。"

微评

★ 人口老龄化是社会发展的趋势，也是我国今后较长一段时期的基本国情。近年来，国家不断制定和完善人口老龄化的政策体系，老年市场有着巨大的发展潜力。

推动国有文艺院团深化改革，坚守社会效益是"底线"

范周

【写作背景】国有文艺院团是繁荣发展社会主义文艺的中坚力量，是满足人们向往美好生活的精神文化需求的重要途径。为推动国有文艺院团把社会效益放在首位、实现社会效益和经济效益相统一，充分发挥国有文艺院团在繁荣发展社会主义文艺中的示范引领作用，中央宣传部、文化和旅游部、财政部、人力资源社会保障部制定了《国有文艺院团社会效益评价考核试行办法》（以下简称《试行办法》），共5章28条，并附有《国有文艺院团社会效益评价考核标准》。《试行办法》明确评价考核原则、规范评价考核内容与方式、设定评价考核流程、明确评价考核结果应用，并建立一系列相应的约束和激励机制。

文化体制改革以来，国有文艺院团成为文艺演出领域的重要主体，是文艺创作和生产的重要力量，肩负着繁荣文艺事业、传播中华优秀传统文化与丰富和提升公共文化服务的重要任务。继2015年9月中共中央办公厅、国务院办公厅印发《关于推动国有文化企业把社会效益放在首位、实现社会效益和经济效益相统一的指导意见》，明确文化企业社会效益指标考核权重应占50%以上后，《国有文艺院团社会效益评价考核试行办法》（以下简称《试

行办法》）成为中央出台的首个国有文艺院团社会效益量
化考核的文件，意义重大。

突破瓶颈：由"软指标"转为"硬指标"

长期以来，在强调"文化企业必须始终把社会效益放
在首位"和强化突出国有文化企业应承担的社会责任时，
社会效益一直作为"软指标"，不具有量化和较强的约束
力。如何将社会效益的"软指标"变成"硬指标"一直是
瓶颈，在实现社会效益与经济效益相统一过程中也始终存
在矛盾和困局。随着文化和旅游领域"放管服"改革不断
深化，国有文艺院团加快深化改革，为人民提供优秀文化
产品的要求不断强化，《试行办法》的制定体现了社会效
益考核机制近年来积极探索出的重要成果。

《试行办法》共5章28条，明确了评价考核的内容、方
式、流程，以及评价考核结果应用等内容。**它突出了国有
文艺院团在文艺创作、文化产品供给等方面的带头作用；
强调了作品生产创作、演出传播过程中要坚持把社会效益
始终放在首位的原则。**更重要的是，《试行办法》把社会
效益的"软指标"变成了"硬指标"，是将社会责任与绩
效挂钩的一次历史性突破。

"三大指标""五大环节"：评价体系科学严谨

《试行办法》对国有文艺院团的社会效益评价设立了
三个一级指标，分别为创作、演出、普及，三项指标分值
共计100分，其中前两项指标合计80分。指标比重还可以
"因地制宜"，各级考核委员会可根据当地国有文艺院团

微评

★ 国有文艺院团
是繁荣发展社会主
义文艺的中坚力
量，也是进行公共
艺术教育、提升公
民审美能力和审美
水平的主阵地。因
此，对国有文艺院
团的社会效益进行
量化衡量具有重要
意义。

的发展情况和演出计划等进行灵活调整，在合理范围内分配一级指标权重，三级指标权重和分值可根据实际情况自行确定。

从指标分值比重和三级指标制定的要点内容来看，强化对现实主义题材作品的创作成为文艺工作亟须直面的重要内容，公益性演出和下基层演出的次数、普及活动的次数以及参与和覆盖人次也成为重要考核依据。面对文化市场机制在推进公共文化服务方面的"失灵"和不足时，**《试行办法》中对艺术鉴赏、艺术培训等形态的普及活动进行的指标设定，可以有效弥补文化市场机制的漏洞，让更多人参与艺术知识学习和鉴赏，并且能够兼顾低消费能力人群的文化服务保障**。可以看出，《试行办法》中的考核指标设定对国内文艺领域现存的突出问题具有较强的针对性和指向性，在强化公共文化服务功能方面尤为突出。

《试行办法》对社会效益评价考核的流程有5个环节，分别是院团自评、审核复评、会议评议、综合定级和结果反馈，充分体现了定性和定量相结合的评定方式。此外，它对社会效益考核对象范围有所拓展，适用对象包括企业体制院团和事业体制院团，并由宣传部门、文化和旅游部门、财政部门、人力资源和社会保障部门组成的考核委员会作为考核主体，部分涉及其他主管主办单位或出资人的机构也可以纳入考核主体中。

考核结果：既奖罚分明又行之有效

《试行办法》将院团负责人以及职工作为考核定级的直接利益相关方，将评价考核结果进行通报备案，并与院团专项资金申请、负责人的任用和薪酬、职工工资总额等内容直接挂钩，充分体现了考核的严肃性。在考核依据方面，以年度计划目标与实际完成进行完成度的评价，强调实效性的同时增加正向激励。此外，根据按百分制赋值的分数，设置优秀、良好、合格、不合格4个评价等级。**通过实施"一票否决"制，对失信、谎报、造假以及出现重大安全事故等情况，直接评定为不合格，借此达到强化正确的工作导向和维护意识形态安全的作用。**由此看来，社会效益评价考核机制严格遵循了奖罚分明的评判原则。

《试行办法》中细致的量化指标评定，充分体现了社会效益考核评定的严肃性、实效性，在试点评价考核的范围内，测试《试行办法》实施效果的同时，要不断总结艺术创作演出的传播规律，不断完善考核机制，使之可以具备在全国范围内推广实施的可操作性和精准性。

强化精品导向，守好社会效益的"底线"

总的来看，《试行办法》的发布，是新时代下对国有文艺院团发展的新阶段要求，是促进文艺演出行业规范化和优质化发展的"及时雨"，更是为文化市场机制运行下国有文艺院团的发展标出了"底线"。

首先，《试行办法》强化了演出创作的精品化导向，旨在不断提升文化产品供给的质量，同时提升优质文化内容的覆盖面。创新是发展的动力，国有文艺院团的发展也亟须注入新的活力。《试行办法》在"创作机制""年度作品"和"创作荣誉"等二级指标中，突出强调了对国有文艺院团创作能力方面的评价考核内容，强化了创新驱动发展的重要理念。同时，还加入了奖项荣誉等充分体现竞争性的指标内容，对行业内的良性竞争发展起到激

微评

★ "一票否决"制体现了国有文艺院团改革的底线思维，但在实施过程中要注意其适用的条件和要求，避免降低工作效果，助长腐败风气。

★ 在国有文艺院团的发展中，一是要进行艺术作品的创新，利用新的表现形式创作出符合时代精神的作品；二是要进行院团管理的创新，追求管理的人性化、弹性化和高效率；三是要进行传播方式的创新，利用新型传播平台和手段，提高院团公共服务的覆盖人次。

励作用。

其次，通过国有文艺院团的示范带动效应，逐渐净化、优化演出市场，充分发挥其对中华优秀传统文化内容的传播和交流作用。以国有文艺院团作为示范和引领，不断加强行业管理，为大众创作和生产出具有较高文化价值和满足人民需要的文艺演出作品。《试行办法》对观看满意度的二级指标设定，也增强了观众与创作主体的双向互动性。

最后，立足新时代，要积极拓宽发展新思路，进一步推动文艺院团的深化改革。在市场化思维深入到国有文艺院团的经营和管理时，为防止其在市场化运作机制中背离以人民为中心的服务导向，防止其运营发展背离自身重要责任与使命，社会效益"硬指标"的发布和实施将有效抑制单纯的趋利倾向，保证在实现国有文艺院团"双效统一"的发展过程中，面对社会效益与经济效益之间的冲突与矛盾时，能够倾向社会效益。

微评

★ 观众是艺术作品形成过程中的重要组成部分。创作主体为观众提供可供欣赏的艺术作品，观众又通过欣赏的过程对该艺术作品进行二度创作。在这个过程中，观众和创作主体进行了双向的互动。

从2019年国家社科基金立项名单，看文化产业学界研究热点

宋朝丽

　　长期以来，国家社会科学基金立项课题代表着人文社科领域最权威、最前沿的研究方向，受到人文社科领域研究者的广泛关注。2019年国家社科基金立项课题于6月25日公示，其中有不少涉及文化产业相关研究的题目。本文对散布在不同学科门类中的文化产业相关题目进行梳理，探寻2019年文化产业学界关注的热点问题，对文化产业学术发展脉络进行动态跟踪。

　　2019年国家社科基金共立项课题4629项，其中一般项目（含重点项目）3536项，青年项目1093项。**从中选取课题中同时具备"文化"+"产业"要素的题目，如非物质文化遗产，如果题目只涉及保护传承，不涉及创新利用，则不在统计范围内，共筛选出文化产业相关题目77项，占全体立项课题的1.66%。**

2019年文化产业研究关注的热门问题

　　从立项课题内容来看，2019年文化产业学术研究关注的热门问题集中在以下几个方面。

传统文化资源的传承创新

传统观念认为，对传统文化资源的创造性转化和创新性发展是文化产业发展的根基。2019年国家社科基金项目中有大量此类研究：**一是红色文化资源的传承创新**，如革命文化的传承、长征文化的弘扬与发展、大别山红色文化传承与发展、红色家训的传承等；**二是传统文化的继承传播与利用**，包括德育文化、家训文化、少数民族非物质文化遗产、地方特色文化资源的传承和开发利用；**三是文化遗产的传承开发再利用**，包括农业遗产、工业遗产、体育文化遗产等。

乡村旅游与乡村文化振兴

乡村振兴，文化铸魂。围绕乡村文化振兴，文化产业领域有两个研究分支：**一部分学者从产业角度出发，关注乡村旅游和特色小镇建设，研究如何通过乡村旅游产业的发展实现乡村振兴**；**另一部分学者从文化角度出发，关注乡愁记忆的激活与传播、乡村文化的再乡土化、农村传统文化的传承创新。**

公共文化空间打造

文化空间是文化产业发展的空间载体，2019年国家社科基金项目中，对文化空间的研究，主要体现在农村传统公共文化空间、特色小镇建设、新型阅读空间、中国大运河多重游憩空间、新疆族际共享生活文化空间等具体项目上。

文化产业细分领域

按照2018年国家统计局对文化及相关产业的分类标准，将文化产业分为9大类43中类146小类。在2019年国家

微评

★ 乡村休闲旅游日渐成为乡村振兴的中坚力量。据全国休闲农业和乡村旅游大会上的数据显示，2019年我国乡村休闲旅游接待游客约32亿人次，营业收入达8500亿元，成为"绿水青山就是金山银山"的重要实现途径和生动写照。

★ 公共文化空间的建设一方面要考虑其服务功能、覆盖范围和运营管理；另一方面也要考虑到其所承载的审美品位、精神内涵和文化价值。

社科基金（艺术学专项除外）中涉及的门类包括视听产业、出版产业、数字创意产业、网络文学、休闲产业、滑雪旅游产业等。**从严格意义上讲，这些细分产业类型并不严格符合国家统计标准，但也体现出文化产业融合发展、灵活多变、新兴业态不断产生的特点。**

其他相关研究

其他研究较为分散，**大概分别为三个方向：一是文化产业基础理论研究，**如新时代美好生活的精神向度研究、阿多诺文化工业理论及其对我国文化自信的启示、文化交流对中国OFDI的驱动机制及增长效应研究等。**二是文化产业相关法律政策研究，**如对文化产业国际贸易规则、出版业体制改革、著作权及版权保护、新型产品确权、美国书报审查及文化规制的研究等。**三是文化企业及新兴群体研究，**如对网络社群、电影文化企业、战略性新兴产业的研究等。

2019年文化产业研究的特征

从以上内容分析中可以看出，自2002年文化产业学科出现以来，经过17年的发展，当前中国文化产业研究已经从基础概念研究走向更深层次的细分研究，更加关注社会现实发展，更加注重文化所承担的社会责任。具体来说，2019年文化产业研究呈现出如下特征。

关注点较为集中，积极响应国家发展战略。近半数研究聚焦在乡村振兴战略、传统文化传承创新方面。**党的十八大以来，习近平将对中华优秀传统文化的重视提升到崭新高度，视其为中华民族伟大复兴和构建"人类命运共同体"的强大精神力量。**党的十九大报告中提出实施乡村

微评

★ 文化产业具有显著的跨学科特点，这也就要求文化产业的从业者要掌握文化、管理、经济、法律等多方面的知识，并持续关注新兴技术的发展，大胆创新。

★ 文化企业及新兴群体为文化产业注入了新的活力。其中，新兴群体的出现不仅有可能创造新的文化产品，拓展文化传播渠道，甚至有可能带来文化消费方式的变革。

★ "文化兴则国运兴，文化强则国运强"，在实现中华民族伟大复兴的道路上，要以中国优秀传统文化为指引，增强爱国主义意识，增强文化自信。

振兴战略，将其定位为建设现代化经济体系的重要基础和实现全体人民共同富裕的必然选择。文化产业领域对这两个问题的关注，体现出文化在国家发展战略中的作用和地位。

更加注重文化获得感的实现，即文化产业与日常生活的联系更为密切，将文化融入生产生活，实现文化的日常化。无论是传统文化资源的开发利用，还是公共文化空间的打造，无论是乡村文化振兴还是少数民族地区文化旅游发展，都将满足本地居民美好文化需求放在第一位，提升居民文化素养，激发居民文化需求，丰富居民文化生活。

学科归属不明，研究范式不成熟。从学科分类来看，文化产业相关研究散布在马列社科、管理学、经济学、法学、社会学、民族学等不同的学科领域。说明文化产业融合性包容性很强，与各个学科都可以找到结合点，但同时也暴露了文化产业学术共同体很难构建，学科研究范式尚没有形成的问题。相较于管理学、历史学等成熟的一级学科，文化产业仍处于起步状态。

关键要素及前瞻性研究提升空间很大。中国文化产业经过近20年的发展，已经到了如何成为国民经济支柱产业的关键时期。当前研究对文化产业发展的关键环节研究不足，如文化产业内容生产能力的提升、文化要素市场及资源配置效率问题、文化与科技的深度融合、文化与金融市场的有机结合等问题仍缺乏研究。对文化产业发展的前瞻性问题关注不够，人工智能、云计算、5G技术与文化产业的结合机制、文化与旅游融合发展机制、培育新型文化业态和文化消费模式等文化产业领域亟须关注的问题，仍有很大的研究空间。

结语

1986年，国家社会科学基金经国务院批准设立，30多年来，在人文社会科学领域，国家社科基金立项课题一直起着引领示范作用，引导着人文社科的发展方向。文化产业是人文社会学科中的"小树苗"，能否茁壮成长，离不开国家社科基金在发展方向上的引导，同时，也离不开文化产业自身的发展和努力。

也说"适用性"，公共文化服务如何才能更"解渴"

赵瑞熙

【写作背景】公共文化是相对经营文化而言，是为满足社会的共同需要而形成的文化形态，强调的是以社会全体公众为服务对象的公共行政职能，目标是人人参与文化、人人享受文化、人人创造文化。进入21世纪，特别是2003年以来，"公共文化"一词的内涵在中国语境中有了深刻转变。2004年，上海明确提出"公共文化服务体系"建设目标，作为新世纪文化建设实践的创新形式。2006年，《国家"十一五"时期文化发展规划纲要》作为政府文件，首次将"公共文化服务"纳入其中。近年来，公共文化服务的重要地位日益凸显，在满足人民日益增长的精神文化需求方面大有可为。然而，公共文化服务体系建设中仍然存在一些问题，亟待解决。

下班后和朋友一起听一场"免费"的音乐会，看一场"说去就去"的话剧，周末带着孩子一起读绘本、编绘本、画绘本，自己听一场长知识的免费讲座……多姿多彩的文化生活让人民的幸福"饱腹感"陡升。

近年来，政府提供的公共文化服务推陈出新，不断走进生活、改变生活。在满足人民对美好文化生活的向往面前，作为保障和改善民生的重要举措，加快构建现代公共文化服务体系的重要性不言而喻。

在2018年8月召开的全国宣传思想工作会议上，习近平总书记强调要完善公共文化服务体系，提高基本公共文化服务的覆盖面和适用性。如果说"覆盖面"解决的是公共文化服务的数量问题，那么"适用性"则从质量角度出发对公共文化服务体系建设提出了新的要求。近年来，我们的公共文化服务做到了很多过去没有做到的事，完成了很多过去没有完成的任务，这是非常值得肯定的。**但谈到提升适用性，就必须抛弃"完成任务"的固有思维，努力从"做到"向"做准""做好"迈步前进。**

对"适用性"的新思考

流量明星加网红领袖强势霸屏，综艺娱乐、电影电视井喷之势不减，演出展览参与体验不断升级，在文化供给日渐丰富的当下，人们的注意力成本越来越高，随手可得的文化佳肴使他们可以随时找到自己偏爱的那一味。既然已经有了这么多的"文化菜单"，那还需要公共文化服务做什么？从适用性的角度考虑这一问题，或许能够找到一点点启发。

由"大而全"转向"全而准"。 随着"互联网+"影响不断深入，公共文化服务的内容与形式也在不断创新，很大程度上突破了过去公共文化服务"自说自话"供给侧矛盾。青岛、成都等地打造了文化超市，福建闽侯县设立了"周末农家戏台"点单台，上海嘉定提出了"精而美"的社区公共文化服务发展思路。这些由"政府端菜"向"百姓点单"的转变，为实现公共文化服务适合、有用做出了积极创新。**政府让群众"点菜"，群众才能为政府"点赞"，我们的公共文化服务"做到了"，也"做对了"。**

新时代继续提升公共文化服务适用性，以"点单式""流动式"服务为代表的有益探索需要进一步推广优化、再升级，**不断"做好""做准"**。例如，如何让更多的人了解并参与"点单"？如何充分利用互联网技术让"点单式"服务体验更为便捷？服务体验评价机制如何与公共文化服务效能提升全面链接进而构建起公共文化服务供给生态的完整体系？

由"保基本"转向"高水准"。 "点单式"服务背后，需要的是优质的服务内容供给。现如今的公共文化服务早已不是举办个展览、组织一次演出、开办几个不同类型的培训课程那么简单。受众各异，需求多样，而面对不断增长的文化需求，不改变，就会被抛弃。**2019年元宵节，北京多地举办的元宵灯会预约火爆，有的甚至一票难求；有的人为了心仪已久的演出门票苦苦守着抢票按钮的倒计时，点开领票界面后却被"已抢光"三个字狠狠泼了冷水。**与之类似，一些品牌较为成功的高质量公共文化产品仍处于供不应求的境地，排队、抽签等现象时有发生。这一方面让我们看到了群众对于文化生活的需求火热，另一方面说明了公共文化服务供给的结构性不足。**在保证多样化的基础上强化品质，始终都是满足群众公共文化需求的根基，而当下，除了品质保证之外，需要更大的有效供给。**这是让公共文化服务更好的适用于百姓需求，融入百姓生活的推动力量，无论到何时，这都要始终坚持。

由"要你来"转向"你要来"。"酒香也怕巷子深"，互联网带来的信息爆炸使得人们的注意力变得格外珍贵；满足人民群众美好精神文化生活需求的内容异彩纷呈，让人们的文化选择越来越多。**要想适应，先要顺应，**公共文化服务要想真正走进生活，深化影响，高品质的宣传营销策划也要跟上步伐来顺应传播环境新变化，这是当下公共文化服务实现更好"适用性"的起点。

网红"故宫"的营销可谓赚足眼球、名利双收，"紫禁城上元之夜"一票难求的现象引人深思，故宫固然有其自身IP资源的强大号召力，但这种营销策划的思路是值得借鉴的。**新时代提升公共文化服务适用性，必要的营销手段需要纳入到公共文化服务管理体系中。**一次成功的营销策划，可能会让公共文化服务提供方事半功倍，然而事实却

微评

★ 预约门票的火爆背后反映出的是人们旺盛的文化需求。随着我国主要矛盾的转变，人们对美好生活的需求更加强烈。如何深度加强文化领域的供给侧结构性改革，提供有效供给是下一步的重点工作。

是，有很大一部分人并不了解公共文化服务的获取方式，不知道公共文化服务提供的都是什么样的内容，这等于在公共文化与群众之间竖起了一面高墙。所谓"四两拨千斤"，不论是意识薄弱，还是力量有限，公共文化服务提供方未来都应当重视营销的力量。

由"一二线"转向"县乡镇"。地区之间公共文化服务的差异、差距在公共文化服务中越来越敏感，重新思考"适用性"也需考虑这一方面。仅从同一地区城乡公共服务发展情况就可以感受到，大城市公共文化服务供给质量数量相对充足，县乡镇的公共文化服务仍然相对空白，场馆形同虚设、活动参与稀少、数字化建设缺乏、创新乏力非常普遍，这与公共文化服务重心下移相去甚远。**在当前情况下考虑"适用性"，要更多着眼于县乡镇等的基层公共文化服务建设**，积极引入大城市和发达地区的公共文化服务供给的相关经验与内容、服务，让县乡镇区域内现有的、尚未发挥作用的公共文化服务设施，如县级图书馆、文化馆、乡镇文化中心等发挥应有的作用，让公共文化服务重心下移，在县乡居民的生活中"适用""有用"。

"适用性"是基础

没有"适用性"，就无法充分实现公共文化服务的初衷。公共文化服务旨在保障好、发展好人民群众基本文化权益。党的十八大以来，我国的公共文化服务体系建设整体推进、重点突破、全面提升，发展态势积极向好，但短板仍然存在，弱项仍显明显。当公共文化服务领域中不平衡不充分的发展矛盾遇上人民群众对更加美好的文化生活需求时，公共文化服务就显得"捉襟见肘"了。**我们**

经常看到，农家书屋在村中备受冷落、落满灰尘，马路旁边的图书借阅机几乎无人问津，一些县级图书馆藏书寥寥无几、门庭冷落，文化馆内更是空无一人、空无一物，形似"空壳"。在公共文化服务体系建设补短板、强弱项的情况下，这些问题时刻警醒着我们公共文化服务资源配置"适用性"严重不足的现实；拷问着我们公共文化服务如何能够"初心不改"，通过提升适用性来更好满足需求。

只有"适用"，才能有用、好用。公共文化服务作为政府主导的、宣传思想文化工作的重要组成部分，承担着举旗帜、聚民心、育新人、兴文化、展形象的使命任务，是群众"家门口"的基层文化阵地。完成好新时代这一使命任务，要以质量为本，以适用为前提。只有适用，才能好用，才能影响人、感化人，让人民群众在文化获得感中提升生活幸福感和认同感。公共文化服务从群众身边的小事着眼，满足的是群众最需要的文化生活需求，是群众身边参与次数多、参与程度深、群体互动性很强的文化活动，其潜移默化的特征最为突出，优质的公共文化服务不仅能够培育良好的社区文化氛围，更能够凝聚人心、成风化人，不断提升社会文明程度，提升城市文化品位。从这一角度来说，提升公共文化服务适用性更是势在必行。

用好"三种力量"，为增强"适用性"寻新路

不断提升公共文化服务的适用性，是对新时代公共文化服务体系建设高质量发展提出的新要求、新目标。以适用性为基点，通过高质量文化供给增强人民群众的文化获得感、幸福感，需要充分利用好这三种力量。

第一，要用好人的力量。实现好、发展好群众的基本

微评

★ 农家书屋无人问津的现象显示出当前我国公共文化服务推进过程中存在的供需错配问题。公共文化服务要增强适用性，真正地做到由人们参与、由人们共享，更好地满足人们的文化需求。

文化权益是公共文化服务的初心，在增强公共文化服务适用性的过程中，要时刻以人为中心。政府是公共文化服务的主导者，如何用好人的力量，政府的作为至关重要。提升适用性，政府部门应时刻刷新思维，转变理念，重构公共文化服务体系相关内容，将必要的营销、高质量的内容服务和完善的评价机制等考虑在内，"变守为攻"；受众是时刻变化的，要懂得消费心理，摸清受众需求，真正扫除公共文化服与受众之间的信息障碍、渠道障碍，使之了解到、感受到、参与到；要学会借力，用好外部力量，扩大外部资源参与的内容范围，逐步用社会参与的完善机制实现适用性的全面提升；要用好受众资源，在参与中释放群众活力。

第二，要用巧科技的力量。科技改变生活，也在改变着公共文化服务的供给消费方式，实践中涌现出的公共文化服务"云平台""读联体"数字内容共享服务云平台、点单式"社区院线"、微信小程序预约等形式，大大增加了公共文化的便捷度。

变革永远在路上，在互联网与生活无缝衔接的今天，公共文化服务也要在变革中求新路。一方面，要用科技提升便捷化，搭建起供需双方的互通桥梁，全面提升服务供给的可选择性和互动性，让服务"有去有回""有来有往"，在螺旋式的互动过程中提升适用性。另一方面，要利用好以数字技术为代表的新技术，创新服务公共文化服务内容本身，提升原有服务体验效果，开创新的服务内容，进而适用于人民群众不断变化的需求。

第三，要用足融合的力量。"众人拾柴火焰高"，提升公共文化服务适用性，一家之力、一方之智微不足道。我们有那么多的企业、那么多的人才可以参与到公共文化

微评

★ "数字+公共文化服务"为公共文化服务的发展拓展了新思路。加速发展数字公共文化服务不仅可以提升人们参与公共文化的便捷度，对于实现科技和文化的融合也具有重要意义。

服务供给中来，为何要将其拒之门外呢？政府主导、社会参与、重心下移、共建共享，是现代共文化服务体系建设需要坚持的重要原则。

在这一过程中，要打破传统的思维模式，运用大融合思维、一体化思维、艺术化思维、重用户思维来谋求公共文化服务适用性的提升；要将融合理念贯穿始终，要营造公共文化与文化产业融合发展生态、培育文化事业产业融合发展环境；要整合区域资源优势，如园区空间、文化名人、品牌活动等；要用好包括企业、社会团体等在内的各类参与主体的优势，廓清各类主体的参与诉求，发挥各自优势；要努力构建跨要素、跨行业、跨平台、跨区域的公共文化服务融合大格局、大机制，在优势互补中全面提升公共文化服务的适用性。

2019年全国重大工程项目的三大领域和两个关键词

李姝婧

2019年3月17日，《关于2018年国民经济和社会发展计划执行情况与2019年国民经济和社会发展计划草案的报告》正式发布。该报告详尽地对2019年我国经济社会的发展做出安排，其中多次涉及文化和旅游产业。与此同时，多省市纷纷披露2019年重点项目工程。2019年国家和各省市对文化发展的关注点在哪里？从这些项目中可以洞察一二。

微评

★ 2019年是中华人民共和国成立70周年，是全面建成小康社会、实现第一个百年奋斗目标的关键之年，做好经济社会发展工作至关重要。

从中央到地方，三大领域备受关注

2019年3月17日，《关于2018年国民经济和社会发展计划执行情况与2019年国民经济和社会发展计划草案的报告》（以下简称《报告》）正式发布，其中多处涉及文化、旅游等相关产业。《报告》中"培育消费新增长点，加强对外文化交流，推进公共服务补短板强弱项提质量"三大板块谈及了文化旅游、文物保护、智库建设、体育产业等多个方面。

与此同时，各地方政府也先后公布2019年重点项目工程计划。从以上的梳理中我们不难发现，**从数量上看**，各省市涉及文化领域的重点项目工程占总数的5%以上；**从具体内容来看**，文化旅游、文物保护、体育产业等方面被中央和地方政府频繁提及。

文化旅游是重中之重，提质升级是现实所需

2018年3月，国务院机构改革方案将文化部、国家旅游局的职责整合，组建文化和旅游部，诗和远方终于走到了一起。文化是旅游发展的灵魂，旅游是文化发展的载体。而旅游业态和产品的竞争力都与文化的竞争密不可分。**未来，中国的文化和旅游产业将由各自为战的单链条延伸，转变为攥指成拳的双链条驱动，真正实现"同心合力"。**

文化和旅游部成立一年以来，各省（区、市）都已基本完成地方机构改革。无论是国家出台的《2019年国民经济和社会发展计划草案的报告》，还是各省（区、市）公布的计划，我们都能清楚地看到，文化旅游提及的频率最高，在整个文化产业发展中占据的地位明显。已经公布的计划都将深刻地落实文化和旅游部"宜融则融、能融尽融、以文促旅、以旅彰文"的发展理念。

与此同时，在计划工程项目中，**文化旅游提质升级也是发展中的关键词。高质量发展近两年提及的次数越来越多**，对文化旅游来说也尤为重要。文化旅游是一种物质消费也是一种精神消费。**人民群众对文化和旅游的需求已经从"有没有，缺不缺"到了"好不好，精不精"的发展阶段**，为适应当前文化和旅游产品的供需矛盾，更要从追求数量转变为追求品质。

在《2019年国民经济和社会发展计划草案的报告》

微评

★ 随着公众旅行需求的不断增长，旅游基础设施建设滞后、公共服务供给不足的矛盾更加凸显，完善基础设施建设、提升接待能力成为各地旅游景区的头等要务。

中，文化旅游提质升级包涵了支持建设完善公共文化服务设施、旅游基础设施和公共服务设施这三大方面。许多省（区、市）在具体项目中都涉及了这几方面，这是优化文化旅游发展环境的重要保障。

总而言之，**文化旅游的融合发展不是粗放式的文化旅游项目建设，而是"精耕细作"**。所谓"精耕细作"就是要以人民的文化旅游消费的需求为根本，推进文化旅游的理念融合、职能融合、产业融合、市场融合等多方面融合。从实践层面推进文化和旅游的真融合、深融合、广融合。未来几年，文化旅游将依然是各级政府的重点关注点。

文物保护备受关注，文博事业迎来发展的最好机遇

各地博物馆建设迎来新潮。近年来，博物馆事业发展迅猛，在2019年的两会部长通道上，国家文物局局长刘玉珠答记者问时提到：我国每年新增博物馆数量在180家左右。而近三年每年进入博物馆参观人数的增量在1亿左右，**2018年年底，博物馆参观人数达到了10.08亿人次**，这充分证明了人民群众对博物馆的需求在逐渐增加，"文博热"成为当下一大趋势。如上海将建设上海博物馆东馆、程十发美术馆等；北京将建设城市副中心博物馆（首都博物馆东馆）等。可以看到未来几年，文博产业将迎来发展的黄金时期。

此外，文物保护利用也备受关注，各地对文物保护的力度只增不减。2018年，中共中央办公厅、国务院办公厅印发《关于实施革命文物保护利用工程（2018—2022年）的意见》和《关于加强文物保护利用改革的若干意见》，将文物保护及利用提升到了中央高度。2019年，各地切实落实顶层设计，在重点项目工程中基本都包含了文物保护

微评

★ 《关于加强文物保护利用改革的若干意见》是中华人民共和国成立以来第一份专门针对文物保护利用改革并以中办、国办名义印发的中央政策文件，聚焦文物工作的重点难点和改革发展问题，加强顶层设计、制度创新和精准管理等内容。

利用领域，如北京的"路县故城遗址保护展示工程"等都将文物保护提升到了城市发展的重要地位。

体育产业"风生水起"，冬奥会成为走向体育强国的重要契机

从2008年到2018年，中国体育产业不断发展，尤其是2014年《关于加快体育产业促进体育消费的若干意见》出台后，在国家政策的大力推动下，中国体育产业迎来发展的良好机遇。有统计数据预测，到2025年，体育产业市场规模将突破7万亿元人民币。

2018年，国家体育总局下发《进一步促进体育消费的行动计划（2019—2020年）》，国务院出台《完善促进消费体制机制实施方案（2018—2020年）》，**明确提出促进"文化旅游体育"消费体制机制建设，为体育产业的发展进一步指明方向。**在《2019年国民经济和社会发展计划草案的报告》和各省市的重大项目中，体育产业在文化领域项目的占比较大。而体育设施建设是基本工程，各级政府对体育场馆建设尤为关注，如上海的徐家汇体育公园、广东茂名奥林匹克体育中心等均在筹备中。

随着2022年冬奥会日益临近，关于冬奥会的各项准备工作也进入关键时期。北京及周边地区在2019年将继续完善冬奥会基础设施建设，其他省（区、市）将借助冬奥会契机，大力发展体育产业，推动体育与旅游、健康、养老等融合发展，积极培育潜在需求较大的体育消费新业态。**冬奥会将成为我国从体育大国向体育强国迈进的重要契机。**

微评

★ 2019年9月18日，国务院办公厅发布《关于促进全民健身和体育消费推动体育产业高质量发展的意见》，指出要推动体育产业成为国民经济支柱性产业，积极实施全民健身行动，让经常参加体育锻炼成为居民的一种生活方式。

两大关键词："高质量发展"与"融合"

通过已经公布的这些项目，可以看到2019年的两大关键词——"高质量发展"与"融合"。

第一是高质量发展。当前，我国已经成为世界第二大经济体，经济发展也步入了新常态，正在由高速增长转向高质增长的阶段。我国社会发展的主要矛盾转变为人民日益增长的美好生活需要和不平衡不充分的发展之间的矛盾。在此背景下，文化产业自身的特点承担着转变经济发展方式、优化经济结构、转换增长动力的重要使命。与此同时，文化产业也可以借助这个机会实现自身转型升级，加快成为国民经济支柱性产业，为实现文化强国提供强大的产业支撑。**文化产业的各个领域发展，都需要避免高速粗放的发展路径，持续推进高质量、精细化发展，打造文化精品，树立更多的文化品牌。**

如何做到高质量发展？**首先从理念上切莫贪大求全，一味追求经济效益而不顾社会效益。其次需要各级政府以人民需求为根本指针，把高质量作为文化产业发展的生命线。**不久前，国家发展改革委、文化和旅游部等18部门联合印发《加大力度推动社会领域公共服务补短板强弱项提质量促进形成强大国内市场的行动方案》。该方案提出，到2020年，现代公共文化服务体系基本建成，文化产业成为国民经济支柱性产业。只有高质量的发展，才是持续长久的发展，才能真正实现文化产业成为国民经济支柱性产业的目标。

第二是融合。当下经常提及文旅融合，实际上融合不仅仅体现为文旅融合，文化产业可以和经济社会各个方面进行深层次融合发展。而文旅融合是现阶段的发展重点，

微评

★ 项目建设，规划先行。文旅融合要向着高质量发展的目标迈进，要进一步细化项目建设的标准，用更加严格的标准推进实施，严守生态保护红线，真正做到经得起历史和人民的检验。

★ 文化引领旅游发展，促进旅游提质增效，为旅游增添了温度；旅游促进文化传承，文旅融合要以满足游客美好生活的需要为导向，"和""合"并举，不断提升国家文化软实力。

推动文化和旅游深度融合是一项复杂的系统工程，不可能一蹴而就，更不能盲目冒进。如何融合？文化和旅游部给出了理念融合、职能融合、产业融合、市场融合、服务融合、交流融合这"六个着力"。从国家到地方出台的具体项目正是对推进"六个着力"的见证。

结语

新使命呼唤新作为，新征程期待新气象。文化产业正处于变化与发展之中，我们需要拥抱变化，正视变化。新的目标就在前方，让我们拭目以待文化产业的新发展。

区域经济，国家战略下的产业思考

21世纪全球化的浪潮以不可抵挡之势裹挟向前，地区间联系日趋紧密，区域经济的协同发展成为各界关注的重点。随着我国对外开放水平的进一步提高和国际地位的不断上升，"一带一路"倡议受到越来越多国家认可，带动沿线区域经济合作迅猛发展。另外，国内区域战略布局不断深化，以大运河文化带建设在内的国家战略的实施带动国内区域发展走进新阶段。

汇聚"一带一路"企业力量，点亮共商共建共享之光

范周

【写作背景】2013年9月和10月，习近平总书记分别提出建设"新丝绸之路经济带"和"21世纪海上丝绸之路"的合作倡议。此后，中国政府积极推动"一带一路"建设，加强与沿线国家的沟通磋商，推动与沿线国家的务实合作，实施了一系列政策措施。2019年4月25日，"一带一路"企业家大会在北京举行。企业家大会是第二届"一带一路"国际合作高峰论坛的增长点和新亮点，大会紧扣第二届"一带一路"国际合作高峰论坛"共建'一带一路'、开创美好未来"的主题，为各国工商界搭建沟通交流、对接合作、项目签约、深化合作的平台。来自80多个国家和地区的政府部门、商协会、企业及有关国际组织850余名代表参加会议。

汇聚企业家力量，实践共商共建共享。2019年4月25日，"一带一路"企业家大会首次举办。共有来自相关国际组织和各国政府部门、贸易投资促进机构、商协会、企业等近900名代表参会。首次举办的"一带一路"企业家大会将搭建对接平台，促进务实合作和贸易投资往来，让各国工商界共享"一带一路"机遇。

数说"一带一路"，企业参与，成果斐然

"一带一路"倡议提出以来，我国的国际影响力不断提升，截至2018年年底，中国已累计同122个国家、29个国际组织签署了170份合作文件，朋友圈遍布亚洲、非洲、欧洲、大洋洲、拉丁美洲。"一带一路"倡议与欧盟"容克"计划、俄罗斯"欧亚经济联盟"、哈萨克斯坦"光明之路"等多国发展战略实现了精准对接。

"一带一路"倡议下，中国与共建国家在港口、铁路、公路电力、通信等领域展开深度合作，共建国家基础设施建设水平得到了明显的提高。华为意大利5G项目、亚马尔液化天然气项目、非洲广播电视数字化项目、中国—巴新农业产业园项目以及巴拿马跨运河大桥项目，都是"一带一路"倡议下企业参与建设的典型代表。

2013年至2018年，中国与"一带一路"共建国家进出口总额达64691.9亿美元，新签对外承包工程合同额超过5000亿美元，为当地创造24.4万个就业岗位。

在"一带一路"倡议下，国与国之间在科教文卫等领域的多层次人文交流合作也在务实推进中。截至2018年4月底，我国与61个"一带一路"国家共建立了1023对友好城市，在"一带一路"共建国家设立173所孔子学院。**2017年，中国与"一带一路"国家双向旅游交流达6000万人次，"一带一路"旅游成为世界旅游的新增长点。**毫无疑问，中国企业正在加快参与"一带一路"倡议，从基础设施建设到人文交流合作多渠道全方位布局，积极融入共商共建共享的大环境中去。

微评

★ 据文化和旅游部产业发展司发布的《2020年"一带一路"文化产业和旅游产业国际合作重点项目名单》，入选名单的45个重点项目涉及服务平台建设、数字文旅、创意设计、旅游演艺等多个领域，投资金额约130亿元人民币，涵盖俄罗斯、柬埔寨、印度尼西亚、沙特阿拉伯、希腊等近20个国家和地区。

"一带一路"倡议下，中国企业讲好中国故事

民心相通的关键在于文化的相互理解和相互尊重，这正是"一带一路"倡议生根发芽的文化根基所在。"一带一路"最重要的是文化共鸣；经济上互利是短暂的，文化认同却是功在当代、利在千秋的大事。

在文化领域，中国企业也在积极探索，助力文化交流。从2002年开始，四达时代开始走进非洲，将数字电视带去非洲的千家万户，同时也给非洲观众带去了中国故事和中国声音。乘着"一带一路"倡议的东风，四达时代更是积极参与，促进非洲广播电视数字化项目的加速发展，为国家间的文化交流做出自己的贡献。如今四达时代已在非洲肯尼亚、坦桑尼亚、乌干达等30多个国家开展数字电视运营业务，用户超过2200万，成为非洲发展最快、影响最大的数字电视运营商。

文化成为联结民心的纽带，用文明交流、文明互鉴、文明共存的思想，让文化沿着"一带一路"生根发芽，推动"一带一路"建成文明之路。

"一带一路"的建设过程当中，基础设施建设是共建国家之间互联互通的保障。同时，文化项目也是共建国家之间民心相通的重要桥梁。企业是"一带一路"建设的重要推动力量，企业家是"一带一路"的参与者、贡献者和主力军，各国企业间务实合作是使"一带一路"美好愿景变为现实的关键所在。

对企业自身来说，若要推动"一带一路"项目建设成功落地，除了需要遵守当地的法律法规之外，还需要对所在国的宗教信仰、文化传承、民间民俗等有深刻的洞察和领悟。如我国伊利集团投资30多亿元在新西兰建立

微评

★ "一带一路"沿线国家众多，各国文化呈现出显著的多元性和差异性。因此要以文化尊重和文化平等为前提，推动各国间的文化交流顺利有效地进行。

乳业基地，出海建厂除了要解决土地、设备等常规问题，还面临着当地生态、风俗、人员培训和质量控制等一系列挑战。伊利集团始终坚持与当地共赢的合作理念，与新西兰土著民族进行了充分的沟通交流，深入理解尊重他们的文化，才能从最初的格格不入到后来的心心相印，因此取得了成功。这对于出海的中国企业而言，无疑具有借鉴意义。所以企业的首要任务是充分了解当地的风土人情、保护本地生态平衡、融入当地民俗，必须和当地居民在文化上形成统一，融入地方文化，以取得信任，才能有进一步的发展。

其次，企业所参与的"一带一路"项目的产品，从基础设施领域的能源、发电、铁路等大型公共设施，到文化贸易领域的图书、教育等内容产品，不同国别的政治、经济、社会、法律、人文情况各不相同，就需要有针对性地进行模式的创新和内容设计生产的创新，需要结合当地国家的市场行情，针对共建国家合作方的特殊情况和消费者的特有习惯，推出定制化的产品和服务，找到市场推广的支撑点，也就是"投其所好"。**同时促成各国借鉴、共享在中国行之有效的实践经验，切实助力合作方经济发展，真正融入当地社会发展。**

改革开放以来，我国实施大规模扶贫开发，使7亿多农村人口摆脱贫困，正在稳步向全面建成小康社会迈进。但是"一带一路"沿线国家仍然有不少处在欠发达国家的行列，他们在发展过程中也需要不断提高自己的生产力，提高自己的生活水平。

"一带一路"合作项目目前大部分都是针对当地的基础设施建设。但不可忽略的是，**这样的项目其实是一个平台，在促进基础设施建设的同时，对当地人才培养、文化**

微评

★ "一带一路"是促进共同发展、实现共同繁荣的合作共赢之路。"一带一路"倡议下利益共同体、命运共同体和责任共同体的构建需要各国秉承共商、共享、共建原则，做出切实有效的努力。

★ "一带一路"倡议并不只是推动了国家间项目建设的合作，也在更深层面上促进了各国结构性的转变和升级。

交流、产业结构升级等方面都有着非常大的作用。如巴基斯坦PKM高速公路项目，项目建设所需物资很多，所有物资优先从当地采购，涉及当地企业逾千家，促进了当地经济及相关产业发展。所以中国企业在海外落地，应当参与海外项目建设，积极为海外合作方解决发展中遇到的问题，提供更多就业机会，解决当地就业问题，"授人以鱼，不如授人以渔"，培养当地相关技术人才，将一大批当地农民转变为现代产业工人，从而提高当地百姓的生活水平。这些都是"一带一路"建设过程中出海企业的责任与担当。

企业是"一带一路"建设的重要推动力量，也是"一带一路"建设的主要实践者和受益者，推动"一带一路"建设需要充分发挥企业的主体作用，大力弘扬企业家精神。让企业成为"一带一路"工笔画的执笔者，描绘一幅幅生动美丽的画卷。

"一带一路"建设中的文化力量

范周

【写作背景】2019年5月15日，亚洲文明对话大会在北京隆重召开，来自亚洲47个国家和域外的各方嘉宾参加了此次盛会。亚洲文明对话大会分为亚洲文明周、平行分论坛、文化嘉年华三大板块。其中，"亚洲国家治国理政经验交流"分论坛由中国国务院新闻办公室主办、中国外文局承办。论坛以"共享文明智慧，共建美丽亚洲"为主题，为"传播'共商共建共享'理念""推进'一带一路'倡议与各国发展战略对接""为构建人类命运共同体提供'亚洲经验'"凝聚了广泛共识。"一带一路"倡议已逐步从经贸领域的合作共建升级为各国文明对话的文化大写意阶段。

世界多极化、经济全球化、社会信息化、文化多样化深入发展，全球治理体系和国际秩序变革加速推进，各国相互联系和依存日益加深。面对复杂的世界议题，中国给出的国际合作方案，是构建人类命运共同体。

"一带一路"作为构建人类命运共同体背景下的重要倡议，受到越来越多国家的认可，其理念也逐渐转变成了实际行动在参与国间落地生根，一批具有标志性的早期成果开始显现，参与国得到了实实在在的好处。经过几年建设，"一带一路"已经完成了"大写意"的总体布局，转而进入绘制更

★ 敦煌是丝绸之路上的节点城市，敦煌莫高窟的壁画清晰地描绘出丝绸之路上的贸易往来的盛景，同时也完整展现出中西方文化交流和西方艺术中国化的演变脉络。

★ 各个国家间的文化差异是客观存在，且不能消除。因此既要寻找不同文化间的"最大公约数"加强文化共鸣；又要以包容、平等的心态看待这种差异，在文化交流的过程中探求动态的平衡。

高质量、更精细的"工笔画"的历史性关键期。"一带一路"倡议也从经贸领域的沿线大通关建设阶段，进入文明对话的升级阶段。

"一带一路"作为中国智慧的结晶，在深层次上是一种文明交流活动。**驼铃叮当的古丝绸之路，因商业贸易而发轫，因文化交流而璀璨；承载着平等互利、包容互鉴、合作共赢、共享和平的人类文明观，也见证着多元的东西方文明的交汇。**在这种厚重的历史依托下，"一带一路"因机而生，它不仅仅发起了一个跨区域的经贸合作战略，建立了一种新型国际政治关系，更搭建了一个文明交流的平台与架构。打通"一带一路"，就是在世界多元文化形态共生的背景下，寻求文化相通，从物质层面到精神层面，将不同国家、民族的人民联系在一起。

"一带一路"，最重要的是文化共鸣，经济上互利是短暂的，文化认同却是功在当代、利在千秋的大事。但是我们必须看到，"一带一路"最大的阻力也来自于文化方面。语言、风俗习惯、宗教信仰、表达方式都影响着文化本真意义的传播与理解；更深层次的制度、理念上的差异也可能引起全局性的冲突，尤其在文化贸易等领域。**中国提倡协同联动，打造开放共赢的合作模式，公平包容，打造平衡普惠的发展模式，是尊重"物之不齐，物之情也"之理，也是探索"万物并育而不相害"之道。**

要凝聚文化共识，就要传递文化信号，讲好中国故事。一方面要在公共交往领域建立完备的"一带一路"倡议话语体系，既有中国特色，又能面向世界，破除文化差异和文明隔阂所形成的阻力；另一方面要具备全球性眼光，掌握推动中华优秀文化走出去的过硬本领。以电影为例，**我们不仅要借鉴、研发先进的电影制作技术，用声光**

电等新技术手段为观众制造奇幻的视觉冲击，更要钻研电影人讲故事的方法，运用自己的艺术语言来表达具有中国特色的文化内涵。

要实现贸易共赢，就要在产品品质上精耕细作，补齐文化服务贸易短板。目前我国对外文化产品贸易势头较好，2018年，我国文化贸易实现快速增长，进出口总额达1370.1亿美元，比上年增长8.3%。总体表现为贸易顺差，但文化产品种类数量有限、文化服务逆差较大、文化贸易结构不平衡、文化贸易服务平台不成熟、文化创新企业能力不足等问题仍然突出。未来要创新富有活力的增长模式，就要聚焦技术密集、创意密集为特征的文化与科技融合领域；促进中国对外文化贸易从注重产品贸易向注重服务贸易转变；**从注重市场占有率向注重文化内涵感染力和社会价值引导力转变。**

要实现民心相通，就要积极促进民间交往，做好文化旅游。当前，我国与"一带一路"沿线国家互为最重要的客源地和目的地，双向旅游人数已经超过3000万人次，预计到2020年，与沿线国家双向旅游人数将超过8500万人次，旅游消费约1100亿美元。2018年，入境外国游客人数达4795万人次，每一位外国游客，都是中国故事的聆听者；2018年，中国公民出境旅游达1.48亿人次，每一位有文化素养的中国游客都是中华文明的代言人，都是"民心相通之桥"的搭建者和维护者。可以说，我国出入境旅游带来的经济产出和人文交流已经成为"一带一路"倡议践行中最为显著的"可视性"成果。**未来，加强国家文化遗产领域交流合作，优化"一带一路"沿线文化旅游产品与服务供给等，将是文化旅游领域互联互通升级的新命题。**

进入新阶段，"一带一路"不仅要在基础设施建设方

微评

★ 《流浪地球》《我和我的家乡》等新主旋律电影的出现是"用电影讲述中国故事"的典型代表。中国文化正以电影为载体，讲述着不同于西方的家国之情，展现出具有中国特色的浪漫。

★ 中国对外文化贸易不仅要注重"数量"，积极扩大中国文化的传播范围；更重要的是要注重"质量"，让中国文化"落地"后可以"生花"，实现真正有质量的文化贸易。

★ "一带一路"沿线文化旅游的发展一是要提高旅游服务体系的品质；二是要充分发挥各国的文化特色；三是要在差异化发展的基础上加强合作，共同推动遗产廊道的文旅发展。

面，资金、技术、人员的流通方面，创新合作方面，解决发展不充分不平衡的问题；更要加强教育、科学、文化、体育、旅游、考古等多领域的人文交流，在"硬联通"之外，强调"软联通"上的交流沟通和对接合作。在"硬联通"和"软联通"的交相作用下，发挥更强烈的"化学反应"，带来更深层、更高效、更持久的"溢出效应"，让文明在开放中互鉴，让民族在发展中共存。

亚洲文明对话大会：回应"时代之问"

范周

【写作背景】"文明因交流而多彩，文明因互鉴而丰富。"2019年5月15日上午，亚洲文明对话大会在国家会议中心举行，国家主席习近平出席开幕式并发表主旨演讲。在演讲中，习近平主席指出亚洲人民的"三个期待"，对推进亚洲文明对话提出了"四点主张"，为如何从不同文明中寻求智慧、汲取营养，携手解决人类共同面临的各种挑战提供了更多的思考。当前，世界多极化、经济全球化、文明多样化、社会信息化程度的进一步加深，为各国文化交流互鉴、永续发展提供了宝贵的机遇。亚洲文明对话大会的召开，代表着中国正以海纳百川的宽广胸怀打破文化交往的壁垒，以兼收并蓄的态度汲取其他文明的养分，促进亚洲文明在交流互鉴中共同前进。

回应"时代之问"的亚洲文明

回应"时代之问"

身处百年未有之大变局，各国人民的命运从未像今天这样紧密相连。当今世界不同文明之间，是冲突还是对话、对抗还是合作，已经成为关系到人类前途命运的重大课题，也是人类文明何去何从的"时代之问"。作为亚洲

文明对话大会的倡议者、身体力行的实践者，中国以深邃的思考和博大的胸怀积极回应"时代之问"。

本次亚洲文明对话大会以"亚洲文明交流互鉴与命运共同体"为主题，顺应当前合作发展大势，承载各国人民对文明交流的愿望，就亚洲文明多样性和各文明之间交流互鉴进行深入研讨，为进一步探寻文明交流对构建人类命运共同体的重要意义，以及为构建各国人民民心相通的桥梁搭建了重要平台，中国为回答"时代之问"写下了生动而深刻的注解。

"对话"的现实意义

微评

★ 丝绸之路是文化交汇、融合的代表。作为连接中亚、西亚和地中海各国的陆上通道，丝绸之路上实现了各国文化的传播以及外国文化的本土化，促进了各国文化见的和平交流。

★ 不同文明间的对话要体现多样性和平等性。对话者要站在宏观的视角下，致力于实现文明的共同繁荣。

文明之间存在差异，不同国家和地区的文明凝聚着各地区人民的文化归属和价值认同，但不同文明倘若故步自封，则必然产生隔阂甚至冲突。**文明之间本应无冲突，对话是各个文明之间的必然趋势和每个文明的内在需要。** 在世界多极化、经济全球化、文化多样化、社会信息化深入发展的时代背景下，"对话"有其重要的现实意义。

在数千年发展历程中，亚洲人民创造了辉煌的文明成果。**屹立于世界东方的亚洲文明是起源最早的文明之一，有纵深，路径多，形态最为丰富。** 亚洲文明理应站在时代最前沿，积极敞开怀抱，与不同文明交流互鉴，这应该成为国际社会的共识。

其一，"对话"带来各国之间的理解与认同，能够以包容的心态在发展之路上携手前进。其二，加快发展，摆脱贫困，过上更好的生活是各国人民最基本的诉求，"对话"将对提升各国经济发展效率起到积极的促进作用。其三，如果人类文明变得只有一个色调、一个模式，那么世界必将单调和无趣。"对话"带来公平，各国共同发展的权利都应该得到保障，"坐在一起共商自己的文明"才符合各国利益。

"三个期待"与"四点主张"

在主旨演讲中，习近平主席指出亚洲人民的"三个期待"：**亚洲人民期待一个和平安宁的亚洲**，没有安宁稳定的生活环境，人们必然无暇顾及对"文化之果"的栽培和"文明之光"的守护；**亚洲人民期待一个共同繁荣的亚洲**，经济的繁荣发展将为文明的存续带来坚实的物质基础；**亚洲人民期待一个开放融通的亚洲**，亚洲近几十年之所以能够快速发展，就在于能够主动敞开大门，融入世界经济发展潮流。

与此同时，对于如何更好地推进亚洲文明对话，习近平主席也提出了"四点主张"：**第一，坚持相互尊重，平等相待；第二，坚持美人之美，美美与共；第三，坚持开放包容，互学互鉴；第四，坚持与时俱进，创新发展。**

我们应该秉持平等、尊重的交流理念，尊重不同文明赖以形成的自然和文化背景，摒弃傲慢和偏见，加深对自身文明和其他文明差异性的认知，推动不同文明交流对话、和谐共生。"文明因多样而交流，因交流而互鉴，因互鉴而发展"，开放包容才能互通有无，兼收并蓄才能点亮创意之光。无论过去还是现在，都证明了跟紧时代步伐，勇于开拓进取、创新创造，才是推进文明发展最好的"助力器"。

此外，在演讲中习近平主席还专门提到，**中国愿同各国开展亚洲文化遗产保护行动；实施亚洲经典著作互译计划和亚洲影视交流合作计划；同各国加强青少年、民间团体、地方、媒体等各界交流，打造智库交流合作网络；同**

微评

★ 敞开大门一方面能看见外面的世界，通过与世界上其他文明的交流，取其精华、去其糟粕，促进亚洲文明的创新发展；另一方面也可以让亚洲文明"被看见"，提高亚洲文明的影响力，并推动亚洲文化经济的发展。

★ 中国文明要做到开放包容和兼收并蓄，首先要鉴定文化自信意识，立足于中国传统文明自身，与其他文明进行互鉴学习，融合发展。

各国实施亚洲旅游促进计划等多项举措。推动各种形式的合作走深走实，将为推动文明交流互鉴创造更有力的对话条件，而这些行动计划和交流合作的落地和开展，既需要各国之间的沟通和对接，也离不开我们每一个人关注重视和积极实践。

多彩、平等、包容的"新文明观"

近年来，习近平主席在不同场合多次发表了对于文明交流互鉴的理解。

2014年3月27日，联合国教科文组织总部：

"文明是多彩的、平等的、包容的。"

2014年4月1日，比利时布鲁日欧洲学院：

"促进人类各种文明之花竞相绽放。"

2014年5月15日，中国国际友好大会暨中国人民对外友好协会成立60周年纪念活动：

"我们要通过推动跨国界、跨时空、跨文明的交流互鉴活动，促进各国人民相互了解、相互理解、相互支持、相互帮助，在世界各国人民心灵中坚定和平理念、坚定共同发展理念，形成防止和反对战争、推动共同发展的强大力量。"

2014年6月5日，中阿合作论坛第六届部长级会议开幕式：

"人类文明没有高低优劣之分，因为平等交流而变得丰富多彩。"

2014年6月28日，和平共处五项原则发表60周年纪念大会：

"企图建立单一文明的一统天下，只是一种不切实际的幻想。"

2014年9月24日，纪念孔子诞辰2565周年国际学术研讨会暨国际儒学联合会第五届会员大会开幕会上的讲话：

"使人类创造的一切文明中的优秀文化基因与当代文化相适应、与现代社会相协调，把跨越时空、超越国度、富有永恒魅力、具有当代价值的优秀文化精神弘扬起来。"

2015年3月28日，博鳌亚洲论坛2015年年会：

"众多古老文明，彼此交相辉映、相得益彰，为人类文明进步作出了重要贡献。"

2015年9月28日，第十七届联合国大会一般性辩论：

"文明之间要对话，不要排斥；要交流，不要取代。人类历史就是一幅不同文明相互交流、互鉴、融合的宏伟画卷。"

2015年11月7日，新加坡国立大学：

"亚洲各国人民要从悠久的历史文明中汲取养分，凝聚对亚洲价值的集体认同。"

2015年12月4日，中非合作论坛约翰内斯堡峰会开幕式：

"世界因为多彩而美丽。"

2017年1月18日，联合国日内瓦总部：

"让文明交流互鉴成为推动人类社会进步的动力、维护世界和平的纽带。"

2017年5月14日，首届"一带一路"国际合作高峰论坛开幕式：

"将'一带一路'建成文明之路。"

2017年12月1日，中国共产党与世界政党高层对话会：

"共同打破阻碍人类交往的精神隔阂，让各种文明和谐共存，让人人享有文化滋养。"

2019年3月26日，中法全球治理论坛闭幕式：

"加强不同文明交流对话，加深相互理解和彼此认同。"

2019年4月26日，第二届"一带一路"国际合作高峰论坛开幕式：

"积极架设不同文明互学互鉴的桥梁。"

2019年4月28日，中国北京世界园艺博览会开幕式：

"人类是一荣俱荣、一损俱损的命运共同体。"

可以看到，"文明是多彩的，文明是平等的，文明是包容的"的"新文明观"在习近平主席的历次讲话中都有着鲜明的体现。

世界上没有十全十美的文明，不同文明各有千秋，也各有不足；没有居高临下的文明，历史和现实都表明，傲慢和偏见是文明交流互鉴的最大障碍；没有独善其身的文明，只有交流与对话，才能推进不同文明的共同发展、丰富和革新，产生源源不断的内生动力。**我们要以更深沉的文化自觉和"文明自信"，学习所有文明体系中蕴含的人类智慧成果，在行动中尊重多彩，秉持平等，体现包容，真正贯彻落实"新文明观"。**

民心相通夯实共建人类命运共同体的人文基础

民心相通因文明之间的交流互鉴而成为可能

远离封闭、融会通达是亚洲各国人民的愿景，这需要各国秉持开放精神，更好地推进政策沟通、设施联通、贸易畅通、资金融通、民心相通。历史告诉我们，只有交流互鉴，文明才能充满生命力，**民心相通是文明交流最柔软、最深层的方式，而民心相通也正因文明之间的交流互鉴而成为可能。**

在数千年发展历程中，亚洲人民创造的不计其数的文明成果为世界各国人民所共享。无论是中国的造纸术、火药、印刷术、指南针等发明创造，天文历法、哲学思想、民本理念、《诗经》《论语》等文化思想果实，还是国外的《塔木德》《一千零一夜》《梨俱吠陀》《源氏物语》等名篇经典，以及麦加大清真寺、泰姬陵、吴哥窟等文化胜迹，都以多样的形式和多元的载体为世界人民展现着多彩的文明之美。

人民是文明对话的重要载体

在文明对话当中，人是重要的载体，走入不同文明，既能发现别人的优长，也能启发自己的思维。**首先，当前全世界各个国家旅游文化互动的开展，已经成为文明对话和沟通的重要渠道和文明互鉴的关键形态。**2018年，中国国内居民出境超过1.6亿人次，入境游客超过1.4亿人次，这是促进中外文明交流互鉴的重要力量。**其次，各国青年人的对话沟通是今后文明交流互鉴可持续发展的基础，**特别是青年人在多元文化背景下的交流、交往和学习将为各国、各地区的文明对话注入更多年轻的活力。**最后，各国之间的**

文化贸易已经成为文明互鉴和包容发展的一个重要的交流渠道。通过文化贸易对接和文化产业发展对话，我们能够更好地了解不同国家的文明现状和文化价值取向。亚洲各国众多类型的影视节目在亚洲地区广泛播出，既增进了亚洲各国之间人民的相互理解，也促进了各国之间的文化交流、创新和繁荣。

微评

★ 互联网技术的发展使全球连接成一个"地球村"，新时代背景下的青年人在多元文化的背景下成长，为平等的文明交流观的形成树立了前提条件。

人类命运共同体因民心相通必将实现

"一花独放不是春，百花齐放春满园"，亚洲文明对话大会是2019年继第二届"一带一路"国际合作高峰论坛、北京世界园艺博览会之后，中国举办的又一场重要外交活动，是具有标志意义的国际盛会。中国积极肩负起文明大国的担当，在文化外交、文明对话方面做出更多的努力。越来越多的文明交流互鉴将不断增进各国之间的了解和友谊，促进相知和互信，使和平理念更加深入人心，各国谋求发展的合作将更加顺畅。

中国积极倡导"各美其美、美人之美、美美与共、天下大同"，增进各文明之间的交流与理解，促进民心相通，开创更有选择的未来，在这个过程中虽然有无穷无尽的不确定性，但更有无穷无尽的可能性。加强世界上不同国家、不同民族、不同文化的交流互鉴，夯实人文基础，为推动全球治理转型和共建亚洲命运共同体、人类命运共同体做出更大贡献。

文化引领、融合创新，解读《大运河文化保护传承利用规划纲要》

范周

【写作背景】大运河是祖先留给我们的宝贵遗产，"保护好、传承好、利用好"是习近平总书记为大运河文化带建设作出的重要批示。2019年2月，中共中央办公厅、国务院办公厅印发了《大运河文化保护传承利用规划纲要》（以下简称《规划纲要》），并发出通知，要求各地区各部门结合实际认真贯彻落实。《规划纲要》的出台以贯彻落实"共抓大保护、不搞大开发"的生态文明原则为背景，以"落实好大运河河道水系治理和生态空间管控""深入挖掘沿线地区各具特色的景区景点、传统村落、特色小镇和古城古都等文旅资源""探索以文化带动区域经济社会发展的新模式"为重点任务和突出亮点，为大运河文化带发展文旅融合带来了机遇。

如果说长城是凝固的历史，大运河则是"活着"的文化，是流淌千年的中华文明的璀璨图卷。中国传媒大学文化发展研究院自2014年开始，便致力于研究大运河的相关问题，先后于2014年和2017年进行了两次实地全域考察，收集了大量一手照片、视频和文本资料，完成《京杭大运河文化产业带调研报告》和《隋唐大运河文化带调研报告》；三次随全国政协调研，于沿线城市召开了20余次专题座谈会，已经承担了10余项国家级、省部级研究课题。

寻根问底，剖析《规划纲要》出台背景

世界遗产历史文化价值突出

中国大运河是世界上开凿最早、里程最长、规模最大的运河。2014年6月，中国大运河项目成功入选《世界遗产名录》，大运河成为中国第46个世界遗产项目，其价值得到全世界认可，成为中华文明的重要符号。大运河纵贯南北，流经8省（直辖市）35个城市，在长达3200公里的大运河沿线，不仅分布着27处世界遗产河道和58个世界遗产点，还涵盖了京津、燕赵、中原、齐鲁、淮扬、吴越等独特的地域文化，以及以戏曲文化、工艺文化、饮食文化、民俗文化等各类非物质文化遗产。

"一部人类文化遗产的保护史，其实也是对遗产价值的认识史。"价值认知的变化与发展是人类价值观不断变化与比较的结果，正确认识文化遗产的价值是保护文化遗产的基石。大运河时空跨度长，流经地域广，历史遗存丰富，文化底蕴深厚，如今，**在大运河广博的价值内涵被广泛关注之时，如何保护好、传承好大运河所承载的优秀传统文化，并通过活化利用唤醒其当代价值，成为新的时代命题。**

大运河保护、传承、利用环节矛盾凸显

在充分认识到大运河遗产价值的同时，也要清楚地看到当前面临的一系列亟待解决的突出问题。**从保护来看，**作为巨型线性文化遗产，大运河文化资源存量巨大，不同时期和不同形态的遗产资源叠加交错，这就给保护工作带来了巨大困难。**一方面，**当前还缺乏全面普查与系统梳理，缺乏去粗取精、去伪存真的文化内涵挖掘；**另一方面，**大运河沿线涉及的管理部门和产权单位众多，多头管理导致保护效率不高，碎片化保护现象突出。**另外，多元投入的长效保护机制也尚不完善，**制约了大运河各类文化和自然遗产资源的系统性整体保护。

从传承来看，大运河作为世界文化遗产的影响力和吸引力明显不足。**一方面，对大运河沿线文化遗产展示不足**，对非物质文化遗产保护和传承重视度不足，传承载体较为单一，传播渠道有限，缺乏统一宣传和推广平台；**另一方面，对运河沿线社会生态系统保护不足**，导致传统生活方式和民俗习惯受到新技术、新生活方式的冲击而面临消逝的危险。

从利用来看，各类文化生态资源活化利用形式和途径较为单一，各区域间项目同质化建设问题严重，部分优质资源长期闲置；与相关产业的融合程度较低，文化旅游产品谱系不完整，体验性、互动性、科技感不强，难以满足人民美好生活需要。

推进大运河文化保护传承利用意义重大

第一，有助于增强民族自信心与自豪感，展现中华文明。大运河是古代中国人民创造的世界奇迹，集中反映了中华民族的智慧、决心和勇气。通过加强大运河文化保护传承利用，唤醒民族集体记忆，有利于传承和弘扬中华文化，多类型、全方位展示中华文明的历程和现代成就，推动大运河成为"对内凝聚价值、对外展示形象"的中华文化图腾和彰显文化自信的金名片。

第二，有助于推动优秀传统文化创造性转化和创新性发展。大运河沟通融汇了京津、燕赵、齐鲁、中原、淮扬等地域文化，孕育滋生了水利文化、漕运文化、商事文化等文化形态，**沿线物质文化遗产超过1200项，国家级非物质文化遗产450余项**，是我国优秀传统文化高度富集的地区。大运河文化保护传承利用的广泛实践将为新时代中华优秀传统文化的活化发展提供有益镜鉴，也将为人民提供丰富的精神食粮。

第三，有助于探索区域协同融合发展的新模式。大运河沿线省市是我国人口密集区和重要的经济承载区，大运河沿线区域发展不平衡、不充分的问题显著。在国家大运河文化带建设的宏观框架下，依托"一带一路"建设、京津冀协同发展、长江经济带发展等重大国家战略，通过大运河文化资源的转化利用，沿线各区域将迎来以文化为引领推动区域高质量发展的新契机。

三大亮点，看《规划纲要》如何做好顶层设计

一条主轴，多点联动，统筹协同形成发展合力

大运河是一条文化线路和线性遗产廊道，以运河为主体和轴线形成带状地理空间，运河沿线区域之间既有经济基础、资源优势、区位条件、发展水平上的差异，又因运河而彼此联系、不可分割，是一个多元融合的有机整体。《规划纲要》提出，按照"河为线，城为珠，线串珠，珠带面"的思路，构建"一条主轴带动整体发展、五大片区重塑大运河实体、六大高地凸显文化引领、多点联动形成发展合力"的空间格局框架，将沿线8个省（直辖市）、35个城市的空间区块和资源要素统筹整合，实现点轴扩散、区域联动与协同发展。

同时，《规划纲要》根据大运河文化的影响力及空间区域与大运河之间的联系强度，考虑其功能定位和发展目标，**"合理划分大运河文化带的核心区、拓展区和辐射区，清晰构建大运河文化保护传承利用的空间布局和规划分区"**，有重点、有差别、有层次地推进大运河文化保护传承利用工作。

突出保护，合理利用，创新大运河保护传承利用模式

大运河不仅是中华文明的璀璨图卷，更是凝结人类历史与文化的世界级遗产。保护，是大运河文化带建设的根本所在。然而当前，大运河遗产保护压力巨大，保护能力亟待提升。

微评

★ 大运河涉及的省市众多，文化资源丰富，因此不能对大运河全线进行"一体化"发展，而是要在充分调研、研究、评测各分区开发价值的基础上，进行层次化保护和开发。

部分河段在考古勘探、遗产梳理、遗址保护、文物修缮等方面相对滞后，仍存在文化遗产被侵占甚至损毁、权属不明确、信息更新不及时等问题；大运河文化资源庞杂而分散，缺乏全面普查、深入挖掘与系统梳理。

针对现状和迫切需要解决的问题，《规划纲要》明确了"**科学规划、突出保护**"的原则，强调共抓大保护、不搞大开发，以文化遗产、河道水系、生态环境保护为重点，提出"**文化遗产保护传承、河道水系治理管护、生态环境保护修复**"等重点任务，并具体设计了"文化遗产保护展示、河道水系资源条件改善、绿色生态廊道建设"等重大工程。

习近平总书记多次作出重要指示批示，提出要"统筹保护好、传承好、利用好大运河"。推进大运河文化带建设，仅仅靠保护是不够的，只有在保护的基础上推动遗产的活态传承与活化利用，才能实现大运河的可持续发展。

针对当前大运河文化活化传承所面临的问题，《规划纲要》以"古为今用、强化传承，优化布局、合理利用"的基本原则为指导，以"增强文化遗产传承活力，阐发文化遗产当代价值"为重点，以期推动大运河文化的创造性转化与创新性发展，促进大运河遗产与现代社会和当代生活相融合。

文化引领，双向融合，推动大运河文化带绿色、协调、高质量发展

大运河是一条文化之河。文化是大运河的内核与灵魂，是大运河延续2500多年流淌至今依然生生不息的命脉所在。打造大运河文化带，应当以大运河文化的保护、传承和利用为核心。**因此，《规划纲要》是一个以文化引领**

为主导的区域发展规划，这是其区别于一般的区域发展规划的突出特征。这一点首先体现在规划的名称上，并始终贯穿于规划的基本原则、功能定位和主要内容之中，其中的重点任务、"四大工程"和"两项行动"也是围绕文化这一核心展开的。同时，规划以专门章节突出强调，要从"展现遗存承载的文化，活化流淌伴生的文化，弘扬历史凝练的文化"三个层面理解大运河文化的内涵和外延，多层次、全方位地深化对大运河文化内涵的认知，以此统领大运河文化保护传承利用工作。

促进文化和旅游融合发展，是打造大运河文化带的重要内容和主要抓手。当前，大运河文化内涵挖掘不深、旅游产品体验感和互动性不足、文化和旅游"两张皮"现象突出，相关产业间融合程度较低，这严重制约了大运河在新时代的功能发挥和价值体现。《规划纲要》提出，打造"继古开今的璀璨文化带"和"享誉中外的缤纷旅游带"，从"提升基础设施和配套服务，打造精品路线和统一品牌，完善旅游市场和发展环境，推动文化与相关产业融合"四个方面推动文化和旅游双向、深度融合，以此为支点撬动沿线区域资源对接、产业合作及优势互补，促进关联产业及经济社会绿色、协调、高质量发展。

四点建议，谈大运河文化带文旅融合发展的思考与展望

打造大运河文化带，保护是根本，传承是方向，利用是动能。文化和旅游融合贯穿其中，是关键的战略支点。推动文化和旅游融合发展，既是大运河文化保护传承利用的重要内容，也是满足人民美好生活需要的重要方式，更是促进区域协同创新、提升运河沿线乃至整个国家文化和旅游产业国际影响力与竞争力的重要路径。就此提出四点建议：

第一，坚持"宜融则融、能融尽融"的原则，推动"以文促旅，以旅彰文"。文化是旅游的灵魂，建议以"客观、科学、礼敬"的态度，做好大运河文化去粗取精、去伪存真的提纯工作，摒弃帮会文化、青楼文化等传统糟粕，以健康先进的文化引领发展。要找准文化和旅游的最大公约数、

微评

★ 文旅产业的发展要确保有价值的文化内涵和完善的旅游服务体系之间的协调配合，"硬融合""假融合"的现象不仅不会实现预期的经济效益，甚至会对城市本身带来无法逆转的影响。

★ 新技术的运用不仅可以增强实体演艺的视觉效果，也可以使唐诗、宋词等非物质性文化资源进行实体化开发，创造文化旅游新业态。

最佳连接点，促进二者双向融合、互促提质，并推动文化和旅游与新型城镇化、乡村振兴、精准扶贫、产业转型、美好生活等有机融合，做到宜融则融、能融尽融。**但要坚决避免"拉郎配"，不顾规律"硬融合"，为了旅游"拆真古迹、建假古董"的现象绝不能重演。**

第二，坚持"全域统筹、因地制宜"的思路，强化顶层设计，做好文化和旅游融合发展专项规划。目前沿线"运河之都""运河小镇"等提法重复，项目同质化严重，融合发展缺乏系统性、协同性和整体性。当前迫切需在保护优先、生态优先的基础上，加快制定出台文化和旅游融合发展专项规划，明确目标、任务、路径和领导协同机制，各省市要制定相应的规划与计划，形成多层级的规划体系，共构协同发展命运共同体，实现"各美其美，美美与共"。在规划制定与实施的过程中，既要借鉴国内外典型案例与成功经验，也要充分考虑自身特色和实际条件，不能盲目照搬照抄。

第三，坚持"创新创意、开放共享"的策略，借助科技和市场力量，不断创造新产品、新业态和新体验。建议以满足人们"求新、求奇、求知、求乐"的文旅消费愿望为目的，运用AI、VR、5G等现代科技，创新内容与形式，丰富产品供给，如山东的尼山圣境、杭州的《遇见大运河》；加大培育市场主体，促进多元参与，积极总结杭州运河集团等企业的经验，适当、适度、适时进行推广；以创意设计为手段，推动大运河工业遗存转化利用、运河旅游与城市规划建设和市民生活紧密结合。

第四，坚持"战略+项目"的"哑铃模式"，策划建设一批重大的载体与平台类项目。文化发展应以内容为王，在注重项目"硬件设施"建设的同时，更要注重"软件内容"建设。**建议在国家发改委的统筹下，八省联合共建"中国大运河资源数据共享平台"**，打造"世界文化遗产研学游"等经典旅游线路，推动沿线20余家大运河主题博物馆（已建约10家，规划建设近10家）差异化、协同化发展，构筑博物馆展示体系。通过抓项目，促协同，出实效。

微评

★ 项目平台的建设可以有效整合大运河沿线资源，加强各城市间的协同联动，促使合作效益最大化。

读懂"大运河联席会议制度"，需要理解这几个方面

熊海峰

2019年，《大运河文化保护传承利用规划纲要》（以下简称《规划纲要》）的出台，为大运河文化的保护传承利用，统筹大运河沿线区域经济社会发展，探索高质量发展路径提供了重要遵循。《规划纲要》中提出要建立大运河文化保护传承利用工作协调机制，由其来统一指导和协调《规划纲要》的实施，协调跨地区、跨部门的重大思想，审议重大政策、重大问题和年度工作安排，督促检查重要工作的落实情况。"联席会议制度"的设立，走出了落实《规划纲要》的重要一步。

强化统筹协调，突出中国特色

建立"联席会议制度"，主要是为了解决当前大运河沿线各城市之间的总体协调问题。大运河纵跨8省（市）、34个地级市，涉及发改、水利、交通、环保、文物、文化和旅游等诸多部门，大运河文化带的建设与之息息相关。目前，8个省市之间合作还不是非常的顺畅，各部门的协调配合还不够，联动性不足，区域内部竞争和重复开发问题比较突出，现行的遗产保护、城乡规划、土地利用、环境保护等方面，还存在政策与措施上的一些矛盾，"联席会议制度"建立的核心是要解决这些问题。

"联席会议制度"在实际运行中涉及多主体多部门，在沟通交流及协作配合上要注意多方面的问题。**第一**，要从思想意识上真正把工作重心聚焦到大运河文化保护传承利用上来，贯彻落实好习近平总书记关于大运河文化带建设的重要指示精神。**第二**，要在机制上加强相互之间信息沟通，真正做到信息的互通有无、畅达无阻。借助新的传播工具、新媒体、数字平台等，加强交流对话与信息畅通。**第三**，要把协调工作具体化，在解决一些具体的重点问题、重大议题时，不仅仅是以开会的形式来完成工作，在明确重大的政策、事项与问题上，要找准具体的抓手。只有真正能解决问题，"联席会议制度"才有它存在的价值。

在国际上，不同的国家由于政治体制以及历史原因等，对于运河的发展建设都有不同的探索。例如，加拿大里多运河采用的是垂直管理方式，由国家公园管理局直接管辖，可以避免部门职能交叉带来的问题；美国伊利运河是由国家遗产廊道遗产委员会和国家公园署进行总体协调，联邦各州的各部门在项目中担任不同的角色来进行协同合作。

相较于加拿大的里多运河的垂直管理方式，"联席会议制度"更像是一种横向的协同模式，二者组织机制有着本质性的区别。加拿大里多运河采用垂直管理，是因为运河属于专有的部门，由专职部门来管理大运河，通过专门的行政机构专职解决问题。而"联席会议制度"则是一个协同性的机构，是从各部门选派代表参与大运河文化保护传承利用，是一种相互协同、协商沟通的机构，"联席会

微评

★ 协同联动的不足不仅会造成资源浪费，还容易因为沟通不当使得省市之间出现矛盾冲突，不利于大运河的整体开发。

议制度"的主要工作形式是通过定期或不定期召开会议来
解决问题，本质上不是管理的实体。中国大运河的世界遗产
属性决定了大运河文化带的发展必须具有国际视野，而在
实际操作层面上，则立足我国实际，充分体现了中国特色。

多点布局，突出制度功能

资源梳理，建设综合展示线

大运河文化带沿线囊括了丰富的文化资源，根据《规划
纲要》，未来大运河沿线将新建十余个大运河文化博物馆，
并且目前已经建设了十余个以大运河文化为主题的博物馆。
但是在一些主题博物馆中，文物展品匮乏、展览内容单调、
缺少吸引力的问题还比较突出。因此，如何避免博物馆在
展陈内容、风格特色、展陈设计等方面同质化的倾向，将
是摆在"联席会议制度"前方的一道坎。**对此，可以通过
召集各省市负责人，围绕博物馆建设这一议题进行商谈沟
通，借助分级分类的手段，打造形成既相互衔接又各具特
色，一条主线、多点分布的大运河博物馆综合展示体系。**

文旅融合，打造缤纷旅游带

大运河文化带的定位之一就是打造"享誉中外的缤纷
旅游带"，因此做好大运河文化带的文旅融合就成为题中
之义。**目前大运河沿线的文化旅游，多数是基于沿线地区
自然资源的"一次开发"，也就导致旅游线路和旅游产品
的类型比较单一，文化内涵不足，服务品质和文化体验有
所欠缺，低层次同质化的现象比较严重。**因此借助"联席
会议制度"统筹协同的作用，以大运河文化保护传承利用
为核心，可以从七个方面做好大运河文化和旅游的建设。

微评

★ 通过全面布
局，各博物馆可以
进行围绕"大运
河"为主题的特色
化发展，并且在各
博物馆之间形成呼
应，达到整体性的
发展。

第一，提升文化和旅游的基础设施与公共服务水平。第二，统筹文化和旅游的资源保护与开发利用路径。第三，推动文化产业和旅游产业的互促提质。第四，依托文化内涵和品牌口碑，打造出千年运河的品牌体系。第五，完善文化和旅游市场的发展环境，加大市场监管力度，为企业的发展营造良好的综合环境。第六，推动旅游产业与其他产业的融合，真正发挥文化和旅游对区域经济发展的引领带动作用。第七，促进区域协同和国际交流，基于联席会议制度发挥平台性作用，进一步合聚沿线城市之力，共同将大运河打造成为中国文化和旅游发展的一个战略性的脊梁带。

品牌建设，提升运河影响力

梳理世界知名运河带的发展历程，他们都非常注重自身的品牌建设并举办了许多具有影响力的品牌活动。荷兰阿姆斯特丹运河带沿线举办了许多品牌活动，如水上音乐会成了荷兰最大的音乐节；水上灯光节也是欧洲著名的五大灯光节之一。在品牌建设方面，国家也极为重视大运河的品牌体系建设，并且做出了一些探索。2019年5月在扬州举办的首届大运河文化旅游博览会，吸引大运河沿线8省40多个城市，32个国家和地区以及三个国际组织的500多家单位参加，观众近14万次，成为国际国内有重要影响力的文旅融合品牌。但是，大运河的文化活动还多以陆地为主，体现在水面上的（包括水路融合、水城融合）能够彰显出大运河水域特色的文化活动比较少。因此，未来如何突出大运河水域特色，做好水上特色文化活动，增强水域体验将成为"联席会议制度"需要破解的一个难题。

大运河的品牌建设之关键已经成为各方共识，只有通过品牌才能够形成世界影响力，才能够带动辐射周边发

微评

★ 大运河的品牌建设要面向国内国际两个市场，围绕自身资源，实行梯次化"走出去"战略；并整合媒体资源，构建多元化的宣传矩阵。

展，才能够形成以大运河品牌IP为主导的产业链。因此，要让大运河发展成为国家的一张"金名片"，在品牌建设方面应该注意以下几个问题。

第一，要突出大运河的品牌内涵。大运河品牌内涵的本质是以大运河文化为核心，以世界级人类文化遗产为根基，在社会主义核心价值观的引领下，充分挖掘弘扬大运河蕴含的中华优秀传统文化的价值内涵，促使其形成与当代文化相适应，与现代社会相协调的新型文化。这种文化是大运河文化品牌的底色和灵魂。

第二，构建统一的千年运河品牌体系。以千年运河为母品牌，重点培育运河城市旅游体系，涵盖旅游景区、文创产品、民宿节庆、龙头企业、产业园区等众多子品牌，打造主题突出，层次分明的大运河文化品牌体系。

第三，要加强品牌的营销推广力度。就是要以沿线城市为主体，成立由政府、媒体、智库、企业等机构组成的营销推广联盟，推动成员间协同合作、互惠互利、资源共享，齐心协力建设大运河文化品牌。

第四，要以重大品牌活动为支撑。通过举办中国大运河文化节，世界运河论坛等国际性主题的品牌活动来推动大运河文化品牌的传播，提升大运河文化品牌的影响力。

共建共享，推进三个方面工作

建立"联席会议制度"，走出了大运河文化保护传承利用的重要一步，未来，大运河文化带的建设还需要实现更多的突破，要积极推进以下三个方面的工作。

第一，完善顶层设计，制定严密的保护传承利用规划，保护文化的本真性、文物的完整性，推动文化带的创新传承与发展。美国国家公园署完成了《伊利运河国家遗产廊道保护与管理规划》，加拿大政府也制定了《里多运河管理战略规划》，我们应该加大规划的力度，推动规划的落实。

第二，加强大运河的立法工作。通过立法，保障大运河的保护传承和利用。形成完善的大运河文化保护传承利用的法律法规体系，让法律为大运河文化和旅游的融合发展、繁荣兴盛保驾护航。例如，美国就专门为伊利运河制定了《伊利运河国家遗产廊道法》。

第三，推动多主体参与。充分发挥政府的积极作用，创新发展路径，出台相关政策，吸引社会力量参与，形成政府引导、市场主导、社会参与的整体发展格局。

未来，"联席会议制度"将会朝向一个共同创造、价值分享的平台发展。第一，它的价值会更加的彰显。随着大运河文化带的建设，需要沟通的任务、沟通的内容会越来越多，"联席会议制度"将进一步彰显其在沟通协调中间的重要作用。第二，价值更加落向实处。在建设大运河文化带的同时，联席会议的功能也将在解决重大政策、重大问题、年度安排、重大事项安排的过程中进一步完善、巩固和夯实。第三，更加开放。在发展中，"联席会议制度"也将持续改革和完善，相关的企业、地方代表、国际组织或将参与进来，联席会议这个平台，未来也将越来越开放。

（注：熊海峰，中国传媒大学文化发展研究院博士，硕士生导师。国家文化和旅游部《大运河文化带文化和旅游融合发展专项规划》课题执行组长，大运河文化保护传承利用河北、浙江、天津等段规划审评专家。）

微评

★ 配套的法律法规体系应在资金支持、明晰定责、遗产保护、传播标准等方面做好规范，以保障协同机制的顺利推进。

★ 大运河的建设需要政府与企业间的积极合作；同时也需要激发民众的活力，增强其主人翁意识，使民众参与到大运河的保护与开发中来。

大运河文化带文化遗产保护与旅游开发利用研究

范周　杨畹

　　中国大运河是纵贯南北、横亘古今的中华历史文化长廊和世界文化遗产。在两千多年的历史进程中，大运河为中国经济发展、国家统一、社会进步和文化繁荣做出了重要贡献，也留下了宝贵的遗产和流动的文化。现如今大运河文化，已内化为中华民族悠远绵长的文化基因，成为其生生不息、发展壮大的丰厚滋养，展现出巨大的文化和旅游价值。2014年6月22日，中国大运河列入世界遗产名录。规划建设大运河文化带，以运河遗产为核心，以文化带建设为抓手，保护、传承和利用好运河文化和旅游资源，是值得探索的重要课题。

大运河文化遗产保护和旅游开发利用现状

大运河文化遗产资源丰富，保护形式多样

　　大运河由京杭大运河、隋唐大运河、浙东运河三部分构成，全长3200多公里，其中京杭大运河包括通惠河、北运河、南运河、会通河、中（运）河、淮扬运河和江南运河等段，隋唐大运河包括永济渠和通济渠等段，浙东运河主要指杭州至宁波段。**大运河是具有2500多年历史的活态遗产，沟通融汇京津、燕赵、齐鲁、中原、淮扬、吴越等地域文化，以及水利文化、漕**

运文化、船舶文化、商事文化、饮食文化、民俗文化等文化形态，形成了诗意的人居环境、独特的建筑风格、精湛的手工技艺、众多的名人故事以及丰富的民间艺术和民风民俗，至今仍散发勃勃生机，沿线水工遗存、运河故道、名城古镇等物质文化遗产超过1200项，已列入世界文化遗产的河道遗产、水工遗存、附属遗存及相关遗产共计58处。在已经颁布的四批国家级非物质文化遗产代表性项目中，大运河沿线8省市共有837项，是我国优秀传统文化高度富集的区域。

与此同时，大运河沿线各地区加大非物质文化遗产保护力度和形式。**第一，出台相关保护管理办法和条例。**已出台《大运河遗产保护管理办法》（原文化部，2012年）、《山东省大运河遗产山东段保护管理办法》（山东省，2013年）、《杭州市大运河世界文化遗产保护条例》（杭州市，2017年）。**第二，加大非物质文化遗产立法，**如杭州和无锡从保护历史文化遗产角度立法保护大运河文化资源，宿迁、淮安、常州、苏州从保护非物质文化遗产角度进行立法保护，镇江从传承人角度进行立法保护等。**第三，建立了四级非物质文化遗产保护体系、代表性传承人体系，**建立了非物质文化遗产保护中心、以大运河为主题的博物馆（如杭州京杭大运河博物馆、聊城中国运河文化博物馆）、非遗馆（如苏州市非物质文化遗产馆）、非遗传承基地（如无锡市梁溪区非遗传承基地、梁溪区非物质文化遗产传承基地）、大运河文化长廊（淮安）等，在一定程度上保护、挖掘、征集、宣传了非物质文化遗产，取得了一定的社会效益。**此外，部分沿线省市利用大运河及其文化资源发展文化、旅游及相关产业，打造标志性景点、文化活动及运河遗产保护利用综合性工程。**尤其是江苏、浙江两省，加强运河遗产的创新传承和资源的创造性转化，逐渐形成了历史文化街区、运河特色小镇，运河主题节庆活动等多层次、立体化的运河文旅产品体系，推动文博、会展、演艺、节庆、创意设计等多元业态融合式发展。

政府高度重视大运河文化带建设，各类规划相继出台

2017年2月，习近平总书记在视察京杭大运河通州段的治理工程时强调要"深入挖掘以大运河为核心的历史文化资源",并在同年6月关于大运河文化带建设的报告中批示,大运河是祖先留给我们的宝贵遗产,是流动的文化,要统筹"保护好、传承好、利用好"大运河。

随后,大运河沿线8省市的省(市)委书记、省(市)长纷纷就大运河保护、传承、利用问题发表公开讲话。与此同时,大运河沿线8个省市均着手编制地方大运河文化带发展与建设规划纲要,对大运河文化带建设作出了部署。如天津市专门成立大运河文化建设规划编制领导小组;河北省设立大运河文化带建设联席会议制度,建立京津冀三地协调机制;山东省立足丰富的文化资源,实施大运河(山东段)文化带重大文物保护工程;浙江省将加快大运河文化带(浙江段)建设写入2018年政府工作报告,发动社会力量、大力发展文化产业,积极推进大运河文化带建设,等等。

基础设施建设逐渐完善,沿线生态环境有所改善

为保护好"母亲河",大运河沿线省市积极开展河道疏浚与治理、水利工程复建和水生态环境修复工程,逐步改善运河水质,同时建立监测预警体系,不断提高综合管理能力。如大运河无锡段共安装了6个水质自动监测站,每天进行四次检测;苏州每年两次对运河苏州段运用航拍、水下声呐探测技术加强对运河的监测管理,同时还利用三维激光扫描把运河遗产建模数字化。

大运河江苏沿线积极实施退渔还湖,依靠大运河发展旅游业,既保护了水生态,又改变了渔民的生活方式,实现了水环境治理和生态富民双赢。

此外,各地积极完善文化旅游基础设施,因地制宜推进航道开通。**如北京通州区、天津武清区和河北省香河县**

微评

★ 完善的交通设施是开展旅游业的基础之一。便捷的交通不仅可以打通与外界交流的通道,也可以提高游客的旅游舒适度指数,推动当地旅游业的发展。

签订通航合作框架协议，计划"通州—香河—武清"段先后实现旅游通航和客货运通航。河北省沧州市启动"运河生态文化带"一期工程，沿4.2公里河道打造古韵河景，将在安陵闸所建设"大运河吴桥杂技生态城"。

沿线经济发展水平较高，文化和旅游业基础较好

大运河沿线8省市以占全国不足10%的土地面积，承载了全国超1/3的人口，贡献了全国近一半的经济总量，其中江苏、山东、河南、浙江4省的GDP多年来稳居全国前五名，是国家经济发展的中流砥柱。从文化产业的发展来看，大运河文化带贯穿了长三角、淮海、环渤海三大经济圈，拥有雄厚的腹地经济、庞大的文化消费群体以及相对发达的文化产业和文化市场体系，是中国文化产业较为繁荣的区域。

同时，大运河沿线城市利用文化带推动运河生态带、景观带建设，利用文化带促进旅游资源开发、提升当地居民生活品质，形成良性循环的保护、传承与利用模式。如京津冀携手编制《京津冀大运河旅游观光带规划》；北京市围绕大运河文化带打造文化旅游产业集群；天津市积极进行保护性开发利用，建成了一批以大运河为主题主线的生态文化公园；河北省科学规划流域内旅游产业发展，并推动实现大运河京津冀段的观光性通航；山东省把鲁风运河列为省内十大文化旅游品牌之一，实施重点开发建设；江苏省将大运河沿线作为经济重心与创新前沿；浙江省提出以运河为枢纽，以名山大川、著名景点等为重点打造大运河文化带。文化和旅游融合，助力大运河文化带建设。

大运河文化品牌意识增强，系列重点项目有序建设

随着大运河文化价值的日渐凸显，各省市积极谋划和布局项目，通过项目建设，推动大运河文化的保护、传承和利用。**杭州、苏州、无锡、扬州、淮安等地运河旅游都已形成一定规模，无论是景区业态、品牌影响力、客流量还是周边交通住宿的条件都相对成熟，已经初步成为区域内重要的旅游目的地。**例如，无锡市梁溪区作为国家全域旅游示范区，主打宣传口号为

"江南水乡地，运河遗产区"；引入了非遗（如昆曲、古琴等）活态补充旅游项目内容；重视学生群客户的开发；打造运河诗歌节、古运河风情夜游节等大运河文旅项目；成立了国企控股的古运河集团。无锡运河岸边的南长街商业街区有古运河集团主导生产的文创产品，景区内人流量较多。

大运河文化保护和旅游开发利用的主要问题

沿线省市运河文化和旅游发展基础不平衡

第一，运河遗存及使用价值不平衡，尤其是在河道及通航方面。 如京杭大运河北方大部分河段断流断航，部分还未淤废、仍然有水量的河流承担起城市排水或引水灌溉的任务；而京杭大运河、隋唐大运河的江南运河段和浙东大运河整体均位于水量充足的江浙地区，运河仍然每天承担着大量的航运，持续发挥着重要作用。

第二，经济发展基础不平衡。 受历史发展基础和行政区划等方面的影响，运河沿线城市在国土面积、人口方面相差不大，但在国内生产总值、人均国内生产总值、地方财政收入指标上出现了严重的不平衡性。发达运河城市至今仍然保持旺盛的发展势头，经济社会发展在全国处于先进水平，具有举足轻重的地位；而欠发达运河城市，如山东、苏北运河沿线城市，虽近年来得以发展，但由于历史和环境的制约，经济发展较为缓慢。运河城市经济发展较为不平衡。

第三，沿线城市文化和旅游产业梯度明显。 整体来看，大运河沿线城市文化和旅游产业发展水平呈现"U"型格局，河段两端文化和旅游产业实力强劲，中部文化和旅游产业较为落后。从产业发展类别看，两端以高附加值的文化产业为主，中部更多是以文化产品制造、文化观光等附加值较低的产业为主。

大运河遗产保护与传承利用仍存在矛盾

一方面，非遗保护、传承、利用严重不足。 2014年申遗成功后，运河沿线省市政府均高度重视对运河遗产的保护和发掘，居民的保护意识也明显提高。但在保护过程中，仍面临着重"有形"遗产、轻"无形"遗产，重静态保护、轻动态保护，缺乏整体性保护、文化遗产保护与城市建设脱节等问题，使遗产与遗产地的原生自然环境和人文背景相脱离，遗产的原真性和完整性遭到破坏。如运河非物质文化遗产的活化利用程度依然偏低，文化内涵挖掘不够深入，遗产资源开发方式和展示手段传统、单一，缺乏创意设计和科技手段的运用。**此外，非遗项目亟待发展和创新，非遗传承发展难以为继。** 许多非物质文化遗产时代背景已远，与现代生活生产不相融合，难以满足人们新的需求和审美。受传承方式和传承人不足的限制，部分项目难以为继。如江苏徐州市丰县的国家级非遗项目糖人贡，由于国家丧葬制度改革，项目传承形势严峻。

另一方面，大运河遗产保护与旅游开发存在实施层面上的矛盾，不同部门的职责及依据法律法规的差异是造成矛盾的根本原因。 仅以文物和水利部门来说，大运河不同于一般的文物，仍具有重要的水利功能和发展的需求；同时，大运河又不同于一般的水利工程，它承载了厚重的历史文化和水利科技文明。文保单位和水利部门基于各自的职责，在对大运河的功能定位、处置原则和基本要求上存在一定分歧。到实施层面，由于行政审批归口不同，对审批程序、主体及相关建设的具体技术要求均不一致，保护工作困难重重。

运河文化内涵挖掘不足，运河特色文化体系未形成

目前，对大运河文化和旅游资源的开发利用整体还处于较低水平。第一，对大运河文化内涵挖掘不深、融合不够，许多项目显得简单粗放。 目

前，大运河非遗项目以年度节庆活动为主，展示频次较低，传播效果不佳；以"运河"为主题的部分活动同质化现象普遍，对运河文化、运河非遗的展示不足。**第二，缺乏创新性传承与创造性转化的有效路径与载体。**模式创新较少，没有围绕运河IP形成系列产品与服务，特别是对虚拟价值与形态开发不足。从全国范围看，在大运河沿线城市中，由于线型旅游资源历史功能相同或相似，旅游产品开发也呈现出趋同的特征，如多地正在实施的各类运河博物馆项目等。又如从浙江、江苏以及山东段运河开发现状来看，旅游产品主要以水上游览沿线风光、历史文化遗存为主。产品开发缺少与地域性历史文化、民俗风情等资源的整合。

随着航运功能的衰退，"因河兴城"的城河共生关系日渐松散，与城市经济、社会、生态的关系还需重塑。在大运河保护利用传承方面可参照学习的成功模式不多，对大运河文化基因与精神内核的挖掘与研究不够。如何实现大运河文化的活态传承与可持续发展，实现历史文化与现代文化之间的圆融对接，是必须突破的难题。

运河旅游基础设施相对薄弱，配套服务体系不完善

目前，大部分地区各类运河文化和旅游资源多以文献资料和实物的形式保存在当地的文化馆、档案馆，博物馆、非遗展览和主题活动也主要是发挥宣传、教育的功能，不具备旅游功能。政府主要从遗产管理的视角对大运河文化进行静态的、单点的、项目性的保护，而没有从产业开发视角，对大运河文化和旅游资源进行整体规划，缺乏市场化的定位和创意化的展示利用手段，旅游配套设施和服务体系相对不完善。

缺乏有效的沿线协同合作，统筹协调机制有待创新

如何统筹好沿线城市的资源与力量，在断航的现实条件下推进协同合作，构建起大运河文化带命运与利益共同体。大运河文化带建设是一个巨大的系统工程。"纵向上，需要在国家、省、市甚至更具体的行政单元形成合力；横向上，需要运河沿线城市之间，城市文化、水务、商业等各部门间协

抓共管"，同时还需要协同与整合多元社会力量。目前来看，情况不容乐观。一是国家层面统筹缺位，沿线城市各自为政，同质化趋势严重；二是大运河涉及水利、环保、规划、文物、宣传等多个职能部门，多头管理现象突出；三是宣传力度不足，社会力量参与热情与程度不高；四是区域协同还缺少必要的组织、制度与政策保障。

大运河文化保护和旅游开发利用的对策建议

因地制宜顶层设计，打造大运河文化IP

大运河是蓄积了千年文化势能的超级IP。**大运河流域城市需充分运用历史文化、民族民间文化、红色文化、旅游生态文化等资源，推动文化精品创作生产，加大对原创文化精品的扶持力度，推出更多思想精深、艺术精湛、制作精良的力作。**大运河沿线文化和旅游的行政主管部门要着眼于更好地满足人民群众日益增长的美好生活需要，推进大运河文化带供给侧结构性改革，促进相关文化产业转型升级、提质增效，构建结构合理、门类齐全、科技含量高，富有创意、竞争力强的大运河文化体系。

更新资源活化方式，增强文化遗产传承活力

第一，挖掘非遗文化资源，建设非遗馆。提升大运河沿岸现有"非物质文化遗产展示馆"，鼓励有条件的地区，建立具有地域特色的非物质文化遗产专题博物馆或综合馆，活跃群众文化生活。同时加强统筹协调，避免重复建设。

第二，创新传习活动形式，推动交流。每年以春节、"文化遗产日"为契机组织活动，逐步打造地方特色文化

微评

★ 科技可以赋予大运河新的生命力。通过VR、AR等技术打造的沉浸式游览项目可以增强游客的旅游体验；同时也可以利用其制造虚拟逼真的大运河场景，让更多的人可以"云游大运河"。

★ 非遗馆的建设要做到"游之有物"，积极探讨展品及展览主题的规划。同时可以进行配套文化创意产品的开发，使非遗"活"起来。

品牌。同时，通过政府文化部门和一些文化艺术组织的推介，组织非物质文化遗产传承人赴外地展演，让大运河非物质文化遗产"走出去"，在与世界文化的交流中得到升华。

第三，**传承保护与开发利用相融合，促进可持续发展。** 大运河非物质文化遗产涉及文化、生产、生活、民间工艺、表演艺术、礼仪习俗等多个领域，既是当地群众文化生活多样性的重要体现，更是中华民族传统文化的瑰宝。要把得天独厚的自然风光与深厚的人文积淀及丰富的非物质文化遗产结合起来，保护好、传承好大运河沿岸的非物质文化遗产，推动大运河特色体验旅游业的发展。

挖掘运河文化内涵，推动运河文旅价值转化

第一，**梳理大运河历史文化发展脉络。** 对大运河文化的精神内核尤其是对大运河与流经城市的地域文化传统、民俗特色、历史变迁、城市风貌之间的内在关联进行深入研究，为旅游项目策划和旅游产品设计提供丰富的素材。**第二，挖掘非遗本身的文化价值。** 尤其是蕴含在其外显形态之中的隐性的内涵、价值观、审美心理与生活方式等，并将其凝练成重要的文化元素及符号。**第三，关注非遗与运河的关系。** 如不同形态的传统工艺、美术、表演艺术等在运河沿线的传播、交流与融合等。总的来说，要在梳理大运河的水文化、漕运文化、商业文化、民俗文化，北京的古都文化、京味文化及非遗的历史、精神、科学及审美等价值的基础上，进行挖掘、整合与转化，提炼出大运河特色文化符号，在促进产业融合、做大产业载体、融入运河旅游网等方面下足功夫，最终将运河文化资源优势转化为文化产业发展优势。

统筹旅游基础设施建设，着力改善生态环境

第一，**完善相关基础设施配套。** 如构建水陆快速交通网络、5G通讯、智慧景区等。**第二，完善旅游公共服务配套。** 以丰富的运河文化资源为依托，打造公共文化服务设施和地方景标，将文化资源保护与公共文化空间结合，不仅为大众提供了休闲娱乐空间，也丰富了群众文化及相关保护知识，营造区域文化氛围，增强地方文化认同，在创新文化保护传承形式的同时丰富了公共文化服务体系，实现了二者的有效联动。如设计运河沿线景观节点，打造旗帜性运河文化地标；塑造特色文化空间与雕塑小品，渗透运河文化气质等。

丰富文旅产品供给，构建运河文化品牌体系

第一，培育大运河文化精品创作生产体系。大运河流域城市需充分运用历史文化、民族及民间文化、红色文化、旅游生态文化等资源，推动文化精品的创作生产，加大对原创文化精品的扶持力度，推出更多思想精深、艺术精湛、制作精良的精品力作。因此，整合特色人文资源，打造文化产业品牌，使大运河文化带成为"高品位的璀璨文化带、高颜值的绿色生态带、高水平的全域旅游带"。**第二，加大旅游景点的文化融入和品牌营销力度。**将区域特色的自然人文资源进行整体规划和开发利用，组织研究人员编写具有文化底蕴的景点介绍，突出地方特色旅游项目的知识功能和文化传承功能。大运河流域地级市需大力培育新型文化业态，促进数字技术、互联网技术等高新技术在文化创作、生产、传播、消费等各环节的应用，加快培育基于大数据、云计算、物联网、人工智能等新技术的新型文化业态。

促进产业融合对接，探索文旅融合的新业态

第一，调动市场力量，大力培育新型文化业态。以大运河文化为内核，启动"大运河文化+"计划，促进数字技术、互联网技术等高新技术在文化创作、生产、传播、消费等各环节的应用，加快培育基于大数据、云计算、物联网、人工智能等新技术的文化业态。**第二，创新发展模式，拓展文旅发展空间。**推进与沿线生态建设、城市功能、经济发展间的融合发展，创建一个文化特色、创新有力、繁荣活跃的发展带和城市群。鼓励沿线城市充分挖掘本地运河的历史文化资源，并创新性地将其融入城市建设中去，丰富城市服务的多样性与特色性。**同时运河文化不必局限在河道、船闸、码头等固态遗产上，还应探索以大文化IP为纽带，与特色小镇、动漫影视、旅游产品等**

有机融合，打造一个集景观带、文化带和经济带于一体的综合性城市群廊。

建立健全区域协同机制，增强统筹管理能力

第一，推进市域统筹。创新大运河文化带的合作组织、合作机制、合作政策等内容，推动形成文化带命运与利益共同体，打造区域协同发展的典范样板。**第二，推进区域统筹，**将大运河文化带建设融入京津冀协同发展、长江经济带建设、中华文化走出去、"一带一路"文化建设上来，助推运河保护利用与所在地区以及沿线经济社会文化协调发展，全方位深化国家战略和区域新格局背景下不同层面的文化交流与合作。**第三，推进国际合作。**流淌了2500多年的中国大运河所承载的中华文化，具有多元性、包容性和开放性特征。加强国际交流合作是大运河文化带建设的重要内容和应有之义。对此，要加强与国际运河城市间的交流与合作。引领创新大运河文化带的合作组织、机制、政策与内容，推动形成文化带命运与利益共同体。**第四，推进学术联盟。**依托城市人才资源优势，集聚一批优秀专家，倡导建立大运河文化带研究学术联盟，成立大运河文化带建设人才智库，推动"运河学"建设，反哺大运河文化带建设的新发展。

大运河文化活化利用的协同创新网络构建研究

范周　言唱

【写作背景】2017年2月，习近平总书记在北京通州区调研时作出重要批示"保护大运河是运河沿线所有地区的共同责任"。2019年2月，中共中央办公厅、国务院办公厅印发了《大运河文化保护传承利用规划纲要》（以下简称《规划纲要》），旨在打造大运河文化带，充分挖掘大运河丰富的历史文化资源，保护好、传承好、利用好大运河这一祖先留给我们的宝贵遗产。《规划纲要》是对习近平总书记重要指示批示精神的深入贯彻落实，《规划纲要》的印发，极大调动了沿线各地党委、政府和广大干部群众保护传承利用大运河文化的积极性。但大运河文化活化利用的现状仍然存在一些问题，需要构建协同创新网络来提升主体创新能力、推动资源要素整合、促进大运河文化资源转化。

大运河文化的活化利用是在不破坏遗产真实性和完整性的前提下，挖掘和利用遗产本身或其中所蕴含的文化内涵及文化元素，并通过特定的载体、方式和技术，进行适当的加工、改造、转化或再创造，从而充分释放遗产自身活力及文化价值、推动遗产活态传承及可持续发展的过程。遗产活化是传统意义的保护与传承，更要用活化方式对蕴含其中的物质及精神的价值进行解码、诠释、继承和重构，这是一个创新的过程。然而当前，我们对大运河文化的利用呈现出资源分散且配置效率低、主体创新能力弱、缺乏协调与合作等特点，没有充分挖掘遗产价值，让大运河文化真正"活"起来。而协同创新能够突破单一主体的局限性、优化资源配置，为大运河文化的活化利用提供了新的思路。

协同创新理论及其应用价值

协同创新理论溯源

在经济全球化的趋势之下，创新环境日趋复杂，创新的构成要素和影响因素更加多元化，单一主体、小范围、单向度、单层次的创新已经无法适应发展的需要，协同创新逐渐成为科技创新的新范式。协同创新理论建立在系统论、协同论和耗散结构论等系统科学理论的基础之上，并引入了生物学中的三螺旋理论。该理论最初主要应用于制造业领域，以技术创新为主要内容，后来逐步广泛应用到经济学、管理学的范畴中，并延伸到其他产业领域，成为国家创新体系建设的重要理论基础。

协同创新（collaborative innovation）的概念由彼得·葛洛（Peter Gloor）首先提出，即"由自我激励的人员所组成的网络小组形成集体愿景，借助网络交流思路、信息及工作状况，合作实现共同的目标"。维罗妮卡·塞拉诺（Veronica Serrano）和托马斯·费舍尔（Thomas Fischer）指出，协同创新是将各个创新主体要素进行系统优化、合作创新的过程，可以从整合与互动两个维度来分析：前者主要包括信息、目标、绩效和行动的整合；后者主要包括创新主体之间的信息互惠共享、联合部署、系统匹配以及行动最优同步。陈劲和阳银娟认为，协同创新是以知识增值为核心，以企业、高校、科研院所、政府、教育部门为创新主体的价值创造过程，不仅注重知识的开发和创造，更强调知识的灵活应用和价值转换。

从概念结构来看，协同创新中的"协同"是指主体的相互关系和行为模式，而"创新"既是行动目标，也是行为过程。协同创新的本质是突破创

新主体间的壁垒，通过主体的相互作用和创新要素的高效配置，实现系统优化和价值创造的过程。这一过程能够提升系统的创新能力和创新效率，促进创新成果的转化和应用，产生"1+12"的非线性效用。**在协同创新模式下，主体间不再只是"点对点"的合作关系，而是建立起一个跨越组织边界的动态关系网络。创新模式也从传统的线性、链式创新逐步演化为非线性、开放式、网络化创新，从而形成一个多主体、多要素相互作用、彼此支撑、协调运行的创新生态系统。**

协同创新理论在文化产业相关领域的应用

近年来，**协同创新理论及协同创新模式在文化遗产保护与传承、文化产业发展及相关领域的应用逐渐受到关注。**学者们普遍认为，当前中国文化产业的发展存在资源碎片化、配置效率低，企业规模偏小、自主创新能力不足，部门和区域间各自为政、缺乏聚合创新要素的有效机制等问题，而协同创新理论对于解决这些问题具有指导意义和实践价值。程金亮认为，协同创新模式普遍应用于科技、教育、文化等领域，已成为世界文化创意产业发展的普遍趋势；突破壁垒，推动创新要素协同和创新主体间相互合作，实现创意与科技、文化与资本融合、文化与多种相关产业嫁接是实现我国文化创意产业持续健康发展的路径选择。郑志、冯益指出，创意和技术创新协同有助于文化创意产业的发展和国家文化软实力的提升，并提出以政府为引导、以优势文化企业为核心、以创新平台为依托、加强行业协会地位、以本地文化为载体、以众包模式引导智力资源等协同创新生态系统的构建对策。

微评

★ 人才、资本、信息、技术等要素是打破行业壁垒，持续不断创新的核心力量。协同创新模式的作用机制就在于实现上述要素的整合与流动。

在协同创新理论的具体应用方面：王慧芳对非遗协同创新保护体系进行了研究，认为非遗视角下的协同创新是指创新主体间拥有服务于非遗的一致的发展目标和内在吸引力，利用各自固有的优势资源形成共享体系，并进行全方位、多样化的信息交流与资源共享的活动，而政府、高等院校、企业单位、媒体、传承人和继承人是非遗协同创新保护的主体。熊正贤等借鉴了耗散结构理论，认为跨流域、跨部门、多主体协同创新发展模式是乌江流域文化产业发展的必然选择，并提出创建阶梯协同创新结构、建立健全利益共赢机制、建立"4+4"协同创新体系等具体策略。

此外，在协同创新理论的实践探索方面，形成了湖南非遗产品协同创新平台、长白山非物质文化遗产协同创新研究中心、西部文化创意产业协同创新中心、清华大学深圳国际研究生院与腾讯共建的互动媒体设计与技术中心等。以西部文化创意产业协同创新中心为例：西安交通大学的人文、电信、公共管理、经济与金融等7个学院形成局域协同，同时与香港理工大学、四川大学、兰州大学的优势学科跨界互补，联合陕西文化产业投资控股有限公司、西安曲江文化产业投资有限公司等文化创意企业及相关政府部门，构成了国际化、高水平、多学科、跨区域与领域的协同创新共同体。他们始终以实际问题为导向，整合多方资源、创新服务模式，并建立负责人定期互访和相关合作人员定期流动机制，高效稳定地聚合了人才团队。

综上所述，无论从理论还是实践的角度，协同创新理论在文化遗产保护与传承、文化产业发展及相关领域的应用都有一定的合理性和适用性，对于大运河文化的活化利用也有重要的借鉴和指导意义。因此，本文以协同创新理论为依据，对大运河文化活化利用的现状和问题进行分析，并提出应对策略。

协同创新视角下大运河文化活化利用的现状和问题分析

大运河文化活化利用的现状

第一，逐步建立以博物馆为核心的大运河文化展示和传播体系。博物

馆是当前大运河文化展示利用的主要载体和形式。其中，
既包括中国运河文化博物馆、中国京杭大运河博物馆等综
合性博物馆，也包括扬州盐运文化展示馆、中国淮扬菜
博物馆、苏州丝绸博物馆等专题性博物馆。博物馆以运
河文物和文献资料的集中展示以及水利、漕运、饮食、风
俗、建筑、艺术等运河相关文化和知识的普及性介绍为
主，并结合公共教育活动进行大运河文化的宣传推广工
作。同时，各地广泛开展节庆、会展、艺术表演、群众文
化活动等一系列运河文化展示、教育与体验活动。文化遗
产传播剧《遇见大运河》融合了传统文化与现代元素，
以运河文化为依托，搭建起东西方交流沟通的桥梁。此
外，中国大运河庙会（杭州）、"大运河文化带非遗大展
暨第四届京津冀非遗联展"等都有效推动了大运河文化的
交流与传播。

第二，形成了区域性的运河文化旅游项目。在大运河
文化活化利用的过程中，部分地区形成了一批相对成熟、
具有一定代表性的文化旅游项目，如桥西历史文化街区、
手工艺活态馆、平江历史文化街区、东关街、台儿庄古城
等。杭州手工艺活态馆被联合国教科文组织授予中国"工
艺与民间艺术之都"十大传承基地，这是运河文化资源活
化利用与旅游开发的一个成功案例。**台儿庄古城以"百
馆""百业""百艺"为理念，整合多种文化和旅游资
源，展现了"东方古水城"的风貌和南北文化交融的运河
特色。**这些项目拥有较为稳定的客源市场，游客参与度高
且评价和反馈良好，主要分布在江南运河段的扬州、苏
州、杭州等旅游城市。但从全国范围来看，代表性的运
河文化旅游项目，尤其是创新性项目数量还比较少。

第三，部分运河遗迹和工业遗存实现了转型和再利

微评

★ 被第二次世界
大战炮火损毁的台
儿庄古城在重建的
过程中遵循了"原
基址、原空间、原
风貌、原来材料、
原有工艺、原籍工
匠"六大原则。原
汁原味的古城文化
是台儿庄推动文旅
融合的根基。

用。运河沿线分布着大量漕运遗迹、建筑遗址，以及老旧厂房、仓库等工业遗存，其中已有部分在遗产保护的基础上，通过空间改造和功能转型成功获得了"新生"。杭州拱墅区拱宸桥以西一带经过"桥西历史街区综保工程"的综合治理和改造，将原来的杭州第一棉纺厂、红雷丝织厂、土特产仓库等转型为杭州工艺美术博物馆（群），截至2018年年底其共计接待游客1627.97万人次。作为"天下粮仓"的运河标志性遗产富义仓，转型为富义仓文化创意产业园，由"物质粮仓"转变为"精神粮仓"。

大运河文化活化利用存在的主要问题

总的来说，当前对于大运河文化的利用，仍局限在对运河历史、文物和遗迹及各种遗存承载的文化的展示和传播方面，而对于大运河文化的深刻精神内涵和遗产内在价值的挖掘和活化利用则严重不足。大量运河文化资源处于待发掘或浅层开发的状态，没有转化成多元化、多层次的文化产品；资源开发模式呈现出单一化、粗放化、碎片化的特点，遗产资源的利用效率和挖掘程度偏低。从协同创新的视角来看，创新要素分散、主体创新能力不足、缺乏协调与合作机制正是限制遗产活化和文化资源创造性转化的关键因素，具体包括以下几个方面：

一是资源要素缺乏整合，资源配置亟待优化。大运河文化资源庞杂而分散，文化及相关旅游资源分布零散、不均衡，资源之间的关联性和集聚性较弱。而大运河文化活化利用所需的多种资源要素一般分散在政府、企业、高校、科研机构、社区居民等不同主体的手中，且资源的开放性和流动性较差，这增加了资源整合的难度，导致了资源配置效率低下。地方政府、社区和非遗传承人掌握了丰富的大运河遗产和文化资源，但不具备足够的资本、技术和市场资源；企业尽管具有资本和技术优势，但缺乏优质的遗产和文化IP资源；高校和科研机构有充足的人才储备，但往往难以获得及时、准确的市场信息。资源结构的缺陷、创新要素的分散和资源配置的低效阻碍了资源向产品的转化及产业间的充分融合，造成了资源利用效率和层次偏低。

二是单一主体创新能力弱，缺乏多元协作与互动。在大运河文化活化利用的过程中，主体的创新能力明显不足。从现阶段来看，许多地方政府不仅开发理念相对落后，在资金、技术和市场渠道方面也往往处于劣势；而市场主体的参与积极性不足，具备资源整合及创意策划能力的企业寥寥无几。尤其是运河沿线的沧州、聊城等地，文化和旅游产业基础薄弱，当地政府不具备专业的市场化运作经验，运河文化资源的挖掘、加工和转化受限。此外，不同主体之间缺乏高效、常态化的信息交流与互动合作机制，阻碍了知识、创意和技术的传播、扩散与整合，导致了创新效率偏低。例如，运河沿线的吴桥县尽管拥有丰富的运河与杂技文化资源、享有较高的声誉，但当地政府在吴桥杂技大世界的长期经营过程中，创新意识和能力不足，也没有与高校、企业等建立联动与合作，导致传统的旅游开发模式逐渐与新的市场需求和消费趋势脱节。

三是统筹协调机制缺位，文化保护、传承与利用相割裂。一方面，大运河文化的活化利用是一个涵盖多主体、多要素、多维度、多层面的系统工程，需要不同政府部门之间的密切配合与协调。然而，当前文物、旅游、交通、水利、环保等众多行政主管部门之间存在"多头管理""条块分割"、权责不清的问题，资源开发利用的行政成本高、工作效率低。同时，文化保护、传承与利用主体之间缺乏合作与互动，文化遗产的保护传承与文化资源的开发利用彼此孤立。另一方面，区域之间缺乏资源共享和协调联动机制，区域合作的范围和深度有很大的局限性。区域间的"各自为政"导致创新要素集中在北京、天津、江苏、浙江的发达地区，而欠发达地区的运河文化资源往往无法获得充分的挖掘利用，导致资源的闲置浪费和文化遗产生命力的衰减。

大运河文化活化利用的协同创新网络

协同创新能够推动资源整合、强化多元合作，加速创意的落地和资源向产品的转化，对于解决现阶段大运河文化活化利用过程中存在的创新要素分散、单一主体创新能力不足、协调与合作机制缺位等问题具有积极意义。而实现协同创新的关键是构建协同创新网络。**协同创新网络是"针对系统创新所作出的一种基本制度安排"，能够通过开放式、网络式的结构，将创新主体和创新要素组织和连接起来，使知识、技术、资本、人力等在网络中的各个节点之间无障碍流动，从而提高创新要素的配置效率，增加创新主体间互动与合作的频率和深度。**

构建协同创新网络对于大运河文化活化利用的意义

第一，有利于知识溢出与优势互补，提升主体创新能力。协同创新的核心是知识的创造、分享和转化。在协同创新的过程中，知识不断转移、扩散和增值，并通过与其他知识的集成产生新的知识。协同创新网络将不同的创新主体连接在一起，使主体间通过交流与合作，加速知识的分享与整合，推动知识创新，同时综合各主体的功能和优势，增强整体竞争力。协同创新网络的构建将为大运河文化保护主体、传承主体、利用主体间的学习与交流提供平台，促进主体创新能力的提升，并通过主体间的协作与互动实现功能互补与优势整合，降低创新成本，产生规模效益与综合优势，提升大运河文化活化利用的整体水平和层次。

第二，有利于要素整合与配置优化，推动文化资源的创造性转化。协同创新网络能够集聚多种创新要素，使创新主体能够以更低的成本获取外部创新资源，并将自身的闲置资源投入其他主体，从而弥补资源结构上的缺陷、提升资源利用效率。大运河文化的活化利用，依赖于运河生态景观、非物质文化遗产、传统文化、地方特色文化等文化与相关旅游资源的整合，以及项目策划、产品设计、市场营销等多种专业知识和资本、创意、科技等资源要素的共同投入。通过构建协同创新网络，能够加强运河沿线区域内多种文化和旅游资源的联系与整合，弥补单体资源的不足，优化文化及旅游产品的内容和结构，同时加快推动创意的落地、新技术的应用和资源的转化。

第三，有利于跨越组织边界，实现系统优化。协同创新网络能够跨越组织边界、打破行政壁垒，将大运河文化的活化利用所涉及的政府部门、市场主体、高校、科研机构、社区和社会公众等主体有效组织起来，减少分歧和摩擦，增强目标、决策和行动上的一致性，实现系统优化。主体间的协同，又能够将文化遗产和生态环境保护、文化和旅游资源规划、传统文化传承创新、文旅项目策划运营、文创产品设计等不同领域、不同环节统筹起来，推动文化保护、传承、利用之间的良性互动，高效推进大运河文化的活化利用。

第四，有利于区域交流与合作，实现协调发展。首先，大运河作为一条文化线路，具有整体性和区域联系性，运河沿线各地区的文化在活化利用的过程中不能被孤立地看待和割裂式地发展。协同创新网络的构建既能够加强区域间的信息交流与沟通，规避重复建设和同质竞争的问题，又能够促进文化的跨区域流动和传播，以运河为纽带强化地域文化之间的联系。其次，协同创新能够推动和深化区域合作、加强区域间的资源统筹与整合，使运河沿线地区通过合作开发文旅项目和文创产品、策划跨区域旅游线路等，提升整体竞争力。同时，充分发挥优势地区的辐射带动效应，使经济发展滞后、创新能力偏弱、处于区位劣势的地区"借力"于先发地区，推动本地区大运河文化资源的挖掘和利用，弥补区域差异所带来的发展不均衡，促进运河沿线区域协调发展。

协同创新网络的结构

本文通过梳理相关研究成果，总结出协同创新网络的基本结构。协同创新网络并没有固定的模式，根据其所处的领域和具体功能的不同，其构成要素、结构关系和运行机制也存在一定的差异，并且可以包含不同的子网络和子系统。本文主要参考和依据的是自上而下构建的政产学研协同创新网络的基本结构模型。在此基础上，从大运河文化活化利用的过程、特征和实际需求出发，结合其中所涉及的主要参与者、核心利益相关者等，构建大运河文化活化利用的协同创新网络。该网络由政府、企业、高校、科研机构、遗产地社区大运河文化活化利用协同创新网络中的"遗产地社区"，主要是指大运河文化带建设的核心区，即大运河主河道流经区县的社区，其与大运河之间存在着地缘和历史文化上的直接联系，是孕育形成大运河文化的主要空间和大运河重要遗产点段所在地。（包括非遗传承人）、社会公众、金融机构、中介机构和协同创新平台等要素共同构成。其中，政府、企业、高校和科研机构、遗产地社区和社会公众属于创新主体（主体性要素），金融机构、中介机构和协同创新平台则属于支撑性要素，它们共同构成网络的支撑系统。

创新主体（主体性要素）

政府：协同创新网络的引导者和推动者

政府的功能和职责主要包括以下几个方面：一是引导和推动协同创新网络的构建，负责搭建协同创新平台，并提供各项配套设施和公共服务，积极促成各种形式的合作创新。二是统筹规划，确定大运河文化活化利用的基本原则和发展框架，并进行资源统筹与整体规划。三是提供大运河文化活化利用所需的国有资源。政府是大运河文化遗产的管理者，享有运河相关的自然和文化资源的所有权和配置权。对于适宜进行活化利用的遗产资源，政府可以在严格保护和控制的前提下，合理适度地向其他创新主体开放其使用权，并提供创新所需的其他关键性资源。四是营造良好的外部环境，为创新平台的运行和创新活动的开展提供财政支持和政策保障，并创造积极的制度和文化环境。

企业：创新资源的集成者

首先，企业是大运河文化资源开发的主体。企业能够进行资源整合利用、产品创新和市场拓展。企业在资本、人才和市场等方面的优势，使其成为推动文化资源产品化、市场化转型的核心力量。其次，企业直接参与内容和技术创新。企业通过与高校、科研机构和其他企业的交流学习与广泛合作，进行知识的吸收、消化、整合与再创造，加速内容创新和技术创新的进程。同时，企业也是知识、创意与市场之间的连接点。在协同创新的过程中，企业能够"从外部获取创新资源并将其转化为商业价值"：一端对接高校和科研机构，借鉴其对大运河历史文化的研究成果，进行文化和旅游产品开发，或利用技术的研发共同进行现代化展示；另一端对接市场，利用掌握的市场数据、需求信息和渠道资源，推动文化创意的落地和技术成果的转化。

高校和科研机构：知识创造者

高校和科研机构的功能主要包括三个方面：一是直接推动知识创新。作为知识创新的源头，大学与科研机构能够在研发新技术、创造新知识的同时，通过产学研合作交流，实现知识的转移和扩散，不断为大运河文化的活化利用输送新的技术和创意。二是提供智力支持和理论指导。例如，进行文化资源调查梳理、遗产价值和文化内涵研究，为文化资源开发和产品设计奠定基础和提供素材；参与大运河文化和旅游项目的前期调研、规划设计与政策咨询，论证开发方式的科学性，指导遗产资源的挖掘利用等。三是联动政产学研，推动合作交流。高校和科研机构是政产学研合作的关键驱动力，也常作为政府、企业和非遗传承人之间的联结和纽带，能够推动主体间交流沟通和日常合作的开展。

遗产地社区（包括非遗传承人）：直接影响者和主要参与者

首先，社区及其居民为大运河文化的活化利用提供场景和内容。社区是孕育大运河文化的土壤和背景，遗产的活化利用不能脱离社区这一原生环境；社区居民是传统文化和地域文化的活态载体，其独特的饮食习惯和服饰文化、生活方式和风俗礼仪、价值观念和精神信仰等共同塑造了大运河文化的丰富内涵，是活化利用的重要资源和素材。其次，社区居民参与到大运河文化活化利用的具体活动中。居民往往以经营者或服务提供者的身份参与到运河沿线的主题展馆、历史街区、旅游演艺、节庆会展等项目和活动中，配合或协助开发主体进行文化资源的开发利用。**最后，非遗传承人作为社区的重要组成部分，可以直接参与遗产的活化与创新。他们不仅掌握了非遗的手工艺、表演形式以及实物、工具和文化场所等，而且其本身就是一种不可替代的"符号及象征资源"，可以通过独立研发、经营或与企业、科研机构和非营利组织合作的方式实现资源转化和产品创新。**

社会公众：知识传播者和重要参与者

社会公众在协同创新网络中的作用主要表现在三个方面：一是加速创新知识的传播和扩散。社会公众具有群体性、广泛性和流动性的特征，可以通过学习实践、社会交往和文化交流大大增加知识传播的范围和扩散的速度，起到创新催化的作用。二是为大运河文化资源的产品转化提供方向和依据。大运河文化的活化利用必须与当代生活相融合，不能脱离社会群体的价值观念、审美偏好和生活方式。市场需求类型和消费方式的变化引领着大运河文化和旅游产品的内容、形式、功能和结构创新。三是直接参与内容创作和产品设计。大运河文化的活化利用是开放式的，不限于特定的组织和机构，公众也可以通过提供原创内容和设计元素，分享知识、灵感和创意，将单纯消费变为价值共创。

支撑系统（支撑性要素）

金融机构：为创新活动提供资本和金融服务。

金融机构的主要功能包括三个方面：一是为企业创新的各个环节提供资本保障。金融机构能够为企业提供灵活多元的融资渠道和配套的金融服务，确保产品设计研发、项目开发运营、品牌营销推广等活动的资金投入，帮助企业降低资金风险。二是为创新平台和创新项目提供资金支持。银行、基金管理公司、风险投资公司等能够建立起稳定的投资体系，为协同创新平台的建设运行及合作创新项目的开展提供持续性的支持。三是聚集资源要素、撬动业态创新。金融机构可以通过资本运作，发挥杠杆作用，吸引资源要素集聚，推动产业融合与产业链的延伸。随着创新活动的复杂性和系统性日益增强，金融机构在区域创新网络中的地位还将进一步凸显。

中介机构：链接创新主体并提供支持和辅助。

第一，中介机构是创新主体之间的桥梁和纽带。中介机构能够对接和协调不同创新主体，并加速物质交换以及创新要素在主体间的流动，提升创新合作效率，降低交易成本。第二，中介机构为创新主体和创新活动提供专业知识和技术服务。中介机构能够开展资产评估、版权交易、技术转移、信息咨询、法律咨询、管理咨询等多种服务，为创新主体获得授权、研发新产品、开发文化和旅游项目、进行业务合作等提供便利，是大运河文化资源向文化产品转化的"润滑剂"和"催化剂"。

协同创新平台：协同创新网络的载体。

协同创新平台是以互联网为依托、充分运用数字技术和信息技术建立的，推动资源整合、主体间协作互动与创新成果转化的开放式、智能化网络服务平台，是协同创新网络构建和运行的基础，是创新主体和创新要素聚集的载体。平台功能主要包括四个方面：一是整合资源，即提供创新活动所需的各种公共资源，并将私有资源的需求方与提供方对接起来，实现资源的开放与共享；二是集成信息，即统一管理并向主体输送关键的技术、市场、金融和政策等信息；三是提供服务，即为主体提供各项软硬件设施和公共服务，辅助创新活动的开展；四是促成合作，即促进主体间的交流与互动，使主体可以突破时空局限，以灵活、高效的方式共同开展学术研究、技术交流、产品研发和项目策划等多种创新活动。

要素间相互关系

在协同创新网络中，政府是主要的推动者和组织者，不仅负责搭建平台，引导和鼓励其他主体共同参与，为企业创造良好的外部环境，为高校和科研机构提供研究与教育资金，对社区和非遗传承人进行扶持，还能够直接参与创新，独立或与其他主体合作进行项目开发建设。企业是创新要素的集成者，一方面消化吸收高校和科研机构转移的知识并整合内外部的多种资源；另一方面为其他主体提供市场信息和资金支持，推动智力资源和创新成果的转化。高校和科研机构是智力资源的输出端，为其他主体输送专业知识、技术和人才，并与政府、企业、社区等展开多种形式的合作。遗产地社区利用丰富的文化资源，配合其他主体开展创新活动。社会公众一般不直接参与协同创新网络的构建，但同样贡献着重要的知识和创意资源，并加速知识的扩散和文化的传播。金融机构和中介机构负责对接政府、企业及其他创新主体，密切各主体间的联系。协同创新平台则是整个协同创新网络的载体和承托，汇聚各个节点的创新要素，促进创新主体间的交流与合作。

不同创新主体之间以价值共识和共同的行动目标为基础和前提进行协作，既发挥各自的优势，又充分协调和互动，促进创新要素在各个网络节点之间流动，并向优势企业和产业园区、重大工程和重点项目集聚，加速知识创新和成果转化。同时，创新网络还能够顺畅、充分地与外界进行物质、能量和信息交换，确保自身的开放性和发展活力。当然，协同创新网络的结构不是一成不变的。随着大运河文化活化利用的逐步深入，各主体的位置、作用和相互关系都可能随着发展需求和内外部影响因素的变化而发生改变，或衍生出新的子系统、子网络，逐步从无序、不稳定状态向有序、稳定状态演化和完善。

推动协同创新网络构建的基本策略

加强统筹规划，发挥政策引导力

政府是引导和推动协同创新网络构建的主要力量。一方面要制定总体规划，进行网络结构的整体设计和功能布局，引导网络的发展方向；另一方面要高效组织和协调不同行政部门，同时调动其他创新主体的积极性，"由单纯的个体创新激励向协同创新主体间的互动激励转变"，促进文化保护、传承与利用主体之间的良性互动。例如，美国北卡三角研究园（The Research Triangle Park of North Carolina）的协同创新网络就是由北卡罗来纳州政府全面规划、专款投资并全程参与建设的。州政府结合了当地多所大学的学科优势和区域传统产业改造的需求，整体布局创新网络的重点发展领域，建立多个研究中心，并通过优惠政策吸引IBM（国际商业机器公司）、BD Technologies等著名企业入驻，不断完善网络组织架构。

此外，还要加快完善促进协同创新的政策法规体系。在税收政策方面：制定针对创新型企业的税收减免政策，降低企业创新成本；制定针对知识产权转让、高校和科研机构横向科研收入的税收优惠政策，促进创新成果转移，盘活技术资源，提升科研创新积极性；建立针对PPP项目的税收激励体系，鼓励企业与政府合作创新等。在科技政策方面："制定各类科技资源的标准规范，建立促进科技资源共享的政策法规体系"，出台简化手续和流程、加快新技术评价认定的规定，推动资源共享和技术成果转化、应用等。在产业政策方面：制定促进与大运河文化相关的多种产业发展、推动产业融合与业态创新的政策，健全知识产权评估与交易体系等。在市场政策方面：完善培育和扶持市场主体、改善市场环境的政策，出台引导和刺激大运河文化及旅游消费的专项政策等。在现阶段健全的市场调节机制和良好的协同创新氛围尚未形成的情况下，政府在制度安排和环境营造方面的作用就显得更加重要。

推进智库建设与人才培养，发挥人才驱动力

智库和创新人才是协同创新网络的"大脑"，是驱动

微评

★ 中国大运河智库联盟应当凸显新型智库建设的高站位，推动产学研一体化。灵活设计联盟议题，定期举办论坛，积极共享智库成果，加速创意落地实施。

知识创新的源动力。首先，要大力推进智库机构建设。以高校和科研机构为阵地，联合开展学术研究与创新活动：在加强运河学、非遗保护和传承等领域的基础理论研究的同时，集中力量进行大运河历史文化资源梳理、遗产价值评估、精神内涵挖掘与当代价值阐释，为文艺创作、文创产品设计、文旅项目开发等输送知识和创意。发挥中国大运河智库联盟的作用，整合运河沿线不同地区、不同高校的学科和专业优势，广泛调动科研机构、文博机构、政策咨询机构资源，为大运河文化活化利用提供理论指导和决策咨询。

其次，要全面优化创新人才培养和管理体系。在学校教育方面，推动高校与企业、科研机构资源共享，通过开放式课堂、跨学科学习小组以及产学研协同化的实践教学，强化学生的创新思维、应用能力和团队协作能力。在人才培训方面，重点培养非遗传承人以及艺术和内容创作、创意设计、文化和旅游规划、项目经营管理、文化科技、文化金融等方面的创新型、复合型人才，并搭建人才学习、交流与合作的平台。同时，畅通人才流动渠道、创新人才激励机制、改革人才评价机制，推动创新人才在协同创新网络中自由流动，最大程度调动人才创新积极性、激发人才创新潜力。

最后，还要积极营造创新文化氛围。培育创新精神和协同理念，鼓励跨学科合作与交叉领域学术和实践创新。通过积极宣传引导，举办创新大赛、创意设计大赛、遗产活化与可持续发展论坛等活动，推动思想文化的跨界交流，营造浓厚的创新氛围。有效利用创新基地、创新实验室、众创空间等载体，提升社会公众参与热情，推动开放式创新，为协同创新提供良好的社会环境。

加快协同创新平台建设，发挥科技支撑力

协同创新平台的搭建是构建协同创新网络的基础性工作。该平台既可以整合运河沿线区域资源，集中打造大运河文化活化利用的综合性平台，又可以依据主体优势和区域发展需求，建设针对文化与旅游融合、文创产品研发、传统工艺振兴、数字化与虚拟展示技术研究应用等领域的专业性平台。关键是要发挥互联网的优势、充分运用各种现代科技手段，提高平台的开放

性与交互性，以及信息化、数字化、智能化水平，为创新主体的高效协作和资源要素的快速流转提供技术支撑。协同创新平台主要包括四个部分：

一是研究开发平台。研究开发平台是协同创新平台的核心。创新主体可以依托平台进行分布式协作，联合开展大运河的文化研究，展示利用技术研发以及具体产品和项目的创意构思、方案设计、技术交流、测试评估等一系列创新实践活动。例如，美国的开放式创新平台InnoCentive利用先进技术和网络，针对企业所面临的科研难题，与世界各地、各领域的专家学者搭建沟通和对接的平台，促成难题需求者与供给者的快速配对，实现了更大范围内的跨界合作与协同创新。

微评

二是信息交流平台。信息交流平台提供统一的数据库和信息管理系统，**"集成管理创新的观念、设计、制造以及销售过程中产生的全部数据，实现数据的收集、交换、共享和处理"**，推动信息的标准化、规范化，为信息的交流反馈以及新知识、新技术的转移扩散提供便捷的渠道，减少主体间的信息不对称。

三是资源共享平台。资源共享平台提供场地、仪器、设备等硬件资源以及研究成果、内容和形象版权、创意和设计人才等软件资源，并将分散的资源要素整合在一起，同时引导资源向重点领域、重大项目倾斜和集聚，优化资源配置，提高资源利用效率。

四是公共服务平台。公共服务平台对接中介机构资源，提供包括版权交易、技术转移、专家咨询、项目孵化在内的一系列配套服务，支持和辅助创新活动的开展。

★ 信息共享是实现资源优化配置，节约人力成本的首要环节。大运河流经地区广，所涉文化形式丰富多样，需要持续完善各建设主体的信息交流平台，优化数据采集与可视化协同管理。

完善投融资体系，发挥资金聚合力

资金是协同创新平台建设和创新活动开展所需的关键要素。一是要充分发挥财政资金的引导作用，建立财政直接投入和政府采购制度，将协同创新平台建设和运行经费纳入财政预算，为平台提供稳定的资金和需求保障。同时，建立大运河文化活化利用协同创新基金，设置专项经费、扶持和奖励资金等，并向创新型企业和重大协同创新项目倾斜。

二是要拓展资金来源和投入渠道，广泛吸纳社会资本参与，建立包括企业直接投资、股权融资、银行贷款、风险投资等多种方式在内的多元化投融资体系。例如，北京协同创新研究院按照围绕创新链配置资金链的思路，形成了包括自然基金、政府专项经费、知识产权基金、协同创新子基金、银行融资及社会投资等在内的多元化的投资体系，形成了覆盖基础研究、应用研究、成果转化及产业发展全创新链的资金链，并形成资本间的"绳编效应"。这种方式能够将政府资金与多种社会资本有机组合，使资金体系更稳定、资金流动更加灵活和顺畅。

三是要完善文化金融服务体系、提升金融服务水平，为协同创新网络的运行及协同创新过程中的企业融资、项目投资、风险评估、信用担保等提供支持，降低创新主体的资金风险、提高资金利用效率。尤其要推动文化、金融与科技相融合，发挥互联网金融的优势，通过资本吸附和聚集优势资源等方式，加速文化资源整合及转化。

健全协同机制，发挥制度维系力

协同机制是维持协同创新网络高效、稳定、可持续运行的保障，主要包括四个方面。

一是建立信息交流与沟通机制。提高信息的流动性，开放关键数据、资源信息、市场信息等，实现全系统信息共享；增强信息的交互性，建立更加便捷、灵活的信息传递与反馈渠道，确保创新主体间在目标、决策和行动方向上保持一致；搭建利益主体间协商对话的平台，形成思想认识和价值观念上的协同，增进彼此的理解、认同与信任。可以充分借鉴长三角地区的成功经验：每年召开三省一市主要领导座谈会、地区合作与发展联席会议，并举办金融论坛、科技论坛、城市群发展论坛等，推动区域间、主体间的交流与对话。

二是建立资源共享与合作机制。一方面要确保资源协同，建立跨越组织边界的资源共享机制，提高资源的开放性、流动速率和配置效率。另一方面要加强行为协同，制定协同规划，明确和细化各主体的责任、权利、义务和分工，"协调各方工作方式及工作进度，加快各方文化整合，寻找多方的最佳契合点"；同时，建立常态化的合作机制、制定统一的行动策略和行动方案，提高合作效率、降低交易成本。

三是完善利益分配与协调机制。首先，要设置公平合理的分配规则，尤其要鼓励科研人员和文化创意人才以其知识产权获得合理收入，支持遗产地居民和非遗传承人通过就业、创业或以技术、资源入股等多种方式参与利益分配。其次，要建立合理的激励机制，结合资金扶持、税收优惠、绩效奖励、创新企业或产品认定等多种措施和手段，提升创新主体的积极性。最后，要健全利益协调和纠纷处理机制，成立第三方机构，以制度化的途径整合各方利益诉求、解决矛盾和冲突。

四是强化风险控制与监督机制。一方面，健全风险管理体系和风险分担机制。加强遗产监测和资源管理，防范资源风险；政府与企业共同投入关键技术研发、共担技术风险；做好创新项目（产品）评估和市场分析，规避市场风险。另一方面，完善行为约束和监督机制。构建自律监督、创新主体相互监督、第三方机构监督、公众舆论监督相结合的监督机制，严格约束创新主体的行为，避免遗产的滥用、资源的浪费和破坏以及权利的侵犯。

结语

大运河文化的活化利用，其本质是推动大运河文化遗产与传统文化的当代转型和创新发展，从而使大运河文化遗产更好地融入当代生活、焕发新的生命力。为了实现这一目标，有必要构建跨部门、跨学科、跨领域、跨地区的协同创新网络。其关键是搭建协同创新平台，并完善政策、人才、科技、资金和制度等全方位的保障。值得注意的是，大运河文化活化利用的协同创新，不是单纯的技术创新，也不是一般意义上的产业创新，必须始终围绕大运河文化的内核，强调创新过程中的文化内涵与精神属性，注重文化自身的创新与发展，避免"唯技术"的倾向和商业化的滥觞。

城乡建设，感悟不同地域间的文化力量

城乡一体化是我国现代化和城市化发展的一个新阶段，在建设的过程中，文化扮演着重要角色。传统文化资源的梳理、文化资源的产业化、文化产业在不同空间的集聚等影响着城市更新和乡村文明发展。站在新的历史阶段，传统村落、历史文化名城、产业园区等面临新的机遇与挑战，如何在保留本色的同时实现特色转型，值得我们思考。

从漆黑一片到流光溢彩，城市需点亮的不只是灯火

邢拓

2019年4月15日，上海商务委等九部门联合出台《关于上海推动夜间经济发展的指导意见》，通过十条政策推动上海夜间经济发展，繁荣"夜上海"文化。此前，北京市、济南市2019年政府工作报告中提出了亮化城市、繁荣夜间经济的相关措施。随着消费场所的扩大与消费时间的延长，夜间经济越发成为一座城市经济活跃度、开放度的重要标志。从过去的漆黑一片到如今的流光溢彩，你所在的城市或许正在发生这样的转变。

入夜，中国城市正一座一座被点亮

2018年8月，阿里巴巴发布了首份反映中国城市深夜活力的"城市支夜"报告。数据显示，中国人的入睡时间比想象的要晚。夜里23点成为城市前半夜的活跃小高峰，而峰谷则一直到凌晨4点才到来，此时的城市才算真正入眠。

2017年，第一财经发布了城市夜生活指数排名。总体上看，东部高于西部，沿海高于内陆，北上广深领跑夜间经济。

随着人均消费水平的不断提升，以及现代都市生活节奏的加快，人们开始在夜间寻求释放压力，夜间的休闲、文化艺术消费的需求因此大幅上涨，夜间消费成为城市经济发展新的增长点。近年来，提振夜间经济、繁荣夜间消费越来越成为各地共识。**许多城市在政策、基础设施与公共服务、场所组织、重点项目等方面不断发力，切实推动城市夜间经济繁荣发展。**

多地出台相关政策支持夜间经济发展

不少城市直接提出了与夜间经济相关的政策。**早在2004年，青岛市出台了加快发展市区夜间经济的实施意见，在这之后，河北、重庆、南京等省市都出台了相关政策支持夜间经济的发展。**虽然各地提法不同，但无论是夜市经济、月光经济、夜游经济，其实都指向了夜间经济。

完善基础设施与公共服务

为了保障人们夜间的消费、出行需求，各地有关部门在公共服务体系上不断发力，公共交通、治安等基础设施与服务都在逐步改善。

上海在延长地铁运营时间、完善夜间交通接驳系统上走在前列。2017年年初，上海便宣布地铁逢周末延长运营60分钟。2019年最新的上海地铁延时运营日历显示，每周五、六轨道交通1、2、7、8、9、10号线将延长运营时间，如遇节假日则另行安排。上海地铁周末多出来的一小时，一定程度上为扩大消费规模、拉动内需增长做出了贡献。除此之外，不少城市支持在火车站周边地区、重点商圈地带投放夜间公交、夜间出租车等交通出行工具，配合市民出行的需求。

微评

★ 各地政府纷纷推出鼓励夜间经济发展的政策文件，普遍将"点亮夜间经济"视为提升城市整体经济水平，改善民生水平的重要一环。可见，夜间经济已经成为城市竞争的"新赛道"。

延长营业性场所营业时间

商场超市、餐厅酒吧等夜间营业性场所延长营业时间，为夜班族和夜间消费的年轻人提供一个休闲娱乐的空间。

阿里首份反映中国城市深夜活力的"城市支夜"报告显示，北京人晚餐和消夜的时间最短，结束最早，晚上十一点餐饮业的曲线便出现了下滑。相比之下，南方城市南京则拥有许多24小时不打烊书店，被称为"书香之城"；深圳的夜间生活更丰富，这与整座城市的年轻气息和"加班"文化密切相关。深圳人夜宵结束时间最晚，凌晨12点还有人在看电影的路上，凌晨4点还在回家路上。可以看出，尽管各地的夜生活有长有短、长短不一，但总的来说，由于北方冬季长、天气冷等自然因素的限制，北方营业性场所的营业时间本身便普遍比南方短。北方"夜间消费"观念淡薄，远不及南方浓厚的商业氛围也是重要原因。

品牌活动打造城市品牌

近年来，不少城市推出城市亮化工程，通过点亮标志性建筑、高层楼宇、旅游景区、商场等人流量多的地区，美化城市夜间环境，提升城市整体形象，打造夜间文化旅游活动品牌。

以北京为例，北京在元宵节期间打造了故宫上元灯会，故宫首次开放夜场，引发举国关注，一票难求。近期，北京还围绕着一系列重大外交活动、节庆会展，打造以灯光秀、夜间景观为主的文旅活动。第二届"一带一路"国际合作高峰论坛召开期间，北京奥林匹克森林公园上演了室外灯光秀；世界园艺博览会举办期间，游客可凭隔夜票在晚上欣赏世园会的夜景之美。

微评

★ 夜间经济无须凭空打造，而应当是商业特色街区、各大景区园区日常经营活动从日间向夜间的自然延伸。在原有的空间、场所中植入创新的夜间文旅活动才是利用资源的合理途径。

国际版图中的"不夜城"

微评

伦敦：全方位保障市民夜间出行

作为"日不落帝国"，英国伦敦的夜间生活着实丰富多彩。据统计，2017年伦敦市的夜间经济收入达263亿英镑，预计到2030年将达300亿英镑。为了促进伦敦夜经济的发展，当地成立了由专家学者和行业领袖组成的夜间工作委员会，全方位保障居民夜间出行。

在交通运输上，伦敦开通了通宵地铁，目前伦敦11条地铁线路中，有5条线路在周末实行24小时运行制。在社会管理上，伦敦市政府增加了300万英镑的预算，用于治安管理。英国交通警察部门增加100多名警察，巡逻上百个站点，切实保障人们夜间出行活动的安全。

里昂：品牌灯光节引领夜间经济发展

早在1980年，法国里昂便出台了《城市灯光规划》，并将里昂灯光节规定为一个持续四天的盛大节日。如今，法国里昂灯光节已经发展成享誉国际的品牌节日，为里昂的旅游业以及经济发展做出了重大贡献。

近年来，面对持续不断的光污染问题，当地实施了"绿色照明"规划，设立照明局，在灯光照明方案上坚持环保理念，选择节能灯具，在商业化活动与节能减排运动中达到了良好的权衡。

阿姆斯特丹：首创性地设立"夜间市长"

阿姆斯特丹为了治理夜间噪音的社会问题，维持夜间公共秩序，于2012年开创性地设立全球首位"夜间市长"。值得一提的是，该市长并非传统的政府官员，而是

★ 数据显示，伦敦的夜间经济已累计提供超130万个工作岗位，带来客观经济收益的同时，不可避免也会出现治安、噪音、垃圾等问题。为此，伦敦成立夜间经济活动委员会，以平衡好上述问题。这一经验值得学习借鉴。

★ 夜间消费群体趋于年轻化，为年轻消费者提供安全的消费场所和保护是维持夜间经济良性发展的重要保障。如应对大型夜间音乐节的承办单位是否有基本的医疗救助能力予以审查。

隶属于一个名为阿姆斯特丹夜间市长基金会的非营利机构。夜间市长是由酒吧经营者及公众选举产生的，**他更多的是担任政府、夜间经营性场所、居民、文化创意产业人士间沟通的桥梁，平衡社会各方的利益，既要确保居民正常的起居生活不被干扰，又要维护好夜间经营性场所的秩序。**

阿姆斯特丹的"夜间市长"模式获得成功后，英国、法国等国家也纷纷效仿，设立夜间市长来统筹管理城市。2016年，阿姆斯特丹举办首个夜间市长峰会，与不同城市的代表交流经验。

启示与思考

越夜越美丽，但要发展好"夜间经济"并不简单。受部分商业场所营业时间的限制，以及可供消费的项目与场所较少、夜间灯光亮化工程质量不均等问题的约束，夜间文化旅游的消费向纵深发展仍然存在一定的制约。

除此之外，要想发展好夜间经济，**首先，还得确保居民正常的生活权利不被打扰。**此前，西安市大规模的亮化工程便影响到了亮化地区周边居民的日常生活，引发居民大量投诉与社会争议。

其次，要完善城市基础设施与公共服务，尤其是在人流量密集的重点商圈、社区。2018年9月，滴滴网约车停运整改后，夜间的北京三里屯、工体一带成为"打车难"的重灾区。缓解夜间出行难问题，健全夜间公交接驳路线，对于发展繁荣夜经济仍大有裨益。

当然，除却完善城市公共基础设施、延长商圈商超的营业时间，发掘富有地方特色的夜间生活文化是要义所在。一方面，夜间景观的照明与亮化要体现城市的审美水

微评

★ 杭州打造了一批夜间精品演艺品牌，如"西湖之夜""印象西湖""宋城千古情"等，为市民提供优质文艺演出。上海试点博物馆夜间开放，除此之外，还有24小时电影院，美术馆，纪念馆等文化场所丰富大众文化生活。

平。亮化工程应着重体现出自然景观的秀美，历史建筑的厚重之美，都市建筑的线条与肌理。**另一方面，应注重策划一批具有独特文化内容品味的文化旅游项目与夜间特色活动。**"酒吧、KTV与大排档"不能代表夜间经济的全部，文艺演出、读书沙龙、室外会展等多元化的活动理应被考虑。

【延伸阅读】《上海市商务委等九部门关于本市推动夜间经济发展的指导意见》

上海市商务委等九部门关于本市推动夜间经济发展的指导意见

各区商务主管部门、规划资源局、文化旅游局、公安局、交通委、市场监管局、绿化市容局、城管执法局、财政局：

为贯彻落实市委、市政府关于全力打响"上海购物"品牌的决策部署，落实《关于进一步优化供给促进消费增长的实施方案》相关要求，推动本市夜间经济发展，加快国际消费城市建设，现提出如下意见。

一、总体要求

夜间经济是指从晚7点至次日6点在城市特定地段发生的各种合法商业经营活动的总称，是都市经济的重要组成部分，是扩大内需、促进消费、创造就业的重要抓手，是体现海纳百川的城市精神、传播多元文化的重要载体。夜间经济的繁荣程度是一座城市经济开放度、活跃度的重要标志。要坚持市场主导、政府引导、对标国际、包容多元的原则，围绕打造"国际范""上海味""时尚潮"夜生活集聚区的目标，鼓励业态多元化发展，不断创新监管方式，提升精细化管理水平，切实推动本市夜间经济繁荣发展，创造美好生活环境。

二、主要内容

（一）借鉴国际经验，建立夜间经济发展协调机制。借鉴国际经验，建立"夜间区长"和"夜生活首席执行官"制度。由各区分管区长担任"夜间区长"，统筹协调夜间经济发展。鼓励各区公开招聘具有夜间经济相关行业管理经验的人员担任"夜生活首席执行官"，协助"夜间区长"工作。

（二）加强规划引领，打造地标性夜生活集聚区。各区结合实际，因势利导，因地制宜，编制夜生活集聚区发展规划，做好业态发展引导，完善区域空间布局，加强各类设施配套，打造一批地标性夜生活集聚区。

（三）丰富业态种类，增加文化旅游项目供给。加快各类夜间文化、旅游设施建设。引进培育沉浸式话剧、音乐剧、歌舞剧等各类具有吸引力和知名度的夜间文化艺术项目。对深夜影院、深夜书店、音乐俱乐部、驻场秀等夜间文化娱乐业态秉持包容审慎态度，促进其健康发展。根据季节特点积极开发浦江夜游、博物馆夜游等多元化都市夜游项目，打造一批常态化、特色化的夜间特色体验活动。

（四）创新管理模式，引导季节性夜市规范发展。做好夜市试点工作，引导季节性夜市规范有序发展。指导夜市运营管理主体建立夜市管理规定，在登记、设施、区域、标识、时段、卫生等夜市运营相关方面建立统一管理标准。在夜市现制现售、垃圾处理等方面创新管理制度，打造环境友好、放心安全、有工匠精神的"深夜食堂"。

（五）实施包容审慎监管，试点放宽夜间外摆位管制。在全市确定一批发展基础好、管理水平高的夜生活集聚区，试点在夜间特定时段，允许有条件的酒吧街开展"外摆位"试点。发布相关管理指引，鼓励经营主体与社区居民共同开展自律管理，维护和谐社区环境。

（六）加强交通组织，试点夜间分时制步行街。在充分论证基础上，结合各区需求，试点在夜间特定时段将部分夜宵街、酒吧街所属道路调整为分时制步行街。优化夜生活集聚区及周边动静态交通组织管理，在周边区域增加夜间停车位、出租车候客点、夜班公交线路等。

（七）美化夜间环境，加强夜生活集聚区灯光造景。支持指导夜生活集聚区开展夜间灯光造景，做好街景打造、装饰照明、标识指引等工作，营造良好夜间消费氛围。

（八）鼓励行业自律，成立本市夜间经济行业组织。支持成立本市夜间经济发展相关行业组织，促进行业国内外交流合作，引导行业自律发展。

（九）加强行业研究，支持夜间经济相关智库发展。支持行业组织、高等院校、智库机构等加强夜间经济发展动态研究，开展国内外学术交流，培养行业专业人才，编制发布夜间经济发展报告，为政府决策和行业发展提供参考。

（十）发挥财政政策作用，加大夜间经济发展扶持力度。统筹利用本市相关财政扶持资金，按照相关资金管理办法和使用指南的规定，支持夜间经济发展。鼓励各区政府结合实际，发挥财政资金作用，支持一批促进夜间经济发展的重点项目。

历史文化名城："香饽饽"何以成为"烫手山芋"

曹峰　林一民

2019年4月16日，法国巴黎圣母院发生大火，造成塔尖倒塌，建筑损毁严重，这次事故堪称世界历史文化遗产的一大损失，令人惋惜。就在前不久，住房和城乡建设部、国家文物局发文通报批评山东聊城、山西大同、河南洛阳、陕西韩城、黑龙江哈尔滨五座国家历史文化名城因保护不力，导致国家历史文化名城历史文化遗存遭到严重破坏，历史文化价值受到严重影响。我们不禁思考，历史文化名城在进行旅游开发，推进经济发展的过程中，如何与遗产保护并行不悖？在保护历史文化名城的进程中，文旅开发又如何有效开展？

历史文化名城"病入膏肓"？

中国五千年的悠久发展历史中，缔造了为数众多的历史文化名城。它们或是千年古都，或是历史上的文化中心、经济中心、军事重镇，积淀了丰厚的历史底蕴和文化印记，具有重要的文物价值。

"历史文化名城"不只是一个荣誉头衔，其更是我国在长期发展过程中形成的一种文物保护机制。1982年，我国首批历史文化名城名单公布，标志着历史文化名城保护正式进入国家行政管理之列。时至今日，我国对于历史文化名城的系统保护已经走过了三十多年。这期间，历史文化名城的保护工作在实践和理念上都取得了很大的成就。

但同时，当前我国历史文化名城的保护开发过程中仍然存在着诸多弊端。本次被通报批评的五座城市，不同程度地存在着古城内大拆大建、大搞房地产开发；古城或历史文化街区内大拆大建、拆真建假；破坏古城山水环境格局；搬空历史文化街区居民后长期闲置等问题。**究其根源，历史文化的流失是主因，以至于历史文化名城陷入有"名"无"史"的尴尬境地。**

目前我国有历史文化名城134座，除丽江古城、平遥古城等少数案例之外，能够兼顾完整性、原真性保护的历史文化名城屈指可数。保护好历史文化名城的文化古迹和文化遗存是各地的共识，但是在实际过程中，不少地方还是在保护与发展的问题上有所失衡。

一方面是保护不当。其一，消极保护，简单隔离，不能进行技术性维护，使得遗迹遭到严重破坏，历史和传统文化失去载体。这样"粗放式"的维护和修缮，一旦前期的评估考察有失严谨，建筑、文物等历史遗存的遗产价值都将不复存在。其二，大拆大建，拆真建假。不少地区借"修缮"之名，行拆建之实，不但不能对历史古迹进行原样原修，甚至还在历史文化街区、名镇、名村核心保护范围内，拆除大量老的街区，进行新建、扩建活动，"以假换真"的仿古建筑拔地而起，乃至房地产化，不但损害了历史文化遗产的真实性和完整性，也使得古城的传统格局和历史风貌构成破坏性影响。

另一方面则是过度保护。一些地方不能准确评估历史

微评

★ 在许多历史文化古城中，游客都曾见过成片的历史街区被拆掉，重建成统一的仿古建筑的现象。2009年聊城市启动古城重建计划，在拆除了大量老街区之后盖上了不伦不类的仿古建筑，文化生态遭到严破坏，令人惋惜。

文化名城的环境承载能力，即便是有条件进行旅游开发的古城和文化街区也处于封闭状态。甚至为了保护历史文化名城，搬空原居民，严重影响了居民的生活秩序，过后却又不能妥善安置规划。

此外，开发过程中，千城一面的问题需要引起各方重视。对于绝大多数历史文化古城而言，旅游业的经济带动作用十分明显，然而"无特色开发"却成为诸多历史文化名城的通病。**古城、古镇长着同一张"网红脸"，不论去到哪个古城，总少不了酒吧一条街、美食一条街、书画一条街，售卖的物品往往大同小异，具有地方特色的差异化展陈往往匮乏。**一个经典的案例是歌曲《成都》蹿红后，不论走在哪个城市的古城古镇街道上，外放音响里都传来这首民谣的旋律。这样缺乏地域特色文化的展陈和不恰当的现代文化融入，极大地损害了古城的人文气息和意境风貌。

因此，我们不得不思考，对于历史文化名城而言，保护和开发的界限究竟在哪里？

历史文化名城如何生机长绽

历史文化名城的保护和开发就好比一枚硬币的正反两面，只有"两手都要抓，两手都要硬"，将保护和开发作为一个整体，才能更好地回答好"历史文化名城如何延续"这一历史性的问题。倘若过分注重历史文化名城的保护，忽视城内原住民追求更好生活水平的生存需求，本末倒置，那么对历史文化名城保护的意义何在？倘若盲目开发历史文化名城，追求GDP和所谓的"政绩"，则是对文化遗存的不尊重，也是对子孙后代的极度不负责任。

微评

★ 许多古城在开发之初都是以谋取短期经济利益为目的，缺乏对古城文化资源的梳理整合，也缺乏对古城历史文化特征的浓缩凝练。只遵循商业逻辑进行开发的后果就是各地古城古镇同质化严重。

因此，历史文化名城的保护要平衡好保护和开发两个方面，把握好度。分开来看，历史文化名城的保护，应该基于文化本真、产业兴旺、生态和谐三个原则；而历史文化名城的开发，则应该更加注重文脉传承的可持续性、民俗风貌上的协调性、业态融合上的系统性。

旅游嫁接，助力古城整体发展

以首批历史文化名城——西安为例。西安作为中国乃至世界知名的历史文化名城，有着3000多年的建城史，历史文化遗产极为丰富，吸引了众多国内外游客观光。据统计，西安市境内有重点文物保护单位282处，其中国家级重点文物保护单位34处，省级重点文物保护单位72处。2019年清明小长假，西安共接待游客464.81万人次，同比增长22.16%，旅游业总收入18.87亿元，同比增长27.34%。巷艺数据统计显示，清明小长假期间，游览历史文化街区的游客比例达到42.91%。通过抓取西安市各大景区清明假期网民讨论热度及群聚话题分析，秦始皇帝陵博物院景区网络热度29897排在第一位，其次是大雁塔大慈恩寺景区（热度21034）和城墙·碑林景区（热度20772）。由此可见，旅游对古城发展的带动作用在进一步提升。

历史文化名城集物质资源、人文资源于一体，与其他旅游目的地相比具有自身的独特性。游客旅游的核心诉求是体验当地的文化传统和文化元素，体验以前不曾经历过的感受。历史文化名城的保护性开发，重点不仅是古城原有空间的修补重建，更是历史记忆的重塑和古城文化的重新呈现。而塑造好历史文化名城的文化旅游空间，首先要基于整体性规划，统筹保护好历史街区、民居古建、城墙遗迹、历史遗迹等，维持古城现存格局、保存历史痕迹，

微评

★ 西安城墙就是西安历史文化的一个重要载体，作为西安古城复兴计划的重要载体，西安城墙已经成为西安古都风貌的一张名片。其成功就得益于遵循了保护性开发的原则，保留住了古城的原汁原味。

更清晰、更真实地呈现古城历史风貌。

同时，也不能忽视空间载体与文化内涵的有机融合，将"走马观花"式地浅层观看游览向古城文化深度体验转变，用多元化、年轻化、创新化的呈现方式提升古城的文化内涵、丰富旅游感官体验。作为中国四大古城之一，平遥古城吸引游客的地方除了古朴厚重的古城建筑外，还有集平遥传统技艺和古城票号文化、金融文化、镖局文化等文化形态于一体的演出项目——《又见平遥》。借助旅游演出，注入特色文化符号，为全世界游客打开一扇了解古城风貌、风俗、风情的文化窗口。透过平遥古城这一微小视角，见微知著，怎样让在地的历史文化名城既反映出历史文脉又展现出多元创意，进而带动文化旅游的发展，将会更加考验我们的智慧。

创意营造，重塑古城味道

历史文化名城的保护与开发直接面向的是其自身所覆盖的物理空间，但同时它又作为一种独特的文化空间，是文化记忆和精神遗产的载体，包含着"人"的现有活动方式和"人"的固定居住状态两方面的内容，是活态的文化价值和有温度的生活图景的体现，因此应该将文化创意思维植入古城原有生活空间之中。

在展现活态的文化价值上，将古城所传承的非遗技艺等融入古城原有空间之中是国外诸多历史文化名城的有益经验。日本奈良以保存有大量唐代风格建筑而被国人所熟知，对于奈良城的古建保护开发始终遵循着"外旧内新"的原则。具体而言，就是在保留古建筑原有外观的同时，对其进行不同程度的加固，并对其内部进行适当的翻修。内部翻修也不是随意为之，而是在最大程度上保留原有内

部结构，并结合时代特点进行灵活地设计改造。游客步行
走在奈良城幽幽小道上，放眼望去两边都是具有传统特色
的低矮筑墙、木制建筑，但进入之后便会发现里面其实
"别有洞天"，既有售卖奈良笔、奈良墨、奈良团扇等古
色古香物品的非遗店铺，也有安静质朴的创意书店。

　　构造有温度的生活场景，关键是要留住当地居民，将
居民从古城发展变化的"旁观者"转变为古城建设的"参
与者"。法国尼斯老城核心区由于建筑密度大、旅游业对
居住生活的干扰等问题，导致部分当地居民人口流失，城
市发展活力锐减。针对这一状况，城市规划者将尼斯老城
重新定义为以居住为主的生活之城，适当兼顾商业发展。
在不改变老城区结构、不阻挡游客合理游览的前提条件
下，采取包括建设地下通道空间、优化步行街区景观和改
善卫生状况、补助居民个人修缮等措施，恢复了老城以生
活居住为主要功能的特点，提升了老城的居民活力。

　　对古城内部空间进行创意营造，既尊重了当地居民的
生活状态，最大程度上降低古城开发对其原有生活的冲
击，也在一定程度上提升了古城的现代感、活力感，推动
了旅游业的发展，进而增加区域的经济效益。

　　历史文化名城的保护性开发，不能仅仅依靠政府的规
划统筹，还需要企业、市民等多个参与主体的共同努力。
因此，在这个过程中，"政府引导、社会参与、市场决
定"的现代治理路径可以发挥更加积极的作用，更好地激
发历史文化名城的内生动力。

微评

★ 原住民是古城
文化的承载者，是
古城文脉的重要组
成部分。古城的改
造开发不应当把原
住民视为负担，而
应该尊重和改善他
们的生存环境。

面对四个新常态，文化产业园区如何实现自我超越

李晓飞

【写作背景】20世纪90年代以来，以北京798艺术区、上海8号桥等为代表的一批文化艺术和文化产业园区自发聚集发展，至今，我国文化产业园区已走过了二十多年的发展历程。二十多年来，政府、业界及市场主体都对园区发展给予了高度关注，在理论研究、政策创新和实践探索上取得了丰硕成果。文化产业园区已经成为支撑我国文化产业发展的重要载体，成为地方政府推动区域经济发展的重要抓手，成为文化产业发展的重要聚集地和文化创新创意的策源地。如今，在新时代经济高质量发展的背景下，文化产业园区也面临着新的挑战和发展要求。产业园缺乏合理性规划，产业链条不清晰、政府涉足太深，房地产开发色彩浓厚等问题也频繁出现，制约着文化产业园区的有序发展。

文化产业园区面临新一轮自我变革和转型升级

二十多年的探索实践既有失败的教训，亦有成功的经验，既有盲目跟风、"挂羊头卖狗肉""僵尸园区"等阵痛，也有自始至终坚持下来的798艺术区、上海8号桥、尚8等品牌文化产业园区。这些都是文化产业园区发展从初始到成熟过程中必然付出的成长代价。但从目前的总体发展态势和成果来看，效果还是非常显著的，我国文化产业园区实现了由幼年向成年的艰苦过渡。据统计，目前我国文化产业园区约2500多个，发展相对稳定成熟，并呈现出新一轮的蓬勃态势。

如果说前二十年是文化产业园区从无到有，从小到大逐步成长的过程，那么新时代经济高质量发展的背景下，文化产业园区发展将历经从"有"到"优"的转变。文化产业园区作为城市更新转型、文化繁荣复兴的重要载体，需要在如何提升园区发展品质、增强园区发展内涵、提升园区创新发展动力、打造园区特色品牌、促进产城融合发展等方面寻求可持续发展、高质量发展、创新发展路径。目前，文化产业园区的规模红利、空间发展红利已趋饱和，未来文化产业园区应向园区特色求立足，向运营管理水平求品质，向园区精准服务求盈利空间，向产城融合求功能拓展，以此来开启文化产业园区发展的新春天。

文化产业园区新时期呈现"新常态"

目前，面对宏观经济进入"新常态"、城市功能定位调整、人口资源环境约束日益趋紧的新形势，文化产业发展进入了深度调整产业结构、着力提高产业发展质量和效益的新阶段，文化产业园区也面临着从集聚发展向功能提升的转型新阶段。我国文化产业园区在转型发展过程中呈现出新的趋势特点。

"租赁经济"成为基础，"服务经济"是新方向

空间是文化产业园区发展的基石，企业集聚是园区规

微评

★ 可以看到，文化产业园在促进产业集聚，为文化企业提供优质资源等方面发挥的作用日益突显。专注于细分领域发展及特色文化产业集聚的文化产业园区将会对国家文化产业发展起到重要作用。

模经济的第一道门槛，**空间出租曾是文化产业园区追求的第一目标**。随着文化产业的发展繁荣和文化企业的不断涌现，以空间求生存已不再是园区发展的唯一生存之道，越来越多的文化产业园区在市场充分竞争和政策引导下，强烈意识到园区特色、服务体系建设、专业化运营盘活园区企业资源等能力逐渐成为未来园区发展的重要方向，也是园区在空间租赁收入之外，获取非地产收入的重要蓝海。

园区由单纯的"产业空间"，向多重功能空间重塑

长期以来，文化产业园区一直被视为文化企业的物理空间集聚地，但随着园区的不断发展，**文化园区内部企业化学反应的不断发生，文化品牌效应的不断释放，文化产业园区多重功能逐步显现**。园区内文化与科技、文化与旅游、文化与商务、文化与金融、文化与休闲、文化与创意的融合不断深入。北京郎园Vintage以"空间内容+内容运营"为核心，以打造有温度的园区、融入城市公共文化为特色，策划组织公益讲解音乐会、良阅书房大型儿童绘本展、大型新媒体公共艺术展等丰富多彩的文化活动，成为市民文化休闲消费的新场所。

文化科技新业态、新模式，成为园区转型的重要力量

在文化科技融合发展日益深入的大背景下，尤其是**互联网经济、移动新媒体的发展，迅速培育和成长起一批文化科技新业态、新模式、新技术，成为驱动文化产业发展的新生力量**。这一发展趋势和特点也在文化产业园区内得到了充分的显现，比如中关村文化科技园区、E9区创新工场等园区，受到众多独角兽企业、文化科技融合企业的青睐。**一批传统文化产业园区在园区转型升级过程中把引进**

文化科技类龙头企业、成长性企业作为新的发展重点，同时加强园区创新孵化空间的创新培育功能，加大对文化科技型新项目、初创企业的扶持力度，从而带动园区"脱胎换骨""迭代升级"。

园区肩负起城市转型发展和文化复兴功能

文化产业园区建设与城市产业腾退转型有着千丝万缕的联系，这也深深地烙在文化产业园区的"初生"之身，许多文化产业园区都是由城市内的老旧工业厂房改造转型而来，如北京的798艺术区、751D·Park北京时尚创意广场、上海8号桥、西安老钢厂文创园、成都东郊记忆音乐园等，它们既是城市工业文明的见证者，也是城市更新转型的亲历者，这些园区不仅成为城市新的产业聚集地，驱动城市产业转型升级，也成为新的城市文化地标，促进城市文化传承和创新发展。此外，还有很多园区都建在城市城乡接合地区，解决了就业安置问题，提升了周边居民的文明素质，对周边环境改善提升和辐射带动区域经济发展发挥了重要作用。

文化产业园区将如何实现自我超越

"各美其美、美美与共"

文化产业园区的本质是特色化发展，文化产业园区的市场环境不是同类的"竞技场"，而是各美其美的"百花园"。 科技求同、文化存异，"各美其美、美美与共"，才能形成"百家争鸣、百花齐放"的文化繁荣局面。**特色化定位是园区最大的竞争力，是园区发展的根本生存之道。** 目前，有的园区摊子铺的很大，但是园区定位模糊，

微评

★ 动漫制作、游戏设计、终端开发、新媒体等文化创意类、研发类、科技类、知识密集型企业的入驻，能够为文化产业园区的转型升级带来强势助力。文化与科技深度融合是未来的发展方向。

★ 园区一方面要把握自身核心定位，另一方面要精准捕捉企业和消费者的迫切需求。比如为适应"夜间经济"发展，满足人民不断提高的夜间文化消费需求，北京朝阳区的文化产业园区纷纷推出"24小时书房"等夜间文化项目，带动园区服务功能升级。

产业业态庞杂，关联度不高，就难免陷入把园区做成办公区或写字楼的怪圈，园区品质提不上去，租金价格自然升不上去。**园区应该结合自身的资源优势、地缘优势、文化优势、人才优势等，在文化产业细分行业、产业链条环节、服务内容体系、园区生态类型等角度创新思路模式，提升运营品质，培育园区品牌。如此，园区的发展空间才会越挖越深，越做越大。**

灵活专业、匠心运营

运营是盘活园区内外资源，提升园区品质的核心要素之一，而建立专业化运营人才队伍是关键。首先，要会"巧运营"，能折腾、会折腾，善于盘活和对接园区内外资源，搭梁架桥，做好"红娘"，让园区不仅看上去"热闹"，而且经济上"有效"；**其次，要会"强运营"**，要研究分析园区发展的经济规律、文化规律等，要有经济思维，杜绝"瓦片经济"与"二房东意识"，不断创新和优化服务方式，在创业孵化、项目对接、展示交易、投融资服务、资源共享等方面有针对性地为企业提供高品质、个性化服务，全面提升园区发展的内在绩效与对外辐射带动能力，形成园区、创新主体与创意产业发展互相促进的良性循环。**最后，要会"精运营"**，要有"匠心精神"和"企业家精神"，园区环境打造、建筑设计、企业文化、服务质量、品牌培育等都需要不断创新理念和思路。针对园区发展的不同阶段、不同类型、不同企业，给予分级和分类化的指导服务，提升园区在产业上的创新能力和竞争力。

抓大育新，旗舰领航

龙头企业是文化产业园区的领跑者，是"实力担当"和"颜值担当"，创新型、发展型企业是园区的生力军，是园区产业生态的重要组成部分。园区要在"抓大育新"上营环境、优服务，培育和引进一批行业龙头企业和骨干企业，创新孵化和涵养一批高成长企业，构建园区企业发展的梯次结构，营造良好产业生态。**首先**，园区要结合自身产业定位和园区特色，引进数字传媒、互动娱乐、影视动漫、数字出版、数字游戏、创意设计、文化旅游等文化科技类、文化创新类、文化总部型"高精尖"企业发展。**其次**，提升园区创新孵化功能，园区建设搭建文化科技等创新空间，推动创新创业，提升园区创新孵化功能，培育新业态、新模式，促进文化创意与高新技术、旅游、体育、现代服务业等融合发展，培育扶持创新性强、发展潜力好的"专、精、特、新"的高成长企业和小巨人企业，将园区培育成为创意的策源地、企业成长的黄埔军校。**最后**，要加强园区品牌培育，做强做大园区品牌优势，打造一批管理规范、特色凸显、效益突出、具有较高知名度的优质文化产业园区品牌。

集约高效、创新服务

文化产业园区的经济红利一定是产业纵向的，而不是空间横向的。尤其是在城市更新转型、高质量发展的背景下，园区要加强运营模式、管理理念创新，文化产业园区要逐步从园区空间出租向企业服务平台转型，要积极拓展服务的增值空间和地均产值空间，通过建立自投或合作等方式，以投资参股、项目孵化、平台服务、资源嫁接等多种手段路径，探索园区可持续发展的新模式。积极构建

微评

★ 能够提供孵化功能的主体越来越多，企业的挑选也因此越来越谨慎。餐会、路演、时尚的装潢和简单的创业培训不是文化产业园区孵化功能的标配，即时回应企业需求，帮助他们完善产品，整合资源才是题中之义。

创新型、内涵式、全链条式园区产业生态，促进园区由投资、要素驱动向创新、内容驱动转变，由粗放、集聚式发展向内涵、集约式发展转变，促进园区特色化、高端化、集约化、品牌化发展。

打开院墙，开放发展

文化产业园区对城市空间改造更新的进程，实质是对城市经济、社会、环境的整体复兴。文化产业园区建设应打破原有工业园区封闭运行的空间模式，充分发挥文创园区作为文化空间独特的催化作用，逐步构建与城市发展的内在关联，将文化作为园区与城市发展的黏合剂，将分散的城市元素进行有效整合，引导文化创意产业融入城市生活，这也是文化产业和文化产业园区的魅力之处，也会促进文化产业和文化事业协同发展，加快城市品质提升。

微评

★ 文化产业园区的更新升级是城市更新的重要组成部分。各地城市更新在纷纷触及"用地天花板"之后，开始将视线从增量转向存量。文化产业园区高技术、高环保、高品质的特点是加速城市更新进程的新动能。

"收藏梦"渐行渐远，潘家园的文创转型之路该如何往下走

王硕祎　曹峰

"天安门抬头看升旗，潘家园低头看宝贝"，这是对潘家园二十多载的生动诠释。潘家园早已成为地域文化的载体，不仅是北京特色的文化象征，更成为全国古玩行业的标杆。走访北京潘家园，在感慨于潘家园辉煌成就的同时也不禁思考，在北京市打造文化中心的功能定位以及疏解北京市非首都功能的现实背景下，二十多年来一直依赖"地摊模式"而发展起来的潘家园在未来会是日薄西山还是涅槃重生？

北京的传统文化不仅体现在博物馆的玻璃展柜里，它藏匿于纵横交错的阡陌小巷中，还存在于东三环边上的旧货集市里，在手递手的古玩和工艺品交易中日复一日地被展示着。从北京CBD向南，仅仅相隔三站地铁的距离，就能来到北京乃至全国最大的旧货交易市场——潘家园。

潘家园："大有来头"的旧货市场

虽然潘家园现在被称作是"旧货市场"，但它实际上却是因"古玩交

微评

★ 中国的文玩市场从诞生之初，就与其他产业一样，经历了成长成熟与兴衰演变。潘家园的发展历程及发展现状是国内文玩业亮眼表现的一个代表。同时，潘家园发展的困境与局限，也是文玩业需要共同思考的问题。

易"而出名的。**如今，潘家园已经是名副其实的全国第一文玩市场。潘家园全年365天开市，周末开市日客流量达六万到七万人，其中外宾近万人。不同肤色、不同语言、不同阶层、不同信仰的游客在这里交流和学习。**

潘家园买卖旧货的传统可以追溯到清朝末期，那时有很多没落的贵族拿家中的古玩来此站街变卖。20世纪90年代初，随着民间古玩艺术品交易市场的兴起，许多附近居民开始在路边摆摊，把家里的瓷器、旧家具拿出来卖，很多外地商贩也纷纷加入。到1992年，潘家园附近的摊位规模不断延伸，长达一千多米；数量也从几十个到几百个，最后达到上千个，市场规模越来越大。1992年10月24日，"潘家园民间工艺品市场"正式开业。

告别"打游击"时代，潘家园试水文创转型

关于潘家园，坊间流传着这么一句话："这里只有您想不到的，没有您找不到的。"从江苏的绣品、山东的皮影、江西的瓷器、云南的服饰、西藏的佛教用品、新疆的白玉、台湾地区的交趾陶，到文玩手串、大理石、旧书、旧像章、传家宝，可以说是应有尽有。

随着自发形成的潘家园影响力逐渐扩大，政府开始对其进行统一的有序管理。1994年秋，潘家园新市场竣工，原有的地摊正式告别了"打游击"的时代，整体迁入潘家园市场，实现了真正意义的"退街入场、封闭管理"。1997年9月6日，在此投资建设的新市场正式开始营业，形成了门垛、狮子、影壁和围墙，市场划分为字画、玉石、工艺品、民间旧货、紫砂陶器等经营区域，进一步实现了规范化经营，摊位数量达到3000余个。2005年，潘家园又

新开辟室外44个家具经营区。至此，潘家园的布局结构大体确定了下来，摊贩们的高度集中化使得古玩爱好者在游览时节省了大量时间和精力，潘家园进入了发展的新阶段。

2017年底，进行统一规划改造后的潘家园旧货市场主要分为三部分：东侧的四个大棚展区占据了整个潘家园近一半的面积，这一区域主要经营珠宝玉石、字画、民族饰品、瓷器、铜器、紫砂等物品；中部是展厅及仿古建筑亭，主要经营文房四宝、仿古家具、红色收藏品、钱币、像章等物品；西侧是人气最旺的地摊区、跳蚤市场以及石雕石刻区，这里有着琳琅满目的文玩杂项，尤其受外国游客喜爱。

围绕着传播"民间、民族、民俗"文化的理念，潘家园也开始探索古玩市场的文创转型，挖掘古玩文化内涵，开发自营的文创产品。2017年11月，通过对陶瓷、沉香、红木等中国传统元素系列衍生品的开发，潘家园旧货市场内的首家文创店"潘家园礼物"正式营业，这是潘家园向文创转型迈出的第一步，开启了潘家园自主设计、自主经营的新模式。仅在4个月后，潘家园礼物的第二家店又在南锣鼓巷的民俗博物馆开业。

与此同时，潘家园也在积极拓展对外业务。2018年8月，占地面积约2.6万平方米，总投资约3亿元人民币的山西大同潘家园项目正式落成。一直以来，古玩市场都植根于本土的民间文化特色，几乎没有外拓品牌的先例。潘家园却凭借着品牌化和连锁化的经营思路，率先迈出了外拓品牌的第一步。

虽然如今潘家园已经形成了规范化的市场，但在固定店铺之外，"摆地摊"的传统经营模式依然被保留了下

微评

★ 打开潘家园的官方网站"中国·潘家园"，在"潘·合作"这一页面中，游客能看到潘家园推出的自营品牌文创店"潘家园礼物"。"潘家园礼物"以"把潘家园带回家"为理念，逐步推动其文创产品走向规模化和连锁化。

★ 对于游客而言，来潘家园转转，既是为了挑选文玩，也是为了和熟络的摊主闲话惬聊。地摊和店铺最大的不同就是多了一份"人气儿"，这一重社交属性值得被保留。

来。当摊主看到熟识的老主顾或是有对商品十分感兴趣的买家出现时，便拿出一个小马扎来供顾客坐下细细挑选。潘家园复古的风格、保留地摊式的经营方式、日益完善的市场制度等都在被各地的文玩市场借鉴。

如今，国内的艺术品、收藏品交易市场不胜枚举，都形成了各自的经营特点。同在北京的琉璃厂文化街区，以图书、字画、古玩、文房四宝等作为核心产品，打造了文化氛围浓郁的艺术品交易市场；南京夫子庙古玩城、苏州文庙古玩市场、上海城隍庙藏宝楼、广州西关古玩城等古玩市场都形成了有序的"地摊+固定摊位"的经营模式，同时在建筑风格等方面保留传统特色，在各地文玩艺术品市场的发展过程中扮演着重要的角色。

古玩旧货市场的文创转型，关键要处理好哪些问题

近年来，随着国内文博文创市场的快速发展，以潘家园为代表的旧货市场也逐渐开始走入转型升级的新阶段。利用多年来积累的市场IP优势资源，潘家园与一批优质商户、非遗匠人深度合作，将市场优质商户资源和当下时尚理念相结合，想借此向年轻化、时尚化转型。

然而，进入新旧动能转换的新时期，传统的地摊式文玩旧货市场如何实现跨越式发展、从根源上实现转型升级，依然要注意处理好以下问题。

核心IP开发及认知：抓住这四点

潘家园作为中国最大的古玩交易市场，一直以来给人的印象都是古玩交易的场所，是接地气的老北京文化的承载地。**因此，对于潘家园的IP形象定位，需要契合这两点来进行打造。**以潘家园目前推出的IP形象"潘爷""麒麟狗"来说，"潘爷"的系列形象在潘家园市场里存在感不强，仅在几个固定位置摆放其玩偶形象，"麒麟狗"则难觅其踪迹。游客乃至市场租户甚至都不知道它们的存在，更不用提其发挥宣传潘家园的作用了。

另外，在"潘爷""麒麟狗"形象的又一较为聚集区——"潘家园礼物"店，其售卖的文创产品中对于二者的形象延伸仅限于布袋、玩偶和靠枕

等，产品系列单一。店内的文创产品大都缺乏潘家园自身的特色，诸如书签、胶带、台历等与国内众多文创店铺的产品缺乏明显的区别。而且，这些文创产品都只是单向度的展示，缺乏跟消费者的互动，无法融入游客的游览活动中。

要想深度提升潘家园的IP形象，首先，要强化核心IP的"存在感"。通过增加"潘爷""麒麟狗"的数量，借鉴迪士尼乐园中米老鼠和唐老鸭等人形玩偶模式，增加与游客的互动性。其次，要加强核心IP的"体验感"。"潘家园礼物"店在利用开发"潘爷""麒麟狗"的形象方面可以更加深入，拓展文创产品的类型，通过邀请非遗传承人、产品设计人员在现场展示文创产品的制作过程，诸如让游客体验"潘爷""麒麟狗"的烙画制作。再次，赋予文玩旧货市场"网络感"。现在"潘家园礼物"店在北京只有两家，在适时拓展线下店铺的同时，也需要注意开辟京东、天猫等电商平台，拓展线上交易渠道。最后，营造核心IP的"故事感"。让"潘爷""麒麟狗"讲故事，通过与高校的动画专业合作，共同打造潘家园的故事小短片，借此提升"潘爷""麒麟狗"的形象认可度，同时也能拉近它们与小朋友之间的距离，改变潘家园过往只是成年游客聚集地的这一固有印象。

摆脱店铺同质化，整合资源是关键

潘家园占地4.85万平方米，分为地摊区、古建房区、古典家具区、现代收藏区、石雕石刻区、餐饮服务区等6个经营区，主营古旧物品、珠宝玉石、工艺品、收藏品、装饰品等，拥有4000余家经营商户。尽管如此，在潘家园市场内还有近四分之一的摊位没有商家入驻，摊位空置情况比

微评

★ 文创产品开发还是要立足于深入挖掘本土民间文化特色。只有将文化特色注入IP形象中，才能引起人们的共鸣。潘家园作为汲取老北京市井文化成长起来的品牌，在文创产品设计上需要利用好地域特色文化资源。

较明显。现代收藏区的二层红色革命区，大部分商户都处于关门状态，门庭冷清，只在门上贴有联系方式。潘家园区域化的摊位设置虽然方便游客找寻自己感兴趣的商品区域，同时也使得摊位之间的竞争更加激烈，且店铺间同质化明显。

近几年，国内古玩艺术品行业进入低谷期，市场规模呈现出收缩的趋势，消费趋冷。在这样的现实状况下，潘家园应该如何开辟出不一样的发展之路，既提升潘家园的人气又可以保持健康有序的市场秩序，平衡好传统文化消费习惯与现代文化消费趋势的冲突。**一方面，在线下零售市场，潘家园应该进一步整合众多零散的小摊位，严格市场进入标准，适时清退一部分售假小商铺，净化市场氛围；同时，鼓励部分店铺做大做强，将其他经营不善的小店铺兼并。另一方面，可以积极拓展线上交易平台，建设潘家园交易网、潘家园论坛等，完善潘家园的互联网生态，同时吸纳部分互联网年轻用户群。**

当在潘家园已经很难再淘到"宝贝"，当淘客们的收藏梦不再，那么转型升级也就成了潘家园的必然选择。潘家园转型升级的思路理念和一系列尝试应该值得肯定，也确实取得了一定程度的效果。但如何更好地利用潘家园这个IP大宝库，更好地发挥潘家园在古玩市场的标杆引领作用，它还有很长的路要走……

微评

★ "小而美""大而精"是当下潘家园应该追求的目标。文玩市场提供给游客的最佳体验无外乎是"逛"与"淘"。同质化的店铺会直接削弱游客寻宝的乐趣。

历时7年、先后5批，传统村落名录档案的建成仅是开始……

李姝婧

【写作背景】传统村落承载了中华优秀传统文化的精髓，延续了中华文脉，是代表农耕文明的宝贵遗产。传统村落以其丰富的物质和非物质形态的文化遗产为载体，展现了深厚的历史、文化、艺术、社会、科学等多方面的价值。但随着城镇化的发展，农村人口流向城市，很多乡村面临成为"空心村"的困境，传统村落文化式微，保护传统村落刻不容缓。为促进传统村落的保护和发展，住房和城乡建设部、文化部、财政部、国家文物局于2012年组织开展了全国第一次传统村落摸底调查，并最终确定了第一批共646个具有重要保护价值的村落列入中国传统村落名录。至2019年，住建部已正式公布五批中国传统村落名录名单，共6819个村落上榜。以国家政策为导向，设立中国传统村落名录，是在传统村落消亡速度急剧加快的背景下的抢救性措施，对传统村落的保护发展提供了依靠和保障。

中国传统村落名录面面观

2012—2013年，国家四部局开启的中国传统村落调查在经过一次摸底调

微评

★ 2012年9月,传统村落保护和发展专家委员会决定将"古村落"更改为"传统村落"。这一习惯称谓的变动足以说明传统村落所蕴藏的历史文化资源具有珍贵的文化价值。

★ 以云南西双版纳为例,西双版纳以热带雨林景观和少数民族风情而闻名。洛特村、扎吕村、八坡村、十字街村等数十个美丽的村落各具特色,共同构筑了云南独特的文化脉络。

查和补充调查后,汇总确定我国现存的具有传统性质的村落近12000个。传统村落与我们常说的古村落性质不完全一样。**古村落更多表达历史久远的时间性,而传统村落,凝聚了中国的灿烂文化,内含着珍贵的历史文化遗产,是我们必须保护的根本所在。**

上榜的传统村落从哪儿来?

整理了7年的中国传统村落名录档案,可以看到名录基本覆盖除港澳台以外的31个省、自治区、直辖市。从各省份数量分布图来看,贵州、云南、湖南、浙江、山西五省上榜数量遥遥领先,传统村落数量超过500个。而宁夏、上海、天津的传统村落数量较少,不超过10个。

从中我们不难发现,首先,**传统村落多分布于相对偏僻、经济发展较为落后的区域。**相比较北京市第三批入选的古北口镇古北口村的知名度,其他绝大部分传统村落实际上只是地图上的一个点,手机导航中经过的一个地名而已。偏僻的区域为它们保留下了传统的因子,也阻隔了与外界的关联。

其次,少数民族传统村落数量可观。贵州、云南、湖南等地是少数民族世代栖居的地方,他们在那里世代生存、繁衍,是少数民族及其文化的所在地。正是因为民族众多,地域多样,在漫长的岁月里他们各自发展,自成形态,这才造就了中华文化的多样并存与整体灿烂。

为何上榜的是他们?

从一万两千余个具有传统性质的村落中,用7年的时间将6819个传统村落纳入名录成为国家保护的重点对象,评判标准是四部局共同制定的《传统村落评价认定指标体系》。该体系分为三个部分，分别是村落传统建筑评价指标体系、村落选址和格局评价指标体系以及村落承载的非物质文化遗产评价。

正是通过这个评价体系，相关部门完成了一至五批的传统村落名录认定工作。从中可以看到，建筑记载着居民从古至今的生产生活，是生活在该地区居民历史的见证和承载；村落的选址和格局能反映出人与自然统一的观念，记录着村落的变迁发展；非遗生存与村落息息相关……体现出了评价体系的专业性，同时兼顾了整体性和全面性。与此同时，按照分值标准操作，使得整个评价体系为各级地方政府提供了操作的方便。尽管从差异化角度来看，各地区的不同情况没有充分考虑，分值标准的细化上还有一些不完善，但从整体意义上来看，这个评价体系的指标设计较为客观、周到。

入选名录，建立档案，传统村落迎来的利好

微评

湖南省湘西土家族苗族自治州古丈县默戎镇翁草村是1598个第四批列入中国传统村落名录的村落之一，也是近期热播的综艺《向往的生活》第三季的取景地。这个小山村在综艺节目流量的加持下获得了让全国人民可以看到和了解的机会。淳朴的民风，优美的风景通过镜头得以较为全面的展现，它是众多传统村落中的幸运儿。那么入选名录，为传统村落带来哪些利好？

系统保护科学规划

传统村落的保护关键节点正是国家四部局自2012年启动的中国传统村落调查，此后的几年，国家有关部委出台

★ 《向往的生活》一经播出，就迅速为翁草村带来了前所未有的关注度。电视观众们对这个小山村的秀丽风光充满了美好的憧憬，翁草村的民宿甚至变的"一床难求"。其他的传统村落也需要这样"被看见"的机会。

了多项配套政策为保护传统村落保驾护航。2013年9月，住建部制定《传统村落保护发展规划编制基本要求（试行）》，确定了传统村落保护发展规划编制的要点和要求。2014年4月，住建部、文化部、国家文物局、财政部印发《关于切实加强中国传统村落保护的实施意见》，明确表示用3年时间，使列入中国传统村落名录的村落文化遗产得到基本保护。

与此同时，各省（区，市）也响应国家政策出台传统村落保护政策。以入选名录最多的贵州省为例，2017年8月，贵州省颁布了中国第一部传统村落保护和发展的省级条例——《贵州省传统村落保护和发展条例》。同时，贵州各地出台《黔东南苗族侗族自治州民族文化村寨保护条例》等，这些政策的出台标志着贵州传统村落保护进入法治化轨道。

资金扶持力度加大

传统村落的保护、复苏与发展是一项系统性的重大工程，离不开资金扶持。据公开资料显示，从2014年到2016年，中央财政按平均每村300万元的标准，提供114亿元补助资金支持传统村落的保护。资金补助主要用于传统建筑和历史遗迹保护性修缮、公共基础设施建设、整体保护和改善传统村落的历史遗存和人居环境等方面。2017至2018年，虽然没有公布具体的补助金额，但是中央补助并未中断。

社会聚焦关注村落

建立中国传统村落名录，无论从中国文化史的意义，还是从世界村落保护的领域都将留下浓墨重彩的一笔。以国家政策为导向，全社会各行业对传统村落的关注都有明显的增强。越来越多的电视节目将镜头对准村落，用镜头

微评

★ 贵州不仅在"法治先行"上行动迅速，"生态博物馆"这一概念的兴起同样也来源自贵州。此外，贵州还运用新技术着力解决传统村落的消防隐患，在发展的同时做到了保护并行。

记录传统村落的现状与历史变迁。2015年纪录片《记住乡愁》第一季开播时，豆瓣评分达到8.2。可谓"一集一村落，一村一传奇"。除了纪录片外，近年来热播的慢综艺节目，也多取镜于传统村落。在《向往的生活》第三季中，蘑菇屋日常还有一项任务就是进行田野调查，了解翁草村的实际情况并且提出相关建议。这样的环节设定对于关注传统村落无疑有很大帮助。

名录不是"保险箱"，而是真正保护的开始

设立中国传统村落名录，是在传统村落消亡速度急剧加快的背景下的抢救性措施。历时7年的调研与评测建立起来的一村一档案，是对过去的梳理，也是判断未来发展路径最可靠的依据。**设立名录的根本目的，是将我们的传统延续下去，保护中华民族的文化根脉。**

那么对于那些列入名录的传统村落如果保护不力是否有惩罚措施呢？答案是肯定的。2016年住建部发布了《中国传统村落警示和退出暂行规定（试行）》（以下简称《规定》），意味着名录不是一个"保险箱"。其中要求，对因保护不力、造成村落文化遗产保护价值严重损害的情形提出警告。如果失去保护价值，则将从《中国传统村落名录》中予以除名。

值得注意的是，《规定》中明确在公布名录之日后一年以上未启动保护工作或两年内未编制完成村落保护发展规划及未建立传统村落档案的村落将予以警告等多项惩罚，意味着这份规定将落实《关于切实加强中国传统村落保护的实施意见》相关内容，实行监督权利。名录的设立，是真正保护的开始。

如何更好地保护？除了建立更周密的法律体系和监督机制之外，可以从以下几个方面着手。

坚持活态传承，见人见物见生活

活态传承，重点在活。传统村落兼有物质与非物质文化遗产，是人们

★ 贵州建立"生态博物馆"来保护传统村落非物质文化遗产的方法值得借鉴。"生态博物馆"的生态就在于打破围墙，以传统村落的特定区域为保护对象，确保其天然性、原生性和完整性。

的精神家园，也是赖以生存的区域。尤其是对于非遗的保护和传承，非遗更依赖于这片土地，正如联合国教科文组织对于非遗的评定标准："它必须扎根于有关社区的传统和文化史中。社区在哪里？就在数量巨大的传统村落之中。"因此，坚持活态传承，需要见人见物见生活，保护好传统村落的命脉。

坚持合理利用，杜绝过度开发

保护不等于守旧，但过度的开发一定会破坏。合理地利用好传统村落资源有利于提高传统村落知名度，使传统村落能够有复兴的动力和希望。然而合理利用，涉及"度"的问题。近年来盛行的古村落（镇）旅游似乎成为一个热点，但我们还需要知道，旅游是传统村落发展的路径之一，但不是唯一路径。各级政府应对传统村落的家底摸透，不单纯为了吸引游客而去完全追求经济上的收益，尊重历史，尊重村落。

保护与创新并重

传统不等于落后，城市工业的发展，似乎让城市社区的居民将钢筋水泥视为习以为常，也让农村社区的居民对这样的生活有了更多倾心和向往。**保护传统不等于拒绝传统村落发展，而是要用现代文明和科技让传统村落居民的生活质量更高，让村民对自己所处的地域更了解，对这片地域孕育的文化更有认同感。如此一来，传统村落的保护发展才更有依靠和保障。**

★ 传统村落原住民大量流失的现象已不是个例，受到城镇打工收入较高的吸引，年轻人外出打工成为普遍选择。提高传统村落居民生活质量同样有助于激发当地居民保护传统文化的积极性。

抢救性保护或许已经是过去式，城市的扩张与传统村落的保护或许已经不再对立。但我们距离实现人与自然，人与历史的和谐共生还有很长的路要走。

传统文化，忧喜交集下的文化博弈

历史文物是在漫长的时间线轴上承载着人类的精神文明，是历史与未来的交汇处。2019年的巴黎圣母院大火引发世人关注，文物保护接受大考。故宫灯光秀引发关注、汉服成潮流，传统文化的荣光如何再现？时代的车轮滚滚向前，有多少经典可以重演？岁月失语，历史文物却能言，只有从观念的根源认识问题，解决问题，才能让历史文物延续文脉，传承历史。

巴黎圣母院失火：只有它的文化活着，这个国家才活着

范周

【写作背景】巴黎圣母院作为欧洲三大教堂之一，以雨果的同名小说《巴黎圣母院》而闻名天下，是全世界最具代表性的哥特式建筑之一。2019年4月15日，这座有着800多年历史的世界遗产建筑，燃烧在熊熊烈火之中，屋顶倒塌，受损严重。火灾之后，来自各国的文物保护专家纷纷为巴黎圣母院的修复献计献策，而这也为全世界敲响了文物保护的警钟。文物遗产具有唯一性和不可再生性，是经过时间洗礼而留存下来的宝贵的文化资源。近年来，针对我国文物建筑保护过程中存在的问题，政府出台了一系列相关政策，并不断更新保护和利用遗产建筑的观念、技术、保障措施等，促进了文保工作的有序开展及对文物建筑的保护和利用。

当地时间2019年4月15日下午，有着超过800年历史的法国著名地标巴黎圣母院突然遭大火，受损严重，主体结构得以保留，但包括哥特式塔尖在内的三分之二屋顶已经荡然无存。而2009年至2014年，我国文物建筑火灾数量也高达1343起。文物古建一直以来都是世界各国文化遗产保护的重点对象，却为何频频遭遇大火侵袭？在高度现代化的今天，如何保护中国文物古建不因"人祸"而付之一炬，巴黎圣母院的这场大火再次给我们敲响了警钟。

文物火灾：烧毁的远不止文物

人们习惯于把建筑称作世界的编年史。当歌曲和传说都已沉寂，已无任何东西能使人们回想一去不返的古代民族时，只有建筑还在说话，在"石书"的篇页上记载着人类历史的时代。

文物古建遭遇火灾，不仅是文化遗产物质实体的损失，更是全人类的精神文明之殇。

2019年4月15日，巴黎圣母院

当地时间4月15日下午5点50分左右，巴黎圣母院突发大火，火势蔓延极快，从火苗被发现到窜上屋顶仅用了一两分钟时间。目前火势已经得到控制，主体结构得以保留，但木质结构大部分损毁严重，其标志性塔尖于火灾中倒下，著名的玫瑰花窗也可能被毁，令人扼腕。

目前，巴黎圣母院中藏品的损失情况尚不明晰。巴黎市长安娜·伊达格尔（Anne Hidalgo）在推特上表示，尽管损失惨重，但一些主要的艺术品和圣物得以逃过大火的吞噬，如荆棘王冠。

据法国媒体报道，火灾可能是由巴黎圣母院的内部修缮施工引发的。法国检方表示已经开始对大火原因展开调查。纽约约翰杰伊学院消防科学副教授格伦科贝特推测，施工明火可能是造成火灾的危险因素之一。科贝特认为，火炬上的明火、焊工产生的火花以及其他脚手架上的易燃材料带来的危险都是潜在的灾难。巴黎圣母院的屋顶为木质结构，高度还非常高，这也使得地面救火难度巨大。

微评

★ 除了巴黎圣母院，历史上还有很多珍贵的文化遗产在大火中被损毁，比如巴西里约热内卢的国家博物馆、韩国首尔崇礼门等。全面排查火灾隐患，增强文物的安全保护举措应当是全球各个国家共同的目标。

2008年2月10日，韩国崇礼门

2008年2月10日晚，韩国"一号国宝"崇礼门被人纵火。尽管消防部门出动32辆消防车与128名消防人员进行灌救，崇礼门还是难逃一劫，整座木结构城楼被彻底烧毁，仅剩下半部石砌部分。

事后调查表明，当木瓦屋发生火灾时，灭火首先要揭瓦，才能够有效率地直接扑灭火源。而崇礼门灭火时方式不当，并无任何指挥官或相关专家提出此建议，消防人员只能够在外部喷水，最终导致耗时6个小时的灭火行动失败。还有报道称，当时在崇礼门周边并无火灾报警设备和洒水器等最起码的火灾装置。

2018年9月2日，巴西国家博物馆

2018年9月2日晚，巴西国家博物馆一层发生火灾。由于博物馆内多为木质结构，且易燃物品较多，火势很快就蔓延到了整个博物馆。

巴西国家博物馆的藏品数量是大英博物馆的两倍多。持续整晚的大火使馆藏2000万件藏品付之一炬，多达92.5%的藏品被破坏。2019年4月4日，巴西联邦警察公布调查结果，称该起火灾的主要原因为馆内空调系统短路。此前许多专家和博物馆工作人员都曾报告过火灾、洪水和其他建筑退化的风险，由于资金短缺问题，巴西国家博物馆长期处于年久失修状态。

微评

★ 任何国家的文化遗产遭到破坏都是人类文明的灾难与浩劫，即使能够修复重建，文物与古建筑所承载的一代历史文化记忆也难以完整复原。

以上只是世界范围内文物古建遭遇火灾的案例之一隅，我们却不难从中看到一些共性：如建筑多为木质结构，易造成"火烧连营"；管理不当或疏忽大意导致的安全隐患；安全消防装置不到位，年久失修；消防员缺乏针对文物古建灭火工作的应急能力等。文物古建留存至今，经过了战火和岁月的洗礼，却难逃火灾侵袭，由于责任意识淡薄而引发的"人祸"，一次又一次给我们留下惨痛的教训。

我国的文物建筑保护中存在的问题

文化遗产保护是一项人类的实践活动，它基于人类对于自身文明成果的珍视和文化的自觉，其本身也是社会文明进步的反映。近年来我国文物建筑单位的消防安全工作持续推进。2018年，国家文物局共接报文物建筑单位火灾事故12起，其中涉及全国重点文物保护单位3起，省级文物保护单位1起。2018年文物火灾事故数量较2017年有所下降，火灾损失有所减轻，文物建筑均未受重大损失。说明文物建筑单位的火灾防控能力和安全管理水平逐步提高。但面对频频传来的文物古建失火消息，我们依然有必要回望过去的经验教训，深刻反思。

原真性破坏

任何一处遗产，无论是自然遗产还是文化遗产，都离不开最初产生的环境、历史发展的环境和今天存在的环境，这种环境也是遗产价值的重要组成部分。以建筑遗产为例，如著名的悬空寺、宝石寨，其初始的设计创意就包含着符合建筑功能的选址、包含着建筑造型与地形地貌的协调，因此一旦脱离了所处的环境，遗产的本体价值可能会大打折扣。

《中华人民共和国文物保护法实施细则》中对原真性做出了具体要求，也提出对已全部损毁的纪念建筑物、古建筑等文物不应重建。而以吊脚楼为例，恩施市盛家坝小溪村和凤凰古城都在吊脚楼毁坏或清拆后进行了重建，许

微评

★ 不难看到，许多历史文化古城在实施发展规划的时候，会选择推倒原有的古街古巷，重新搭建统一的仿古建筑，破坏了原有的文化脉络，令人扼腕惋惜。

多地方甚至还出现了假文物、假遗址。**如何处理好开发利用与原真性保护之间的矛盾，成为横亘在我国文物建筑单位保护工作中一道亟待破解的难题。**

开发性破坏

在我国城市建设的早期，许多文物古建在"大拆大建"中湮灭于历史的长河，随着城市更新更趋向理性化、制度化，越来越多的古迹得以完整保留。由于文化遗产价值具有多元性，也使其成了文化产业开发利用的不二之选。**以文化旅游为载体实现文物古建的当代价值本无可厚非，但过度商业化开发却成为古城、古镇、古村落火灾频发的原因之首。**

2013年3月11日，云南丽江古城发生火灾；

2013年4月19日，湖南凤凰古城发生火灾；

2014年1月11日，云南香格里拉独克宗古城发生火灾；

2014年1月25日，贵州镇远县报京侗寨发生火灾；

2014年4月5日，上海新场古镇发生火灾；

2014年4月6日，云南丽江束河古镇发生火灾；

……

究其背后原因，屡屡发生的火灾大都是由"违章布局电路""电路老化引起短路""未熄灭蜂窝煤炉""误用打火机引燃床单"等此类看似不足为奇的人为因素引起的。再加上文物古建大多为木结构或砖木结构，历史比较久远，存在可燃物多、火灾荷载大、耐火等级低、疏散通道狭窄等内在问题，极易引发严重火情。

法律法规保障滞后

我国已加入《保护世界文化和自然遗产公约》《保护非物质文化遗产公约》等相关文物保护的国际公约，但**由于国内立法滞后，在某些文物保护领域尚未形成较好的衔接，在面对文物保护和开发方面出现的新问题、新情况**

和新趋势时还不能及时更新观念，还未真正建立起同国际接轨的文物法律法规制度。

加强文物安全，要确保"三个到位"

观念到位：保护为先、慎重开发，科学创新创意

文物是一个国家一个民族传承历史和文化的重要载体。**随着文物保护意识的提高，如何处理好文物保护和开发建设的关系一直是全社会关注的焦点。**虽然我国文物保护的相关法律条例对于文物保护有明确的规定，还是有不少文物保护单位在经济利益的驱动下，在没有专业人士参与的情况下进行开发，"先斩后奏"，在这个过程中出现许多不合理、破坏性的行为，阻断历史文脉传承，使得文物受到更为严重的破坏。**诚然，文物保护需要法律制约，需要政策指引，但归根结底要在思想观念上认识到位。**凡是涉及历史文物的建设开发，都要把文物保护放在首位来优先考虑，事先做好保护规划。

文物是不可再生的历史文化资源，是国家文明的"金色名片"，文物保护与开发工作本身就是文化建设的重要方面。"金色名片"的有效开发与合理保护将是未来文物工作的重点之一。据北京市文物局官网数据显示，北京市全国重点文物保护单位共有128处，北京市市级文物保护单位共有357处，北京地区的博物馆共有161所。面对数量巨大的文物资源，相关的文物保护部门更要时刻将文物保护意识挂在心头，将文物"保护为先"观念深入并践行到今后的工作中。

同时也应该认识到文物资源的活化与创意开发事实上是对中华文化的传播与传承。文物的开发与创意设计，其

微评

★ 2019年3月，国家住建部和文物局发布通报，聊城、大同、洛阳、韩城和哈尔滨这五座城市，因为"历史文化遗存遭到严重破坏，历史文化价值受到严重影响"而受到批评。

★ 深入发掘文物资源，推动文化创意产品开发，一方面有利于推动文化资源真正活起来，传承弘扬优秀文化。另一方面有利于形成新的经济增长点，在稳定增长、促进消费中发挥重要作用。

目标也不在于获得多大数字的销售额，而是在于将文物背后所承载的文明、文化通过一个个单体的、活化的文物形态实现广泛的传播，进而传承文化根脉、凝聚民族精神。只有在保护第一的前提下慎重开发，进行科学、合理、适度的创新，文物所承载的历史文化内涵才能真正以更加亲和的方式融入社会发展之中。

　　责任到位：落实文物保护主体责任，提高安全意识

　　在文物保护工作的过程中，责任到位是关键。长期以来，一些文物保护单位的产权依法归国家所有，但其使用权、经营管理权却混乱不清。权属不清，则职责不明。一方面，社会和文物保护单位都明确对文物保护负有责任，但具体保护什么，负什么责任，怎么负责，却极不明了。另一方面，保护意识、责任观念淡薄和监督不到位，在出现类似"保护性拆除""维修性拆除""迁移式保护"等掩盖违法违规行为时，常常因为权属不清、责任不明导致违法难究，使文物保护工作屡生问题。

　　2015年12月，北京市石景山区文化委员会行政执法人员接到群众举报，对灵光寺进行现场检查，发现灵光寺的管理使用单位未经文物行政部门同意，擅自在灵光寺建设控制地带内实施建设工程，该行为涉嫌违反《中华人民共和国文物保护法》第十八条第二款的有关规定。灵光寺作为宗教活动场所的文物保护单位，情况较为复杂。案件发生后，北京市、石景山区两级文物行政部门通力合作，及时处理，处罚到位，并拆除违法建筑，切实保护了文物保护单位的原有历史风貌，对于加强宗教活动场所的文物保护工作具有很好的指导意义。

　　早在2016年国务院印发的《关于进一步加强文物保护工作的指导意见》就特别强调了地方政府要切实履行文物保护的主体责任，提出要把文物保护工作列入重要的议事日程，并作为对领导班子和领导干部综合考核评价的重要参考。还有一大亮点便是建立文物保护责任终身追究制，对负有责任的领导干部，不论是否已调离、提拔或者退休，都必须严肃追责。责任到位，责任到人，无疑会加大文物保护力度，督促每位负有直接领导责任的相关人士

都能够时刻牢记责任，时刻保持安全意识，落实到实际工作中。

保障到位：科学制定预案，提高应急能力

巴黎圣母院失火的消息一经报道，不由让人联想到故宫上元之夜灯光秀。故宫首次在夜间向公众开放，夜间毕竟不同于白日，在人流量过大的情况下，需要配备相应的防火、防盗、防自然损坏的设施，并提前筹备临时的应急预案。

对于巴黎圣母院突发大火，我们在感慨扼腕之时，更应该理智思考。此次事故排除了人为纵火的可能，据多家法国媒体报道，圣母院顶楼的电线短路可能是引发火灾的原因。**我们亦可在这背后窥探一些原因，一是**其相关突发事件应急预案的制定没有落实，火灾发生时不能及时应对，耽误了灭火的最好时机；**二是**文物安全没有得到应有的重视，自建成以来，巴黎圣母院就饱受污染、恶劣天气和年久失修等问题的困扰，但始终没有得到应有的修护，看护责任没有落实；**三是**管理工作薄弱，管理体制不顺，管理部门缺乏监督管理和巡查制度。鉴于类似问题在今后工作中也会不同程度地存在，有关文物保护单位部门必须引起高度重视。

文物保护开发的保障工作不容忽视，应该进一步切实加强文物安全防范工作，落实各级文物行政部门和各级文物保护单位的突发事件应急预案，科学制定预案，加强联合演练，做到"程序明确"，加强消防工作，确保文物安全。在发生火灾时，要"灭疏结合，重点保护"，重点是保护历史文物，尽最大努力保护好火灾现场没有着火的文物和局部着火仍可保护的文物。对于可以疏散的文物，为

微评

★ 一、二两点原因归根结底还是要落实到体制机制不健全的问题上，只有梳理好管理部门的职责分配与权力责任，奖惩分明，才能够从根本上解决上述原因。

避免受损，应组织人员及时疏散，对难以疏散的文物应该布置人员进行就地保护。

2014年习近平总书记在北京市考察工作时指出："历史文化是城市的灵魂，要像爱惜自己的生命一样保护好城市历史文化遗产。"文物的生命只有一次，岁月失语，文物却能言，文物保护事业需要责任到位，需要全面且专业的保障机制，更需要从观念的根源认识问题，解决问题，才能让历史文物延续文脉，传承历史。

文物"回家"路漫漫

王硕祎

【写作背景】近现代以来，频繁发生的世界性战争使全球范围内大量文物流失到海外。和平与发展是当今世界的时代主题，文物的归还问题合情合理。第二次世界大战结束以后，国际社会在保护文物、促进流失文物领返还域陆续制定了一些国际公约，主要包括《关于发生武装冲突情况下保护文化财产的公约》（简称"1954年海牙公约"）及其议定书、1970年联合国教科文组织制订的《关于禁止和防止非法进出口文化财产和非法转让其所有权的方法的公约》（简称"1970年公约"）与1995年《国际统一私法协会关于被盗或者非法出口文物的公约》。近年来，国家文物局也通过各种方式促成多件流失文物回归祖国，但追索流失文物绝非易事，让"文物"回家，我们还有很长的路要走。

文物不仅具有一定的艺术与科学研究价值，也承载着历史变迁留下的印记，是国家和民族精神的象征与延续。但在当前，世界多个国家均面临着文物流失的问题，仅我国流失在海外各类公共博物馆、私人收藏者手中以及非法交易市场中的文物总量就超过1000万件。而想要实现流失文物的归还，在现实层面依然存在着一系列掣肘，推动海外的国宝"回家"，仍有漫长的路要走。

世界性的文物流失问题

文物是人类在社会活动中遗留下来的具有历史、艺术、科学价值的遗物和遗迹，既是一个国家或民族的文化瑰宝，也是属于全人类的宝贵财富。近现代以来，由于世界范围内的战争、劫掠、偷盗、走私等多种原因，包括我国在内的许多国家都遭遇了文物的大规模流失。

2019年3月，在中意两国领导人的共同见证下，两国在意大利罗马签署并交换了796件（套）中国流失文物艺术品的返还证书，这是近20年来最大规模的中国文物艺术品返还行为。意大利于2007年在其文物市场查获了这批非法流失的中国文物艺术品，并自此启动国内司法审判程序，直到2019年年初，意大利当地法院才最终作出返还文物的判决，历时长达12年。该批文物历史跨度长达5000年，上至新石器时代，下至明清民国时期，其中包括马家窑彩绘红陶罐、汉代陶猪俑、宋代黑釉瓷、民国紫砂壶等珍贵文物。

近年来，国家文物局通过外交、司法、协商等方式，已经促成30余批次近4000件（套）流失文物回归祖国。 圆明园鼠首、兔首被法国皮诺家族归还；秦公晋侯青铜器等文物被成功追回；曾在英国以41万英镑被拍卖的圆明园文物"虎鎣"历经波折终回到故土；美国政府向我国归还361件（套）流失文物……**但相较于我国尚处于流失状态的文物总数而言，已经归还的数量仍只是九牛一毛。**

2013年4月26日，法国皮诺家族在北京宣布将向中方无偿捐赠流失海外的圆明园十二大水法中的青铜鼠首和兔首。截至目前，圆明园十二生肖兽首中的蛇首、鸡首、狗首、羊首依然下落不明。

微评

★ 文物回家之路可谓艰难曲折，这背后是文物追索返还国际秩序的亟待加强。只有两个国家作出共同努力，朝着一个目标通力合作，才能够创造出更好的文物回家环境。

据中国文物学会统计，自1840年鸦片战争以来，流失到海外的中国文物超过1000万件，几乎涵盖所有文物种类。而据联合国教科文组织统计，在全世界47个国家的200多家博物馆中有超过164万件中国文物，流失在民间的中国文物更是不计其数。

除我国之外，希腊、埃及、肯尼亚、新西兰、意大利、埃塞俄比亚等许多国家也都面临着文物流失的问题。埃尔金大理石雕是希腊巴特农神庙雕塑中最精华的部分，其于19世纪初被英国大使埃尔金勋爵在希腊切割解体后运回英国，后被大英博物馆收购。根据相关统计，在现存的近190块残余雕塑、壁柱、浮雕中，约有五成到六成存于伦敦，剩余存于雅典。

2019年7月，美国丹佛自然科学博物馆将30件珍贵文物送回肯尼亚，并于7月29日在沿海城市蒙巴萨举行了隆重的回赠仪式。而根据肯尼亚方面的统计，目前该国仍有181件国家文物被收藏在外国博物馆。肯尼亚文化部长阿明娜·穆罕默德表示："令人感到遗憾的是，文物的价值被转换成金钱，而不是我们民族的骄傲、荣誉和文化认同。"

实际上，追索流失文物绝非易事。从意大利归还文物事件可以看出，即使是在交易市场查获的非法走私文物，尚且经历了长达十余年的审判才最终实现归还。对于存于公共博物馆与私人收藏的文物而言，难度则还要更大。

文物"回家"不简单

2017年，法国总统马克龙宣布，法国将在五年内归还法国在非洲的前殖民地获取的艺术珍品。但此番言论却受到了英国第二大国立博物馆——V&A博物馆馆长的猛烈抨

微评

★ 由于国际公约的溯及力有限，仍有大量文物未能够通过法律的途径平安归家。有数据显示，"依法追索"成功的海外流失文物仅占总数的10%。

击，并称马克龙将文物归还想得过于简单。事实也确如这位馆长所言，文物的"回家"之路可谓是困难重重。

首先，从法律层面来看，促成流失文物实现归还仍缺少必要的法律基础作为支撑。文物作为动产，一旦在流失过程中进入其他国家，其所有权的归属判定就需要符合所在国的民法规则。一方面，许多因非法掠夺而流失的文物在百余年的时间中早已多次易主，对于通过合法交易或在正规市场中取得了文物所有权的公共博物馆、私人博物馆和私人收藏者而言，他们并非侵占文物所有权的责任方；另一方面，世界各国民法中对于财产所有权的诉讼均有相应的时限规定，由于许多文物流失时间过久，相关的返还或赔偿义务在法律层面已经被自动免除。

而目前已经成文的相关国际公约对打击文物贩运及流失文物返还仍存在诸多缺失：一是无法解决历史上非法流失文物的返还问题；二是适用范围有限；三是核心条款含义模棱两可，并不具有强制性约束力，主要依靠各国的自主行为。

其次，从操作层面来看，流失文物归还的过程常常面临着主体认定困难等问题。目前，国际上对于"文物原出国"的划分标准一般是当前的国界行政疆域。然而，由于文物发生流失的年代一般比较久远，经过上百年的历史演变尤其是20世纪的两次世界大战后，现代国家的领土边界、统治主体、民族文化相较于历史往往会出现一定程度的变动，这也使得文物归还时容易出现"一物多主"的情况。尤其是对于处于两国交界地带的文物而言，常引发国与国之间的争执。同时，对于民间博物馆和私人收藏者而言，政府无权将其合法私人财产强行没收，且很难对这部分文物的具体情况进行统计。即使文物所有者同意归还，

微评

★ 在面对民间博物馆和私人收藏者的态度和法律规定上，不同国家由于历史文化背景的不同，也有着不同的处理对策，这无疑加剧了追回文物的难度。

政府与其在赔偿金额等方面的分歧往往也很大。

　　此外，许多国家在文物归属上的观念差异也使得文物归还的进程困难重重。世界上的大型博物馆与知名收藏家大都持"文化世界主义"观点，不将文物视为"某一国家或民族所独有"的文化遗产，认为保护文物和源出地文化背景并不相关。这些文物持有主体认为，在失去了当今最先进的博物馆技术条件的保障后，相关文物在转移过程中无法得到良好的保护，文物接收方的保存、研究条件也参差不齐。

　　2002年，以大都会博物馆、大英博物馆等西方博物馆为主体的18个全球主要博物馆共同发布了《关于全球博物馆重要性和价值的宣言》。宣言中写道："博物馆为这些很久以前就脱离了本源的文物提供了真实且有价值的背景。如果不是因为几大主要博物馆将它们展出，这些文物折射出的古代文明根本无法体现出来，全球民众也无法欣赏到这些古老的文明。"

推动文物归还，仍需国际性努力

微评

　　总的来看，推动流失文物实现归还绝非是某一个国家或个别国家间的小规模协作所能达成的目标。保护本国文化遗产、打击非法文物交易，是世界各国应有的责任。**文物归还的行为应当被纳入国际共同打击非法交易、推动文物保护与文化交流的进程之中，通过国际性的努力实现文物保护新局面的形成。**

　　2014年，在敦煌召开的第四届文化财产返还国际专家会议上，来自20多个国家的政府官员与专家讨论并通过了《关于保护和返还非法出境的被盗掘文化财产的敦煌宣

★ 现有的国际公约在追回文物的效力上有许多局限之处。最主要的一点就体现在，并非所有国家都是遵循公约的成员国，而公约只对成员国生效。《敦煌宣言》的提出，是我国在面对国际规则上由被动转变为主动的大胆尝试。

言》（以下简称《敦煌宣言》），旨在促进文化财产保护与归还，这也是我国首次主导制定文物返还领域的国际性规则。在宣言的推动下，德国将两尊木雕像归还给墨西哥，美国分别向印度和尼泊尔归还两尊造像，英国也以借展的方式将一批文物送回埃塞俄比亚进行展览。

近几年来，**随着"一带一路"倡议的不断深化，我国与许多国家正通过搭建国际合作平台推动文化及文物保护上的交流与协作。**以2019年3月意大利归还我国流失文物艺术品为契机，两国签署了多份有关文化遗产的合作文件，包括关于防止文物非法进出境和世界文化遗产地结对的谅解备忘录等。两国在文物返还和保护上取得的突出成果，为各国追索流失文物提供了有益的借鉴，也将在未来继续推动国际文化交流的健康发展。

文物不仅承载着科学研究的价值，更是一个国家、一个民族历史变迁的见证者。**文物的流失与回归，在一定程度上与国家和民族的兴衰存亡紧密相连。**对于流失海外的文物而言，它们在异国他乡的展台上被观览的同时，已然不再具有传承一国历史文化和民族精神的作用。

中国有着数千年的悠久历史与灿烂辉煌的文明，而文物作为无声的记录者，穿透漫长的时光真实地为我们展示着脚下每一寸土地上最宝贵的记忆。**文物的"流浪"，不仅是文化遗产研究领域的重大损失，更是对于国家和民族记忆的割裂，对于人民的情感伤害。只有在自身的文化土壤中，文物才能真正实现承载灿烂文明、传承历史文化、维系民族精神的功能，实现对国家和民族精神血脉的延续。**随着国际文化交流和文物保护协作的不断深化，相信流失文物的"回家"之路将会越来越畅通。

微评

★ 文物安全回家的背后，是外交、文物、法务等相关工作者的努力，也是国力日益强大的体现。相信不久的将来，一定会有更多的流失文物踏上归乡之旅。

良渚古城申遗成功后，我们应当如何向世人展现中华5000年文明

孙巍

【写作背景】联合国教科文组织第43届世界遗产大会上，良渚古城遗址被成功列入《世界遗产名录》。良渚古城遗址承载了长江下游地区的良渚文化，距今约5300-4300年，遗址中心位于杭州市余杭区西北部瓶窑镇。良渚遗址于1936年被发现，涵盖了良渚、瓶窑、安溪三镇之间许多遗址，1959年良渚文化被正式命名。良渚文化遗址总面积约34平方公里，是人类早期文化遗址之一，展现了中华大地新石器时代的人类历史，2019年良渚古城申遗成功，标志着中华五千年新石器时代文化史在国际社会获得广泛认可。我们在对遗址进行合理保护和利用的基础之上，也要充分做好文旅融合文章，讲好良渚故事和中国故事，积极推动良渚文化和中国文化走向世界。

当地时间2019年7月6日，当第43届世界遗产委员会执行主席、阿塞拜疆文化部长阿布尔法斯·加拉耶夫的木槌重重落下，"良渚古城遗址"成功列入《世界遗产名录》。世界上最权威的考古学家之一科林·伦福儒曾经表示："中国新石器时代是被远远低估的。由于良渚这些年一系列的重要发现，世界考古界开始重新审视中国商代以前的历史。"颇受大家热议的良渚古城究竟特别在哪里？而杭州余杭区近些年又是如何保护和开发这片不可多得的文化遗产的？良渚古城申遗成功后，我们应该怎样将这张宝贵的"文化金名片"推向世界？

微评

★ 民国时期的青年施昕更，是发现良渚文化遗址的第一人，为挖掘有价值的故陶片，施昕更终日不辞辛苦地在田野阡陌之间奔走。这背后是对家乡地眷恋以及对中华文明地热爱。

良渚古城遗址考古历程

1936年，良渚遗址被西湖博物馆的工作人员施昕更发现，并在良渚一带最早进行了具有现代意义的田野考古发掘。1959年，中国社会科学院考古研究所，考古学家夏鼐依照考古惯例按发现地点良渚来命名。1961年，良渚遗址被列为浙江省重点文物保护单位。1986年，良渚反山遗址被发现，发掘出11座大型墓葬，有陶器、石器、象牙及嵌玉漆器1200多件。此后至2007年，良渚文化遗址从40多处增加到135处，有村落、墓地、祭坛等各种遗存。1994年，良渚遗址被国家文物局列入中国申报《世界遗产名录》的预备清单。1996年，良渚遗址被国务院公布为第四批全国重点文物保护单位。2007年，浙江省文物局宣布，一座290多万平方米的5000年前的古城在良渚遗址的核心区域被发现，良渚古城遗址成为当时所发现的同时代中国最大的城址遗址。

为何说良渚古城是中华5000年文明的历史见证？

良渚古城遗址（公元前3300—公元前2300）位于杭州北郊余杭区境内，自2007年发现和确认至今，良渚古城遗址考古不断取得突破：良渚古城的考古与挖掘不仅能够证实杭州市5000年的建城史，更能向世人证明中华5000年的文明。在新石器时代，人们已经有了基本的社会城市文明、严格的等级分层制度、复杂的水利水系工程、精良的农作物生产技术。良渚遗址不仅全面展示了良渚文化鼎盛时期的社会物质文明和精神文化内容，而且其典型性和代表性在良渚文化中绝无仅有，其中良渚古城的主要特征有以下几个层面。

城市形态

良渚古城遗址是环太湖地区约3.65万平方公里内规模与等级最高的考古遗址，并以宫殿区、封闭式内城、半封闭式外城遗址（含人工台地）揭示了城市所特有的空间形制、功能分区、防御功能、社会分工等复杂现象。良渚古城由内而外具有宫城，内城，外郭的完整结构，是中国古代都城三重结构的滥觞。

社会阶层

分布于良渚古城遗址内外的诸多丧葬遗址在多方面表现出等级差异，例如墓地与城市不同功能区的位置关系；墓地的地形地势特征；墓葬坑的大小规模与排列规则；墓葬坑的随葬品特别是玉器的等级高低、数量多寡、品类丰富程度，具有独创、首创精神的良渚玉器是良渚遗址最显著的特征。**这些现象直接揭示了良渚文化时期社会上至少存在着4种以上的阶层分化，形成社会地位与身份等方面的多重级差。**

组织管理

良渚古城遗址留存下来的遗迹显示良渚古城外围存在一个庞大的水利系统，距今已有5000余年，是世界最早的

微评

★ 良渚遗址规模之大，从它最外侧地水利系统到城墙，再到城中心的宫殿区，都显示出高度的复杂性。城市的建筑规划本身就带有很强的等级意味。

拦洪大坝系统，是良渚古城内的河道水网体系。"浩大"工程背后还存在工程的规划、设计与材料的采集、运输、制作以及工程实施建造等工序。此外，据考古研究推测，遍布整个区域性玉器，特别是玉琮，应当是在良渚古城制作后，作为某种象征意义的行为发往其他良渚文化聚落。如此大规模且制作精良的良渚玉器制作需相当数量的专业手工业者以及手工业组织管理者。

农业生态

依据最新考古成果，良渚古城遗址已经发现两处大规模稻谷遗存，结合良渚文化兴起的历史环境研究结果，展现了长江流域公元前3000年的稻作农业生产能力。故此，良渚古城遗址也代表了长江流域新石器时代晚期稻作农业的先进程度。

良渚古城遗址的保护与利用实践经验

坚持"钱人统筹"，克服要素短板

2013年以来，杭州市、余杭区先后投入20多亿元通过异地换地、异地转移的方式，对叠压在遗址本体上、危机遗址安全的600多户农居、59家企业进行了搬迁。在资金配套上，除了财政专项经费，余杭区开创性建立了土地出让金反哺文物保护机制，即在良渚新城范围内，土地出让收入的10%用于反哺良渚遗址保护。多年来，余杭区共投入数十亿元对良渚遗址进行保护、整治和利用。**对于遗址区内的利益相关者，在全国率先建立起大遗址保护补偿机制。**截至2018年，用于遗址区内的农民、村集体和企事业单位的补偿资金已达每年600多万元。

坚持内外联动，古城遗址适度开发

良渚古城遗址保护与利用双重联动，**一方面筹建遗址文化国家公园。**将"良渚古城+瑶山遗址+11条水坝"作为遗址申遗范围，申遗面积从原先的9.1平方公里扩展到遗产区14.3平方公里和缓冲区101.5平方公里。而总共100多平方公里的遗址范围，将形成一个文化公园，并用一条文化长廊来串起。**另一方面筹建良渚文化艺术走廊城市设计。**东起良渚新城和梦栖小镇，西接良渚古城遗址的良渚文化艺术走廊。包含长命集镇、良渚博物馆、良渚文化村、梦栖息小镇、世界工业大会等城市功能。此外，良渚古城遗址在规划保护的过程中，还将预留一条东西向宽约200米，南北长约1100米的"S"形南北向大绿带，游客可通过水、陆两条线路，或步行或泛舟游览良渚遗址。

坚持有法可依，完善法律配套

把法的思维、法的精神贯穿大遗址保护始终，坚持上位法和下位法结合、法制化同法治化并重，健全完善法律保障体系，推动良渚遗址保护管理走上依法治理的良性轨道。法制化上，制定《杭州良渚遗址保护管理条例》，将国家文物局的工作要求和《良渚遗址保护总体规划》的有关内容写进地方性法规，增强遗产保护管理刚性。

如何利用良渚古城打造中国"文化"金名片

保护为主，延续良渚历史文脉

尽管目前针对良渚古城的文物保护修缮工作各个部门都在加紧向前推进，但是由于良渚古城涉及文物保护数量巨大、工作庞杂，总体而言相关部门对于良渚古城遗址的保护工作仍需深化。**一是建立良渚文物数据的知识系统可视化平台。**将良渚古城的相关档案、挖掘历程、文物清单等等均列入该可视化平台。**二是提升居民文化保护素养。**

微评

★ 文化遗产要在所在地进行保护，才能够保存住最原汁原味的历史文化风貌。遗址文化国家公园就是在地性保护的一种有效途径，确保了文化遗产的"活态"传承。

★ 本土居民是当地文化的天然组成部分，在保护文化遗产的同时需要积极调动起居民参与文化保护与传承传播的热情，这是古城文化可持续发展的重要环节。

良渚古城遗址的保护除了尽快颁布《杭州良渚遗址保护管理条例》，让人们有法可依外，更重要的是增强居民文物保护意识，提升居民文物保护参与度，可通过文保志愿者等形式加强对居民自我更新改善的鼓励和支持力度，调动市民修缮利用资源的积极性。**通过政府和市民合力，逐步实现良渚古城的人居环境改善和历史文化复兴。**

以文促旅，讲好良渚古城故事

在文旅融合的大背景下，良渚古城遗址在做好文物保护的基础之上，还应充分利用良渚文化的品牌影响力做好文旅融合文章。**一是积极完善良渚古城文化旅游基础设置。**加快推进良渚国家考古遗址公开开发建设，同时做好良渚文化大IP和良渚文化艺术走廊规划。加快相关良渚古城遗址景区规划，构建良渚智慧文化服务体系，整合多方资源，就大数据、指挥中心、智慧导览、智慧停车、智慧票务、智慧讲解、智慧监控、Wi-Fi等方面提升智慧景区水平。

二是积极推动良渚古城文化遗址走出去。良渚古城遗址作为我国第55个世界文化遗产，更是向世人展示中华五千年文明史的实证，不仅有助于深化杭州历史内涵和文化底蕴，更重要的是对于提升我国中华文化影响力起着至关重要的作用，该遗址是未来向世界中华文化、中华文明的重要世界级文化金名片。

数字加持，创新保护利用手段

数字化保护本质上正是技术与文化互动的现当代形式之一，是良渚古城文化遗产活态演进的重要方式。以数字化手段对良渚文化遗产进行传承与保护不仅是解决良渚文化遗产保护与利用关系矛盾的需求，也为良渚文化遗产的充分利用提供可能性，更是符合时代发展需求的未来趋势。

一是以数字化手段创新文物保护形式。搭建良渚古城遗址的数字影像平台、数字博物馆，也可将良渚古城文物通过最新的三维建模技术或3D自动成像系统对文物进行数字存档，对珍贵文物进行永久的保存。**二是以数字化**

手段创新文物传播与体验形式。数字化的传播与展示，有利于良渚古城的传承与创新，更能够繁荣良渚古城遗址文化遗产的多样性与知名度，提升人民群众关注和保护良渚古城遗址文化遗产的主观自主意识。同时通过数字修复、物理还原、水利技术展演、数字化虚拟现实技术为主导的文化遗产场景等能够活化还原良渚古城一直文化遗产的实情实景，为良渚古城文化遗产的后续开发利用拓展空间。

微评

★ 文化遗产保护与数字技术的结合呈现出越来越紧密的态势。依托高新技术成果，打造出系统的文物数据电子化渠道是文物资源活化运用的关键一步。

我们热议的"博物馆文创",究竟指的是什么

宋朝丽

"故宫口红""紫禁城里过大年""上元灯光秀",以及即将推出的"吉服回朝",故宫一系列的神操作,让"博物馆文创"这一热词更是烈火烹油、锦上添花,究竟什么是博物馆文创?博物馆文创包含哪些内容?本文将对此进行探究。

博物馆"文创"其名

博物馆文创,全称"博物馆文化创意产品",目前,产学研界对它的称呼包括博物馆文化产品、博物馆衍生品、博物馆纪念品、博物馆商品等,在实际运用中,人们对这几个概念没有严格的区分。为了深入理解博物馆文创的本质,本文先对概念的内涵和外延进行界定。

文化创意产品的定义,目前学界还没有统一的界定。联合国教科文组织将其定义为具有传达意见、符合于生活方式的消费物品。我国台湾地区的《2010台湾文化创意产业发展年报》中将其界定为可以传达意见、符号及生活方式的消费品,不一定是可见可触的物体,具有文化性、精选性、创意性和愉悦性,是文化创意产业中相当重要的一环。

文创产品是指将文化思维与创意思维相统一，运用到产品的设计生产中，生产出具有符号意义、美学特征和人文精神的产品，并将产品推向市场，以期实现一定的经济效益。文化创意产品具有三个特征，**一是文化属性**，文创产品以文化为出发点，又以文化为目标，实现文化的创造性发展；**二是创意属性**，文创产品强调个性和创新，以新的创意增加产品的附加价值；**三是市场属性**，文创产品具有独立的知识产权，最终要推向市场并实现其商业价值。

将文化创意产品运用到博物馆语境中，是指以博物馆的馆藏资源为原型，吸收和转化博物馆藏品所具有的符号价值、人文价值和美学价值，以创意重构出具有审美价值、文化价值和实用价值的新产品，并在市场中寻求价值认同。

因此，博物馆文创产品可以从广义和狭义两个方面去理解。**狭义的博物馆文创**指的是以博物馆藏品为创意元素生产的有形产品，如杯垫、丝巾、冰箱贴、书签等；**广义的博物馆文创**则既包括文物复仿制品、传统工艺美术品等没有新增附加值的旅游纪念品，也包括博物馆开发的App应用、陶艺剪纸游艺等参与性活动、音乐剧表演等无形产品。**其共同的特征是通过产品促进博物馆文化的传播和价值的实现。**

微评

★ 知识产权是文创产品的核心竞争力，通过探索对版权、商标权等保护以及价值发掘方式，文博单位可以实现产业链进一步延伸。

"前世"：博物馆文创发展历程

1871年，秉着"鼓励和发展艺术在生产和日常生活中应用，推动艺术通识教育"的宗旨，美国大都会艺术博物馆成立第一家博物馆商店，以馆藏精品复制和传播为主营业务。此后很长时间，博物馆文创处于不被重视状态，很多博物馆有柜台，主要销售便签、海报、印刷品、工艺复制品、书籍、绘画工具等，不能称为严格意义上的文创产品。

1973年，大英博物馆成立股份有限公司，主要负责文物复制品或纪念商品的批发及零售、出版、制造及授权业务。**基于博物馆的典藏品，公司通过授权方式与许多制造商合作，制造出复制品或纪念艺术品，从珠宝到日历、杯垫到颜料等。**

20世纪80年代以后，随着国家财政对博物馆资助的减少，博物馆自身经营压力增加，新博物馆学开始兴起，加上博物馆的观众已经不满足于从柜台购买明信片和导览册，开发文创产品、开设博物馆商店成为大多数博物馆的必然选择。

1994年，维多利亚和艾尔伯特博物馆（V&A）成立V&A有限公司，主要从事零售业务、颁发许可证、邮购业务、场地出租和出版业务。其中颁发许可证业务将V&A优秀藏品作为资源，在全球范围内寻找合伙人共同开发V&A品牌产品，包括艺术印刷品、瓷器、床上用品、地毯、贺卡等。

如今在很多博物馆，文创开发已经形成了一套成熟的开发和授权模式，开始在全球范围内开展合作，拓展业务，如自2007年起，大都会博物馆委托Art Resource公司代理其在南非的授权业务，委托法国国家博物馆联合会（RMN）代理其在北美以外的业务。2018年7月，大英博物馆天猫旗舰店上线，在中国市场开展独立授权及经营业务，目前已有54.2万"粉丝"。

中国博物馆的文创开发最初出现在上海博物馆，1996

年上海博物馆成立以企业形式独立核算的艺术品公司，要求公司85%的产品是原创，自设自产。产品最初主要消费定位是外宾的礼品，走高端路线。2008年金融危机导致外宾消费下降，上海博物馆开始将消费目光转向国内，设计低端亲民的日用品，如抱枕、耳机等。

台北"故宫博物院"于20世纪60年代开始做商品运营，最初是对文物的单纯复制，追求仿真，也不能称为严格意义上的文创。2000年开始，台北"故宫博物院"向全球厂商征询创意，并通过与有实力的品牌进行合作，开发文创产品，打开了文创产品开发的思路。

2013年台北"故宫博物院"的"朕知道了"胶带走红后，北京故宫博物院转变原来博物馆商店的经营理念和经营模式，举办文创大赛，向全社会征集创意，开始进行文创开发。2015年《博物馆条例》修订后，全国其他博物馆也都开始进行文创产品开发，掀起了全民文创的热潮。截至2017年，国内文创开发做得最好的故宫博物院已经开发出万余种文创产品，创下了年15亿的收入。

"今生"：博物馆文创业态演进

纵观博物馆文创产品的发展历程，可以把博物馆文创产品开发分为三个阶段。

1.0版本时代。博物馆文创的雏形阶段，主要以馆藏珍品的仿制品、复制品、明信片、邮票等为主，也称为旅游纪念品，大部分产品是对博物馆文化元素的简单复制，并没有加入创意元素，价格取决于产品的用料优劣、手工精细程度以及与原版的相似度。其目的有两个，一是为了满足文物爱好者的收藏需求，二是满足普通游客的旅游纪念

微评

★ 《博物馆条例》修订后明确博物馆可以从事商业经营活动，挖掘藏品内涵，与文化创意、旅游等产业相结合。这也进一步激发了文博单位文创产品开发的活力。

需求。产品呈现出高端与低端并存、分化鲜明的特征。

2.0版本时代。首先，提出把"文物带回家"的理念，博物馆文创产品开始加入文化和创意元素，更加注重文创产品的实用性和审美价值，创意附加值成为产品的主要卖点，产品形态也更加丰富。最为畅销的是以纸胶带为起点的系列产品，包括便签、帆布包、冰箱贴、笔记本等，以亲民的价格、实用的功能、文化元素的融入而受到以"90""00"后为主的年轻消费市场的普遍欢迎。但不足之处在于同质化现象严重，如每个文创商店都有手机壳、帆布包，只不过图案有所区别。

其次，走卖萌路线的文创产品，将可爱呆萌的形象与庄严肃穆的历史巧妙结合，形成巨大的形象反差，吸引消费者眼球。以康熙、乾隆、雍正等帝王"萌萌哒"造型、"大内咪探""故宫猫"为典型代表，价格走低端路线，市场定位也是青年群体。

清新文艺风的文创产品，以藏品的文化元素为依托，开发能够体现文化品位和审美情趣的产品，如茶具、字画、文房四宝、陶瓷、艺术品等，主要功用是文化爱好者的收藏使用和作为礼品馈赠，价格走中高端路线，市场定位为文化爱好者及中高端消费群体。

3.0版本时代。文创开发进入大文创时代，更加注重创意元素与文化元素的深度融合，注重文创产品与其他业态的跨界融合，以无形文化产品为主，不断更新博物馆文创的内涵与外延，开拓文创市场的蓝海。一是主题研发阶段，故宫博物院研究中国人最关心的"四大喜事"——久旱逢甘霖、他乡遇故知、洞房花烛夜、金榜题名时，开发出系列主题文创产品，如根据"洞房花烛夜"，结合故宫保存的过去完整的结婚礼仪、场景布置，运用非遗制作技

微评

★ 原本形象严肃的文物，以青春、活泼、亲民的方式走近公众，遥不可及的"高冷"文物就此"落地"，博物馆文化也借此实现了更为广泛的传播。

术，开发出66套婚庆服装及系列婚庆用品，让传统婚庆文化在产品中得到诠释。

二是融合创意开发，将文化元素与综艺节目、历史故事融合，打造具有立体效果的文创产品。 如2018年底故宫推出大型综艺节目《上新了，故宫》，邀请"故宫兄弟"邓伦、周一围等群星，与故宫专家一起，用九期节目打造美什件、畅心睡衣、日出而作计时器等九件文创新品，将故宫元素的表演、文物专家的科普和传奇历史故事串联起来，赋予文创产品情怀和故事，让文创产品成为一出生就自带流量的网红产品，赢得了众多消费者的喜爱。

"未来"：博物馆文创升级之路

注重文创开发的"厚度"。 用文创讲好文化故事。无论是文具、数码产品、化妆品还是字画、茶具、火锅，纷繁复杂的文创产品，核心卖点是其背后的文化故事。未来，深挖博物馆藏品的文化价值，重视产品文化符号的延伸，设计出能够体现文化精髓、体现真善美及人类美好情怀的作品，是文创企业在越来越激烈的文创市场竞争中立足的核心能力。

注重文创开发的"质度"。 质量与情怀并举。故宫口红热销不到一个月就宣布因质量问题停产了，文创产品的质量问题又一次引起社会关注。很多文创产品创意新颖，却经不起质量的考量，久而久之，必然消耗消费者对文创产品的情怀，砸了博物馆的品牌，更是对传统文化资源的亵渎和浪费。未来，文创产品能够走多远，取决于创意和质量的双轮驱动。

注重文创开发的"宽度"。 打通文创产业链。博物馆

微评

★ 近年来，《上新了·故宫》《国家宝藏》《非凡的匠心》等一批文化类节目收获了观众的好评。这类节目挖掘了博物馆和文物背后的故事，用富有创意的形式挖掘了传统文化背后的故事。

★ 中华传统文化是文创产品开发的巨大宝库，将具有时代特征的新鲜血液与传统文化的深厚底蕴融合是未来文创产业高质量发展的重要路径。

文创是博物馆教育功能的延伸，其目的绝不仅仅是销售文创产品，而是让博物馆中文化资源的价值得到更广泛的传播和认可。与更多社会企业联合，延长博物馆文创产业链，用市场化的方式创造更多的产品业态、旅游项目、文化项目，让更多的人在文创体验中感受到文化的魅力，是博物馆文创发展的必然趋势。

灯光首秀热潮退去，故宫还有这些方面值得关注

赵婕　汪晓琳　邢拓

【写作背景】2019年2月19日，故宫首次开放夜场参观，举办了"紫禁城上元之夜"文化活动。华灯初上，束束灯光点亮了这座600年的古城，古老的建筑群与现代化灯光相映成趣，这是故宫走出大院的又一次新尝试，也是在夜间经济突飞猛进的发展中探索出的现代化故宫开发之路。毫无疑问，票务平台一经开通便频频崩溃，分三批进入参观的游客免费票一秒钟就被抢光，这种火热之势体现出的是故宫作为一个历史悠久的文化符号，对于国人的吸引力。但另一方面，成百上千束射灯是否不利于故宫古建筑群落的保护？夜间大规模的游客出行对故宫消防安全提出了多少考验？所有这些疑难，都指向一个终极之问：追逐热点过后，故宫IP的开发应该如何平衡商业性和文化性？

2019年2月17日，故宫宣布94年来首次开放夜场参观，从民众热捧、一票难求到赞扬与争议声此起彼伏。但瑕不掩瑜，故宫IP的开发，只有在试错中不断前行才能在未来的进阶之路上越走越稳。这不禁引起我们思考：故宫究竟如何把握分寸才不会"过火"？

从故宫灯光秀说起

曾几何时，我们醉心于故宫所散发的王者气度。如今，我们更欣赏它的"返老还童"、逆龄生长。最近一次故宫的刷屏应该是"紫禁城上元之夜"，**这次活动连刷三个"首次"：建院以来首次举办"灯会"，紫禁城古建筑群首次晚间较大规模被点亮，首次在晚间免费对预约公众开放**。故宫的上元之夜毫无意外地引发国民追捧，无不期待着"东风夜放花千树，更吹落星如雨"。

然而，网络上故宫灯光秀的视频、照片一经流出，就引来不少质疑。很多民众对故宫灯光秀"深感痛心"，在微博等社交媒体上表示：射灯乱舞，与古朴婉约的建筑风格毫不搭调。亦有人担心"紫禁城上元之夜"的活动即使采用了高科技环保照明设计，但抢眼的高强度灯光是否仍然会对故宫600多年的古建筑群体产生损害，对周边造成光污染。当然，也有很多人认为故宫在客观时间和自身条件的严格限制下首次尝试灯光秀，实属不易，应该给予理解。大多数群众感慨道：**创新开发虽好，也不能"贪杯"**，否则就是在消耗、透支故宫的文化符号。

微评

★ 对文化遗产的开发利用应始终建立在保护的基础上，无论何时，保护要放在首位。借助科学技术进行创造性地展示时也需要与文化内涵相匹配，从客观角度来看。虽然故宫灯光秀效果差强人意，但也是在"夜经济"开发方面迈出了第一步。

国际上文物、古建筑如何进行保护性开发

故宫在上元之夜举办的灯光秀，引发了业界和民众对于商业化活动与古建筑、文化遗产保护两者关系的讨论，究竟在历史文化保护区内，适不适合举办规模较大的商业化活动，我们又该如何处理好文物、古建筑保护与商业化开发的关系？

我国对于古建筑、文物的保护管理有着严格的规定。

2017年修订通过的《文物保护法》提出，博物馆、图书馆和其他收藏文物的单位应当按照国家有关规定配备防火、防盗、防自然损坏的设施，确保馆藏文物的安全。

在国外，很多古都、古建筑都有类似的灯光秀、灯会活动，在法律政策的保障与政府、社会、组织及公众等多方的作用下，古建筑、古迹既得到了保护与传承，商业活动也得以有序开展。"他山之石，可以攻玉"，这些经验值得我们借鉴和学习。

英国：在"保护区"进行全面管制

早在1882年，英国便颁布了《历史文物保护法》，建立起历史文化遗产保护制度。**在长达100多年的实践中，英国形成了一套相对完善且符合英国国情的文物保护体系。**《历史文物保护法》规定："英国政府的相关部门，如国家资产服务管理局被赋予古建筑或历史文物的法人资格，并可使用国家资金修缮受损的文物。"

而英国对建筑遗产的特殊保护从1933年颁布的《城市环境法》开始。该法将法定保护范围扩大到古迹以外的独特建筑，规定"地方政府可以对具有特殊建筑或历史价值的建筑物发出保护令，任何人未经同意不得对该建筑物开展拆卸工作"。此后，英国加大了对历史建筑的保护力度，相继出台了一系列对历史建筑的区域性保护法案，如《城乡规划法》《古建筑及古迹法》《地方政府古建筑法》等。

需要特别指出的是，在1967年颁布的《城市文明法》中，英国还创新性地提出了"保护区"的概念，规定"地方政府须指定值得保留或改善的'具有特别的建筑或历史价值的地区'，并对于相关地区进行更为全面的管制"。

微评

★ 20多年来，我国博物馆、纪念馆等文化场馆逐步实现了免费开放；古迹等文物单位的门票费用也逐年降低，那么如何合理开发商业活动减轻财政负担是我们都关注的问题。除了文创产品的开发，开展具有传统特色的节庆活动是有效措施之一。

英国政府对古建筑的保护不仅仅停留在修缮的层面上，更在于对这些历史建筑进行创新性的改造升级以适应现代社会。**建成于1846年的利物浦阿尔伯特码头是该地区最大的码头，码头区的历史建筑群是英国一级保护建筑，在之后的英国城市复兴运动中，一些码头仓库被改建为海洋博物馆、现代美术馆、酒吧、手工艺作坊和办公楼等。**通过建筑遗产再利用，建筑群得到了整体的更新升级，阿尔伯特码头摇身一变成为了旅游胜地。

法国：公民参与历史文化遗产保护

法国的文化遗产保护法则更加完善。法国第一部文化遗产保护法《历史性建筑法案》颁布于1840年，这也是世界上最早的一部关于文物保护方面的法律。此后，1887年法国又颁布了历史文物建筑保护法《纪念物保护法》，重申了法国传统建筑遗产的保护范围与标准，并组建了一个由建筑师组成的古建管理委员会，负责法国文化遗产的选定及保护工作。现行历史建筑文化遗产保护制度主要遵循的是1913年颁布的《历史建筑保护法》和1930年的《景观保护法》。前者对文物所有者的权利，做出了一定程度的限制，准许国家直接对已经列入遗产名录的古建文物进行修缮。后者在修改后明确重申：**景观所在地的公民除日常农耕或房屋修缮外，在进行其他大型作业时，应在开工前四个月，向有关部门提请申报，获得批准后方得动工。**

1962年的《马尔罗法》和1973年的《城市规划法》则更明确了对已被确认为文化遗产的古代建筑不得随意改造，如因未能及时修缮或其他情况出现损毁，国家有权命令遗产所有者实施修复并提供所需费用50%的资金支持。总体来说，在具体保护过程中，法国的做法是：**对保护点只**

做维修，不做大的改动，最大可能地维持原状，同时进行
改造，使其产生活力。

　　1958年法国第五共和国成立文化部之后，历届政府均
采取积极措施，保证公民有机会接触和感受本国历史文化
遗产。法国政府认为：**保护的目的在于让更多公民了解自
己的历史、自然与文化**。因此，在保护的同时，法国政府
也非常擅长利用这些遗产，举办各种新颖的主题活动、展
览和演出，展现并振兴法国各地区独具魅力的文化，促进
文化旅游的发展。例如2017年11月，法国为纪念第一次世
界大战结束一百周年，以巴黎圣母院墙体为背景举办了一
场"圣母之心"灯光秀。立体与透视感自然呈现，灯光、
音乐和故事融为一体，通过华丽的灯光秀展示，人们观赏
着路易九世、圣路易的荣光事迹，也让人们感受到了一场
精彩绝伦的视听与文化盛宴。

俄罗斯：中央与地方统一协调，共同保护

　　**俄罗斯文化遗产保护以文物修复和整体性保护为主要
思想，以"国家保护"和"整体保护"为基本原则，中央
与地方以及社会统一协调、共同保护，政府主要起指导和
监管作用**。1976年苏联的《历史文物古迹的保护和利用
法》以及2005年公布的《圣彼得堡文化遗产保护战略》
都非常强调对建筑文化遗产进行全方位保护和更高层次的
开发。

　　**此外，俄罗斯政府也非常注重与社会团体合作，充分
运用文化手段吸引观众**。俄罗斯很多的博物馆，如莫斯科
国家历史博物馆、莫斯科综合技术博物馆等场馆都与社会
演出和技术团体建立了合作，开展音乐会、戏剧、灯光秀
等表演，将教育、文化、娱乐融合为一体，使博物馆的责

微评

★　2019年4月15日
可能是由于维修电
路问题或是未熄灭
的烟头造成的大
火，烧毁的不仅是
简单的一部分建
筑，而是人类文明
史上的一段历史。
这一事件时刻警醒
世人，无论何时，
文物保护是容不得
丝毫疏忽的。

任和义务有所延伸。正如社会上许多餐厅、商店等场所的"博物馆化"一样，科技馆或博物馆也可以结合自身特点与社会接轨，为社会服务。

2017年，在世界四大博物馆之一的俄罗斯圣彼得堡的冬宫的广场上就举行了一场史上最大规模的裸眼3D立体灯光秀。这场灯光秀以冬宫建筑群外墙为银幕，通过13分钟的短片生动展现了俄罗斯近现代史上最重要的历史事件、关键人物以及俄罗斯地标性建筑。此后，震撼的3D灯光秀便成为俄罗斯重大节日里的"常客"。

美国：以所得税抵扣方式鼓励民间投资进行遗产保护

只有两百多年历史的美国，在关于历史遗迹的保护措施及政策上却是可圈可点。1976年联邦政府制定了**"历史更新抵扣税"政策（HRTC）**，由美国国家公园管理局、税务局与州历史保护办公室合作管理，**使私人用于历史建筑更新的投资可按一定比例以所得税抵扣的方式逐年返还，鼓励民间投资遗产保护**。每年，技术保护服务部门批准大约1200个项目，利用近60亿美元私人投资修复全国历史建筑。自1976年以来，它已利用超过899.7亿美元的私人投资，成功保护了43428个历史遗产。

除此之外，美国还出台了《公共建筑合作利用法》（*Public Buildings Cooperative Use Act*）《历史场所保护法》（*The Historic Site Act*）等相关法律，来保护具有重要价值的历史场所、建筑及考古学遗址，鼓励公共建筑用于文化、教育和娱乐活动。在政策的指导和民间组织的支持下，沃伦歌剧院、塞勒姆监狱等一批历史遗迹得到了保护修缮与改造，成了对外开放的历史建筑场所。

日本：构建全面的文化遗产保护体系

日本对于文化的保护可用三个字来形容：早、快、全。自19世纪起，日本便开始了对文化遗产的保护。1871年5月，日本颁布了保护工艺美术品的《古器物保存法》，这是日本政府第一次以政府令的形式颁布的文化遗产保护法。后来又陆续颁布了《古社寺保护法》（1897年）、《古迹名胜天然纪念物保护法》（1919年）、《国宝保存法》（1929年）、《重要美术片保存法》（1933年）等文化遗产保护法规。

最值得一提的是日本1950年颁布并实施的《文化财产保护法》。该法律历经多次修订，建立了重要无形文化财产的指定制度，目前已经成为一部十分完善的民族文化保护法典。**这部法律使日本成为唯一一个将文化遗产作为一个整体纳入法律保护下的国家，其对于无形文化遗产概念的阐释，甚至对其后联合国教科文组织世界文化遗产保护工作提供了有益的镜鉴。**

日本在古建筑、文化遗产上致力于打造独特的文化景观，古建筑夜间照明上呈现出别有韵味的东方美学风格。日本的灯会并不一味追求金碧辉煌，它更多考虑的是古建筑照明过程中亮与暗的关系、光与影的平衡。情致幽玄，自然美化才是其追求的核心目标。因此，在灯会、灯光秀等夜间亮化工程上，观众不会看到过多五颜六色的杂光，而是更加符合日本审美文化的展现。

除了各国高度关注历史文化遗产的保护，不少国际组织对历史文化遗产提出了特殊的保护要求

故宫如何在文物古建保护与商业化开发上并行不悖？

上元之夜点亮故宫，有必要吗？

作为全国重点文物保护单位，故宫拥有世界上现存规模最大、保存最为完整的木质结构的宫殿型建筑；同时，故宫博物院是收藏中国古代文物数量最多的博物馆，还是目前世界上观众来访数量最多的博物馆，2018年故宫接待游客的数量突破1700万人次，再创新高。**基于此，故宫的文物保护、古建筑修复、消防管理等工作的压力可谓巨大。**近些年来，故宫积极推进"平安故宫"工程，在安全系统管理、开放区域环境提升、博物馆宣传教育、改善观众参观环境等方面进行了一系列探索。

因此，故宫上元灯会从筹备到举办的全过程引发了对于故宫管理工作的几点思考。

微评

★ 夜间开放确实可以吸引大量的游客，但是在开放过程中存在的一系列问题要有完备的考虑。部分开放、规定路线、限制客流不失为开放前期阶段的可行方法。

　　首先，上元灯会的主元素——灯光，与传统古建筑的结合，便引来了许多业界人士和网友的担忧。故宫独特的木质建筑群，对于温度、防火性有着严苛的要求。

　　其次，故宫首次在夜间向公众开放，夜间毕竟不同于白日，在人流量过大的情况下，是否需要配备相应的防火、防盗、防自然损坏的设施，并提前筹备临时的应急预案。

　　最后，有消息称当晚滞留在午门广场便有近万人次，面对巨大的客流量，故宫的安保需要做到相应升级，同时要启动相关的安全防护机制，切实保护人民群众的利益，避免踩踏事故的发生。

　　所以故宫日后如何在保持其古朴典雅而又大气磅礴的气质上加入现代元素，应成为各界专家学者、业界精英亟须研究和商榷的问题。

　　故宫的灯光首秀虽不尽善尽美，但也为打造博物馆景区夜景提供了启示。在构成城市空间四大要素（光、色、声、香）中，光作为龙头，具有突出城市形象、点亮城市夜空的作用，而在文化旅游中，优秀的旅游景观环境设计也带来了诸多红利。夜晚灯光景观设计不仅能够成为城市或地区的独特文化视觉名片，同时也能够留下游客，刺激过夜消费，推动地区经济发展。

★ 现代舞美技术与文化遗产的结合在文物保护、效果呈现、内涵展示等方面都存在诸多问题值得思考。二者既不能简单地叠加也不能过度运用，文化始终是内核。

　　随着照明科技的发展，多元素互动演绎的"灯光秀"以人文历史与文化内涵为内核，以丰富的光、影、音、形联动变化为表现形式，不仅丰富了文旅景观照明的观赏体验，深化了旅游者对旅游资源文化内涵的体验与感受，同时也激发了游客的审美情趣和人文情怀。但我们依旧要强调故宫建筑木质结构的特殊性和其作为文化遗产的特殊身份，对于温度、防火性等多方面都具有极高要求，在举办大型节庆活动之前仍需要多方评估，谨慎而行。

故宫究竟该如何进行商业化开发？

上述的国际案例为故宫的文物、古建筑保护与商业化开发提供了有益镜鉴。当然，故宫在保护文物与建筑所做出的努力是有目共睹的。如今的故宫微博坐拥超过6000万粉丝，2018年接待游客人数创历史新高，逾1700万。2017年，故宫文创的销售收入就已经达到了15亿元。**而目前业界与民间共同表现出对故宫上元灯会的高度关注度，更能说明故宫商业化开发在国内的特殊性。**故宫本身便是一道不可移动的风景，故宫纯木构建筑群本身和其馆藏文物都具有不可替代的历史文化价值，拥有博物馆与建筑遗址的双重身份，这也令故宫商业化开发的每一步都引人关注。

作为博物馆界"网红"的故宫，应继续以《文物保护法》《博物馆条例》等法规为遵循和底线，为构建"平安故宫"努力。同时，**在策划节庆活动、商业活动时，首先要以文物安全为前提。**提前展开文物安全的评估工作，确保各项工作有序不紊地进行，做到万无一失。在此之前，杭州市博物馆、南京朝天宫分别因承接综艺节目的室内录制、商业推广活动而受到媒体与公众的一致抨击，文物历经千百年的风霜经不起折腾，一旦损坏后果是不可逆的。

上元之夜举办灯会的初心自然是美好的，仓促的准备时间使得灯会并未来得及经过科学论证和精心策划设计也是客观事实。**作为国家传统文化象征性符号，故宫是国家的故宫，是我们每个人的故宫。**这次的灯会试水的成功与否暂且不说，但有了这次经验，相信故宫在未来举办大型活动时，一定会**在汇聚专家意见、聆听多方声音的基础上，精心策划，为大家呈现出紫禁城的文化气度。**

故宫因其自身的特点，灯会不能单单用"炫酷""明亮"等词语衡量，而且与文化内涵不同的巴黎圣母院也确无可比性。现代灯光秀怎样与古朴庄重的故宫相融相衬，现代设计怎样表达好故宫的历史神韵，都是历史留给我们的当代命题。**只有符合中华民族的文化气质，与故宫的文化底蕴有机结**

合，才能找到真正的答案。

正如2019年全国两会首场"部长通道"上国家文物局局长刘玉珠所强调的那样："博物馆是公共文化教育和服务的机构，它不是庙会、集市，也不是娱乐场所，它应该是高尚社会风气展示和引导的场所。"高雅而不深奥，亲和但不媚俗，这应是博物馆坚守底线的基本属性的最好体现。

弘扬传统表演艺术，韩国都做了什么

汪晓琳　刘小炜

　　韩国的文化产业一直走在亚洲前列，"文化立国"战略更是持续推动了韩国的影视、综艺、动漫等文化娱乐内容的对外输出。事实上，韩国不仅将现代潮流文化打造得如火如荼，其对传统文化的保护与弘扬也是各国学习的标杆。

　　据统计，2017年韩国文化产业达68.9亿美元，同比增长14.7%。每年靠出品的综艺、电视剧、电影等，就为韩国带来巨大的收益，可谓占据了韩国经济的"半边天"。事实上，韩国文化产业的发达不仅在于现代潮流文化的多艺术表现形式、多方式、多维度的广泛传播，其传统文化的静态保护、动态创新更是为我们提供了有益镜鉴。

假面舞和板索里：韩国传统表演艺术的精粹

　　假面舞和板索里是韩国的传统表演艺术。韩国新罗时代出现的假面舞，足以称得上是韩国极具代表性的传统文化艺术，综合了唱诵、对话、舞蹈等艺术形式的假面舞多用于表现讽刺性内容，情节活泼、幽默，富有戏剧性。

从古至今，假面舞在古代朝鲜半岛甚为流行。假面舞利用面具的匿名性和象征性，成为嘲讽和揭露贵族和庶民间的社会矛盾、宣泄底层民众苦闷和不满的艺术表现形式，也作为娱乐百姓的民间表演，一直延续到今天。在当今社会，假面舞的"伪装起来，痛快讽刺"的功能当然已经消失，然而这项传统技艺所散发的民族之光却并未褪去。

板索里是韩国另一项瑰丽的传统表演艺术，2003年被列入联合国教科文组织《人类口传及无形遗产杰作》。在演出中，一人清唱，以歌（sori）、说（aniri）、动作（ballim）表现戏剧性长篇故事内容；另一人则击鼓伴奏，发出助兴词，偶有肢体动作。代表作《春香歌》《沈清歌》等都是韩国著名的民间传说。

假面舞和板索里虽为韩国古老的传统表演艺术，但它们离人们的现代生活并不遥远。在韩国，安东、全州等地区常举办交流大会，用于培养和选拔人才或旅游传播所需。韩国在其擅长的影视、时尚行业里，也常加入假面舞和板索里的文化元素，或直接以其作为主题内容。例如韩国人气女星裴秀智出演的讲述一代板索里女名唱成长故事的励志电影《桃李花歌》，就深受年轻观众喜爱，曾被评论道："实在被片中的板索里之美所倾倒。演绎板索里的秀智朴素清丽，一如板索里的天然去雕饰，去除繁芜回归简真。"

保护与弘扬传统表演艺术，韩国做了什么？

政策保障与民间组织齐头并进

韩国完善的政策法律有力保障了民族传统文化的保护与传承。1962年，韩国颁布了第一部文化遗产保护法《文化财保护法》，至今已经修改过14次，该法将戏剧、音乐、舞蹈、工艺、武艺、仪式、饮食等无形文化所产生的历史、艺术、学术等方面的价值以法律的形式确定下来，在此基础上也形成了韩国非物质文化遗产完整的传承体系。

此外，韩国政府在1998年提出"文化立国"战略，将文化产业作为21世纪发展国家经济的战略性支柱产业，随后制定的一系列政策法律，也为韩国传统文化的保护与发扬提供了良好的政策环境。

除政府从顶层设计对传统文化进行定向保护以外，民间也自发组织了多方活动，以保持传统表演艺术的活力与魅力。

"安东国际假面舞节"是以假面具和假面舞为主题的庆典，是假面舞在新时代的全新演绎。自1997年开始，每年9月的第4个周五起连续十天，在韩国安东市举行。该艺术庆典包括两大主题内容：即兴表演的假面舞能够自然地将观众参与到舞蹈当中；其次，国际化的假面舞派对跨越理念与肤色的界限，直接展现具有韩国特色的世界性文化。如今，"安东国际假面舞节"已经发展成为由政府公认的韩国代表性艺术节，吸引了世界的关注。2017年，15个国家134个海外演出团体参加艺术节表演，期间有超过100万名的观光客到访，带动了旅游产业的同步发展。

韩国政府与民间组织各司其职，有如车之两翼确保传统文化的传承与发展。政府从顶层设计上创造良好保护环境，而民间组织则从源头上活化传统文化再生。

文化财产保有者体系成熟

韩国的无形文化财产保有者，相当于中国的非物质文化遗产传承人。韩国对其文化财产保有者的认定、管理和激励有一套较成熟的体系。

一方面，韩国对文化财产保有者的认定清晰、界定明确。韩国在《文化财保护法实施令》（以下简称《实施令》）中详细规定了重要文化财产保有者的认定标准：保有者即能够完全领会或保存重要无形文化财产的技能与艺能，并能完整地进行艺术表演或工艺制作的人。《实施令》针对某些繁复、需要多人合作的传统技艺推出了文化

微评

★ 政策也要具有
人文关怀，尤其是
对于重要无形文化
财产的传承人，更
要以切实的保障政
策留住他们、激励
他们。

财产保有团体的认定方式，还将因高龄或病患而无法进行正常传授活动的保有者认定为名誉保有者。在招纳技艺传承学生、选拔优秀传承人方面还有更为具体且严格的章程。这些细致的规定、严格的审核使得韩国文化财产保有者的称谓具有极高的含金量，韩国文化财产保有者也因此受到社会的广泛尊重。

另一方面，韩国社会各界对文化财产保有者高度认可、全力支持。这对提高文化财产保有者的社会认可度与权威性意义重大。在韩国，包括板索里在内的许多民族音乐传人被认定为"国宝"，国家在板索里、驱邪舞等18项传统技艺项目上给予这些文化财产保有者每月约合7700韩元的传承支援金，及约合3800韩元的传授教育助教；对发展和传承重要无形文化财产有突出贡献的名誉保有者，每月每人发放约合6100韩元的资金支持，直到名誉保有者自然死亡且自动解除认定之时。除此之外，文化财产保有团体与保有者技艺公开活动还有额外补助。

社会参与方面，韩国在传统文化领域中有自己的"国剧"明星，这些明星们自身生活优厚，有条件利用大量时间钻研其传统技艺，娴熟的艺术表演广泛吸引了大量的本土粉丝，像其他流行明星一样受大众追捧与尊敬，这也成为韩国传统文化能够获得良好传承保护的重要因素。

培养青年一代的传统文化消费习惯

为促进韩国传统文化内涵在青年一代人群中的传播，提高韩国传统文化财产在年轻人心中的文化地位，韩国在高校学生群体中营造了较强的传统文化氛围。

例如，于2000年成立的韩国传统文化学校是其国立四年本科制学校，专业设有文化财产管理、传统美术工艺、文化遗产等，其附属研究所及研究机关主要为韩国传统文化学术研究、学生传统文化氛围营造所设置，受到韩国年轻人及广大韩国民俗学者的关注。"变化与革新"作为该大学的校训，充分反映了其对传统文化的活化态度与对韩国青年的期望：以变化的现代思维去影响不变的传统文化，用创新的方式使得韩国传统文化在现代持续发光发亮。

除了专门设置以传统文化教育课程为主的国立大学，在韩国中小学、大学的课程中，也总能找到与传统文化教育相关的内容。**为了让年轻人更亲近传统文化，韩国政府在初高中学生中设立了一门传统文化课，不仅有专门的教材，并且立下规定，要求学生们一年必须听一次代表着韩国最高艺术水准的国乐团的音乐会。得益于学校这种系统的传统文化教育，热衷于时髦流行音乐、现代剧集电影的韩国年轻人同样对韩国传统艺术项目积极参与、主动传承。**

在韩国全州市每年举办的板索里歌谣节活动，举办者专门开设针对儿童、少年参加各种演出。从小便沉浸在传统文化氛围中的青少年，耳濡目染地接受传统文化教育，当然会自觉地参与传统文化的消费。

不仅如此，韩国年轻人可以不缴纳学费而向文化财产保有者学习传统技艺，这使得其传统文化遗产传承进入良性发展的状态，有效地促进了民族传统文化的保护和传承。

文化是民族的，更是世界的

通过多方努力，假面舞与板索里等传统艺术不仅能牢牢抓住韩国青年一代，使其始终保持强大吸引力与创新活力，而韩国的影视、旅游产业也成为讲好这些传统文化故

微评

★ 当代年轻人是文化传承重要的一代，韩国的将传统文化教育普及到初高中，为学生营造了解传统文化的氛围，未来能够吸引更多的年轻人参与到传统文化的保护与传承中。

事的有力平台。

韩国影视作为韩国文化输出的重要载体，除了传播现代流行的韩娱文化外，韩国的传统文化也以此为载体走向世界。韩剧《大长今》催生的"大长今"体验文化游路线，电影《王的男人》里对重要无形文化遗产（第34号）江岭假面舞的呈现，电影《春香传》将板索里艺术与电影主线的结合，都是用现代手段讲好传统故事的有益尝试。

此外，将传统文化融入文化旅游的细枝末节、增强传统文化体验感也成为韩国传播传统文化的重要方式。数据显示，2017年韩国入境人数超过1300万人次，旅游总收入达13亿美元。

韩国国际旅游业的快速发展使韩国机场成了重要的传统文化展示窗口。一下飞机，游客就被浓厚的韩国传统文化氛围包裹。韩国各大机场设置了很多文化体验的场所，例如仁川国际机场就有全年无休的传统文化艺术表演。还有韩国传统文化体验馆，为访韩、中转乘客提供韩国传统艺术文化体验机会，饱受全球旅客的青睐，每年访问人数达50万人次，成为仁川国际机场的头号看点。

除机场的氛围营造以外，"韩国之家"也是游客体验韩国传统文化的必去之地。32年来，"韩国之家"一直是韩国传统艺术公演的场所，在这里可以欣赏到风物游戏、假面舞、板索里、神房曲合奏等各种韩国宫廷舞和民俗舞蹈，共举行了16000多场，全世界160万名以上的人观看过的韩国最佳表演，是一个名副其实的传统文化综合体验空间。

结语

韩国对其无形文化财产的保护与传承得到联合国教科文组织的认可，走在了世界前列。政策保障方面重视文化财产的法律完善，人才方面建立了一套合理的文化传承体系，宣传推广方面则兼顾国内青少年培养与国际文化交流。如此看来，韩国在传统文化艺术的保护和传承上开展了全方位的工作。

同属于东亚文化圈的中韩两国在文化遗产上有相通之处。韩国假面舞与中国四川的变脸艺术有相似之处，板索里的表演形式也与中国戏曲中的秦腔有异曲同工之妙，因此韩国许多文化遗产的保护细节值得我们考究与学习。当然，国情、地域和风俗的差别也警醒我们在借鉴他国经验的同时，必须着眼于现实情况，切勿盲目照搬。文化遗产的保护与传承将又有益于国家整体文化软实力的提高。当前，中国的非物质文化遗产保护获得了政府和社会的广泛重视，未来在完善法律法规、健全资金与资源扶持力度、加强传承人培养等方面，我们仍要继续积极探索，不断前行。

微评

★ 传统文化的传承和保护需要因地制宜，我国传统文化源远流长、门类丰富、内容繁多，在保护和传承的过程中更要慎重选择合适的方式。

当传统中医药遇见文创，会带来怎样的惊喜

洪欣言

随着人们对传统文化的保护意识日益增强，传统中医药文化逐渐成为大众关注的焦点，正在举办的北京世园会中本草印象馆的设立可以很好地说明这一点，同时也成为世园会的一个亮点。一直以来，中医药由于医疗使用的特殊性，使得其在推广时门槛较高，能否推广、如何推广成为传承传统中医药文化的一道难题。

2016年，国务院发布了《中医药发展战略规划纲要（2016—2030年）》，在"大力弘扬中医药文化"的重点任务中，提出要"发展中医药文化产业。推动中医药与文化产业融合发展，探索将中医药文化纳入文化产业发展规划。创作一批承载中医药文化的创意产品和文化精品"。随后，中医药文化的推广逐步展开，关注度与日俱增。国家中医药管理局发布的2017年中国公民中医药健康文化素养调查结果显示，中国公民（15至69岁）中医药健康文化素养水平呈上升趋势，达到13.39%，较2016年提高了0.54%。尽管有所进步，但不得不说，**人们对中医药文化的认识水平依然较低**。

中医药文化推广为何举步维艰

尽管发布了《中医药发展战略规划纲要（2016—2030年）》，在中医药文化推广方面普通群众却感受不深，相关的推广活动成效也并不大，这不是没有原因的。

首先，大众对中医药文化的认识存在一定局限性。中医乃至中医药文化，在很大程度上只有人们在身体不适的时候才会被想起。且因为中医治疗的专业性以及中医理论与中国古代哲学内容的高度融合，群众难免偶尔感到中医神秘而产生距离感。**对中医药文化认识存在局限性不只是受众的问题，也是存在于开发者中的问题。**这些都说明中医药文化还并没有真正融入人们的日常生活中，如何让中医药文化融入日常生活，让人们自然而然的接触、了解、学习、运用，进而实现它的保护传承、创新发展，是我们需要思考的。

其次，中医药文化推广的渠道较为单一。在上文提到的中国公民中医药健康文化素养调查结果中提到，大众主要还是通过医疗机构了解中医药文化，其他主要渠道为电视和互联网。值得注意的是，如今的人其实已经较少通过电视来观看节目了。**群众接触较多的互联网上，大量中医药保健养生相关文章存在着文章质量参差不齐的问题，甚至存在误导现象。**相较于其他传统文化针对不同受众的多种推广模式，中医药文化的日常推广还处于初级阶段，缺少互动、体验等多维度的形式。

最后，对中医药文化推广的受众群体分析不足。随着文化消费主力军的代际更迭，年轻一代开始成为文化传播和消费主力军。但在中医药文化活动中，有兴趣并且参与其中的还是中老年群体比较多。然而，根据2017年中国

微评

★ 随着互联网的发展，传播方式发生了巨大改变。传统中医药文化也需要善于运用各种不同的推广模式，把文化精粹传播出去。

文化消费指数报告，18—25岁居民消费意愿和水平指数最高，"90后"的年轻群体对文化消费的需求最为旺盛，且实际发生的文化消费支出也最多，年轻受众已经成为文化消费的主力军。青年受众才是当下的文化传播和消费主力军，**要想更好地持续推广中医药文化，青年消费群体绝不容忽视。**

推广中医药文化，文创或将成为新思路

想要让文化走入青年一代，文创产品是最好的载体。

2016年5月《关于推动文化文物单位文化创意产品开发的若干意见》提出，市面上刮起了一阵由博物馆等文物单位领头的文创热，从故宫博物院的网红文创产品，到敦煌推出的丝巾DIY"敦煌诗巾"项目，都颇受年轻人追捧。那些沉睡在博物馆的古老文化，经由创意开发，变身为生活美学的范本。这些兼具文化内涵与趣味性的文创产品的出现，引起了人们对其背后文化的好奇心，刺激了人们的求知欲。可以说文创产品对于在年轻群体中推广传统文化的作用重大。

想打破人们只在求医时才想到中医的惯性思维，推广中医药文化，除了各种养生膳食、保健品、药枕等产品外，需要进行现代化、创新化、时尚化的文创开发，迎合人们的现实需求。中医药文创产品的开发，可以多向这些刮起的文创热学习，将许多本来存在于展示柜中的文化带入寻常生活中，甚至向用文创产品创造生活美学的博物馆文创开发学习，尝试将本来只存在于医院等环境的中医药文化带入人们的生活。

要想吸引群众亲近、认识中医药文化，"中医药文化

微评

★ 以独创性的思维开发文创产品，使其成为传统中医药文化的载体，促使传统的中医药文化重新焕发生机。

生活化"便是中医药文创产品开发的核心，让千年古老的中医药文化，化身为时尚而有趣的文创产品，进入我们的生活。

凸显中医药文创的人文关怀

成功的文创产品的共性便是"以人为本"，从品牌到产品设计，都透露着对人的关怀、对社会的关怀。

曾获得国际奖项的阿原工作室很好地开发了充斥着人文关怀的独特的中草药文创产品。从身边触手可得的中草药开始，各种草药被研究制作成各类肥皂。宣扬"台湾到处是山，山里到处是药草"，带着质朴的人性关怀，融合大地对人们关爱而生长出的中草药，手工制作出朴素精良、充满爱的手工肥皂，让大地、植物与人同受滋润。**中医药文化的人文关怀以及生活哲理，借由一个中医药文创产品表达了出来。**

不同的产品搭配、广告服务设计等，也让产品和服务更符合现代人对个性化的需求。**因每个人的情况不同而"调整药方"**，这不仅符合人们追求商品个性化的要求，也是符合中医药方药量因人而异的用药关怀方式。中医药文化不止关怀病人健康，也关怀社会健康、关怀环境健康等，这种关怀借由产品融入人们的日常生活中。

挖掘中医药文创的民俗趣味

除了充满人文关怀并且具有药用价值的相关产品，还需要挖掘一些有趣的内容。充满乐趣的生活，正是如今人们所追求的。**古老的中医药文化与自古流传的民俗文化相结合，迸发出的趣味能够很好地吸引群众、亲近群众。**

《清明上河图》中的诊所和药铺：有三处中医诊所，

微评

★ 当中医遇上文明，将会给人类带来不可估量的"健康"。

★ 深入挖掘传统中医药文化相关的民俗、风情，通过创造性的关联与转化，实现创新性的发展。

两处是小儿科，还有一处诊所门前竖的牌子上写着"专门接骨"的字样。《清明上河图》中还绘有一处药铺，招牌上"本堂法制应症煎剂"八字依稀可辨，画中流露出宋代日常生活中医药的情景，诉说着中医药文化的源远流长。而这样的文章也在《清明上河图》展出时引起大量参观者的好奇心，用心地找寻画中的诊所与药铺。

《中国社区医师》的中医药轶事珍闻专栏曾写过"与12生肖有关的中药"，吸引读者看看属于自己生肖的中药有哪些，无形中亲近中医药文化，感觉传统中医药文化的趣味性，间接也学到一些相关中医药的知识。从生肖的角度切入，将中国民俗文化与中医药文化做了生活化结合，主动与民俗文化亲近，吸引群众亲近中医药文化。

让人们在名画中像游戏一样寻找古代的药店，在乐趣中了解中医药文化的历史，又或者将中医药材与生肖等民俗融合而引起人们的兴趣，**这当中重要的是挖掘"乐趣"，当被人们视作严肃深奥、晦涩无趣的中医药文化，开始与民俗、生活相结合，让人们感到有趣，必能吸引普通群众接触、亲近。**

微评

★ 中医药文化独步世界，值得世人传承欣赏。

塑造中医药文创的时尚新潮

成功的中医药文创也要有"中医药时尚"的设计。**百年国药号张同泰旗下的桐泰文创公司，就曾在第十二届杭州市文化创意博览会上展出他们的产品，其负责人李阅敏介绍道："比如服装，从面料到刺绣花色再到香味的选择，与自然、与中医药文化息息相关；再比如配饰，有西洋参和铁皮枫斗做的耳环，有鹿茸片做的项链，都是基于常见中药材而设计。"**除了这些依靠中药材独特外形打造的产品外，用于布料染色的中药材还能带有驱虫效果，在产生药用效果时，还能兼顾美观，让人眼前一亮。

利用中药材的独特外形，同时迎合人们日趋追求美与健康的生活态度，对中医药进行时尚化产品设计，十分新潮，是一次面向年轻群众的中医药文创产品尝试。就如同博物馆文创产品设计出的丝巾、首饰等，或者其他富有现代设计感却不乏古老文化内涵的产品一般，中医药文化也可以孕育出时尚精致的产品，将古老陈旧的中医药文化推向年轻群众。

结语

中医药的专业性让其文创产品开发需要具备一定的中医药专业素养，同时也让人们忽视了中医药文化中文化部分的内容，而中医药文化中与阴阳五行等中国古代哲学内容的融合又更让群众产生距离感，并且受到西方医学的影响，如今人们还是不时地对中医药抱怀疑态度……种种原因让中医药文化推广及其文创产品开发显得十分艰难，找不到落脚点，但这并不代表中医药文化就不能进行独特的文创开发与推广。

这些有趣而富有新意的文创产品，值得我们不断去挖掘，使传统中医药文化焕发新生命、新色彩。但好的创意仍需要好的执行力、资本投入等多方努力，中医药文化的推广尚需要我们去思考与尝试。

"汉服热"：文化自觉下的顾影自怜？

王硕祎　曹峰

2019年4月6日，第二届中国华服日成功举办，微博话题"汉服仙服分家"登上热搜等关于汉服的热点事件频频出现。这些年来，汉服愈发成为我们身边常见的一道靓丽风景，而关于汉服的讨论更是引起了全社会的持续关注。"汉服热"缘何出现？复兴汉服的过程中出现了哪些争议？汉服背后蕴含着又怎样的文化意义？

"汉服热"缘何出现

当下，在越来越多的公共场合里，能够见到不少以穿着汉服为潮流的年轻群体，他们在同龄人中显得与众不同而又个性十足。

汉服最早是指汉朝的服饰，后又演变为汉民族的服饰及其礼仪制度。**汉服不只是一件衣裳，而是包括衣、冠、发式、面饰、鞋、饰物等共同组合的整体的服饰系统**。经过长期的传承与创新，汉服的服饰形制、色彩、礼仪制度最终在汉朝基本定型，这一时期的"汉服"也逐渐开始成为民族精神与传统文化的重要象征。

汉服曾遭到封建统治阶级抵制与禁止，但在民众一次又一次自发的复兴运动中，它始终没有走下历史舞台。自清朝后，汉服的发展遭遇了多次危机：清政府统治者曾严格禁止汉服，五四运动后全盘西化的政策再一次使得中国传统的服饰礼仪文化受到了巨大颠覆。中华人民共和国成立至今，人们开始逐渐认识到优秀的传统文化才是我们自身的文化精髓所在。**在汉朝到清朝间近两千年的时间里，汉服的形制发生了或多或少的变化，但其背后的传统文化与礼仪制度却在不断传承中汇聚和凝练。**

近年来，不同国家、地区间文化的传播与交流愈发频繁，使得人们有机会对中西方两种文化形成更为客观的认识，不少国人也开始重新审视传统文化的魅力。随着我国不断加大对传承和发扬优秀传统文化的支持力度，以汉服为代表的高度符合中国国情和实际的文化符号正越来越多的走入我们的日常生活。**尤其是2017年中共中央办公厅、国务院办公厅印发的《关于实施中华优秀传统文化传承发展工程的意见》中指出"实施中华节庆礼仪服装服饰计划，设计制作展现中华民族独特文化魅力的系列服装服饰。"**在积极的倡导下，以"80后""90后"乃至"00后"为主的年轻群体开始将穿着汉服视为新的时尚，一场轰轰烈烈的"新汉服运动"正在蓄势待发。

争议下的"汉服复兴"

不可否认的是，"汉服热"正在进一步发酵，但汉服自身又面临着许多的争议。**一种看法认为，汉服已经中断了很多年，没有必要再拘泥于汉服的传统形制，可以对其进行一定程度的创新与改造。**汉服作为延续了几千年的传统服饰，其类型多样（既有适合重大仪式和节庆穿着的宽

微评

★ 形式的变化并不影响优秀传统文化的传承与发展，传统文化内在的精粹永远具有巨大的价值和魅力。当代，我们也可以通过创新性的形式改造汉服，促进汉服文化更好地传播。

★ "90后""00后"等年轻群体对于汉服的喜爱，也反映出传统文化通过创新性的发展，是可以很好地融入到当代人们的生活之中。

袍大袖的礼服，也有紧身窄袖的居家常服），使用场合存在着一定的弹性空间。因此，对于汉服形制的使用不必过于拘泥于出土文物的原始状态，而应该根据时代的发展，在原有基础上进行一定程度的创新，设计出更加适应于现代生活的服饰。同时，也让汉服不仅仅只是在节日、婚礼、重大仪式等场合穿着。

另一种看法认为，汉服的发展过程曾中断了几百年，许多珍贵的形制、材质、工艺也已经遗失，对于汉服的保护比创新利用更加紧迫，因此，在当下应该严格按照出土文物和文献记载来复原汉服。在汉服复兴过程中，应该首先积极倡导在具有民族特色的节日、庆典、婚葬活动等场合穿着汉服，强化汉服作为民族传统服饰的地位，而不是一开始就大面积推动汉服在日产生活中的普及。在这方面其他国家也多是如此，例如日本、韩国、匈牙利等国家的民族服饰往往在重大场合穿着。

争议之下，如何认识汉服文化？

《东华录》记载："其定礼仪之大者，莫要与冠服。"服饰是一个国家和民族的社会文化生活的重要表现形式，不仅与百姓的日常生活关系紧密，更在历史演进中被给予了丰富的文化内涵，成为传统文化的载体。在汉服圈内部不断的争议之下，大众更加需要以理性、冷静的视角看待"汉服热"与汉服文化。

一方面，以汉服为代表的中华传统服饰自身具有很高的美学价值和历史文化价值。沈从文在《中国古代服饰研究》中说："古代服饰是工艺美术的主要组成部分，可以考见民族文化发展的轨迹和各兄弟民族间的相互影响。"

微评

★ 汉服"上衣下裳，不可颠倒"，服饰的和谐不仅代表着一个人的礼仪教养，也体现出"天人合一"的思想。

作为世界上历史最悠久的民族服饰之一，汉服的结构、造型、色彩、配件折射出中华民族独特的哲学思考。例如，汉服在历代的变革更替中始终保持着"右衽"的设计传统，明显区别于其他民族的服饰，这与中国讲求"以右为尊"的传统思想密不可分。此外，汉服的"交领"代表着人道与中正，而"圆袂"则代表着天命，无形中折射出天圆地方、天人合一等思想，这也是中国古代文化的重要体现。

另一方面，传统服饰作为文化底蕴深厚的符号象征，对于传承民族文化精神与展示民族文化自信来说意义重大。著名民俗学者钟敬文先生在《民俗学概论》中说："服装在中国社会中不仅是生活文化的一部分，往往同时还是一种政治符号，其中蕴含着很多象征性和意识形态的理念或其背景。"服饰及其礼仪制度的变化展示了不同时期的社会、文化、政治情况，是一个民族生活风俗、宗教信仰、审美情趣、道德观念的积淀，代表着一个民族的精神内核。在风云激荡的世界文化舞台上，中国传统文化面临着西方文化的冲击，传承与发扬优秀传统文化刻不容缓。汉服运动之所以受到越来越广泛的关注，正是由于其背后的文化内涵以及折射出的文化自信。

无论是单纯追求汉服造型、色彩等方面的外在之美，还是着迷于背后的文化底蕴，如今汉服对于许多年轻人确实有着非同一般的吸引力。虽然在汉服圈内部仍然存在一些争议，但人们对于汉服未来能够健康发展的期盼是相同的。

作为一种承载传统、文化、审美多元因素的服饰，许多年轻人对于未来汉服的复兴有着充分的自信和坚定的信念。**实际上，许多国家在传统服饰文化的保护及传承方面已经为我们提供了有益的借鉴，例如穿和服、朝鲜服已经**

微评

★ 在中国的传统文化中，汉服经常是在参加各种祭礼或典礼时穿着，不同规格的祭礼与礼典则要求穿不同规格的衣裳，体现着中国人的礼仪意识和礼仪思想。

成为去日本、韩国旅游的重要环节，这样以文旅融合为契机，打造特色旅游产品的思路对于传承、发扬汉服文化有着积极的意义。

随着近年来全球化的进程日益加快，不同国家、民族之间进行文化交流的机会大大增加。独具特色的传统服饰不仅能够帮助我们展现自身文化底蕴，更有助于引导人们尤其是年轻一代以更加理性的目光看待东西方之间存在的文化差异，在找寻本民族的文化基因过程中，既不骄傲自大，也不过分谦卑。在感叹汉服深厚的历史积淀所产生的强大文化魅力的同时，也期冀承载传统文化内核的汉服在其外在形制方面进行适当的创新与保留，更好地发挥其提升民族凝聚力与文化认同感的作用。

时尚节事，蕴藏节日下的文化潜力

随着我国综合国力的逐渐提升，人民消费水平的不断提高，形式多样、内容丰富的文化节事活动如火如荼进行着。节事活动的举办是文化产品、文化服务为广大参与者所接受和认可、在市场中走向成熟的重要标志，民众对节事活动的参与程度是构成城市文化魅力与影响力的重要因素，也是传播文化内涵、凝聚民众力量、提升国家形象的有效途径。

让青春的力量奔腾向前

范周

【写作背景】1919年5月4日，一场轰轰烈烈的反对帝国主义和封建主义的爱国运动席卷全国，并且孕育了以"爱国、进步、民主、科学"为主要内容的"五四精神"，给后世留下了宝贵的精神财富。如今，百年之后，"五四精神"却历久弥新。尽管时代的洪流滚滚向前，无数的青年人仍在用自己的行动践行着"五四精神"、弘扬着"五四精神"，将"五四精神"的内涵与个人的成长融为一体、与时代的发展融为一体。曾经这场波澜壮阔的青年运动，如今仍需青年人传承与发扬。

李大钊曾经提出"青年之于社会，犹新鲜活泼细胞之在身"；今天我们亦可提出"'五四精神'之于青年，犹新鲜活泼细胞之在身"。在新时代，我们需要思考：如何去纪念这场波澜壮阔的青年运动？又该如何去传承"五四精神"并为之增添时代的色彩？

"姑娘好像花儿一样，小伙儿心胸多宽广，为了开辟新天地，唤醒了沉睡的高山，让那河流改变了模样……"这首《我的祖国》曾随着郭兰英老师嘹亮动人的歌声，唱响在中国大地，唱出了年轻的志愿军战士对祖国、对家乡的无限热爱之情和英雄主义气概。

到了新时代，我们依然高唱"这是英雄的祖国，是我生长的地方，在这片古老的土地上，到处都有青春的力量"。青春的力量是什么？在五四运动爆发100周年之际，这个特殊的"五四"青年节或许给出了最佳答案——"五四精神"。

"五四精神"：不同时代的不同内涵

"欲知大道，必先为史。"100年前的5月4日，巴黎和会上中国的外交失败，激起了热血青年们对祖国命运的思考与探索。青年学生走上街头振臂高呼，无惧帝国主义的枪炮，唤起了无数人的爱国精神，一场以学生为主的爱国运动，掀起了中国人民彻底反对帝国主义、封建主义的浪潮，展现出青年人救亡图存的责任感和牺牲精神。这场运动中，青年学生所表现出的爱国、进步、民主、科学精神被凝练为"五四精神"。

五四运动展现出中国的青年人为国家命运、为民族命运而抗争，把个人命运和民族命运、国家命运联系在一起的精神与决心，五四运动的内涵和特点在不同的历史时期可以有不同的表现。

在抗日战争中，"五四精神"就是坚决拥护中国共产党，联合一切可以联合的力量进行反侵略斗争，将日本帝国主义驱赶出中华大地，用鲜血铸就中华民族的巍峨长城！

在解放战争中，"五四精神"就是紧紧围绕在中国共产党周围，为人民当家做主谋利益，为和平安定的生活甘当马前卒，为追求真理不惜抛头颅洒热血，书写壮丽的青春诗篇！

微评

★ 五四运动是一场反帝反封的爱国主义运动，尽管过去了100年，但五四精神绝不褪色，五四精神的内涵被传承下来，依然在各个时期发挥着作用。

在社会主义建设中，"五四精神"就是坚决落实贯彻党的路线方针，学好知识，练好本领，想国家之所想，服务国家经济社会发展——"到农村去，到边疆去，到祖国最需要的地方去"，把论文写在中华大地上，让生命发出更大的热和光！

在新时代，在五四运动爆发100周年之际，我们需要思考，如何去纪念这场波澜壮阔的青年运动？新时代的青年人又该如何去传承并为"五四精神"增添时代的色彩？

今天我们用行动纪念"五四"

100年前，在国家民族命运未知、动荡不安的年代，青年人都在寻找挽救中国的道路，他们将自己的生命和国家的命运连在一起，追求真理，探索真知，思考人生，思索未来。他们尝试着用各种思想来武装自己的头脑，用各种理论来充实自己，主动、积极地承担起国家与民族的未来。

100年后，国泰民安，社会繁荣。在决胜全面建成小康社会、夺取新时代中国特色社会主义伟大胜利的历史时刻，"五四"对于青年人究竟意味着什么？回顾以往，反思当下，我们拿什么去纪念这场"不能忘却的纪念"？

新时代，青年人的回答很多，虽然没有给"五四精神"下定义，却在用行动践行着"五四精神"，传承着"五四文化"。

复旦大学医学院毕业生：我们应该考虑的是事业，而不是就业问题。无论是兢兢业业独善其身成为一名良医，还是胸怀沟壑兼济天下成为一名良相，都需要我们自己去思考究竟想成为怎样的人，为这样一个目标，设立自己的思路和目标，付出自己踏踏实实勤勤恳恳的努力，而不是随波逐流，成为一个可以复制的替代品。

重庆市城口县周溪乡"山茶花"扶贫接力志愿者：我在志愿扶贫的过程中更多的是与群众建立感情，像帮助家人一样用心用情地去无偿帮助他们，义务指导他们发展产业，根据每家每户的实际情况因地制宜、因户施策地开展工作，沉下心去思考如何把"输血式"扶贫变成"造血式"扶贫。而"扶

贫"这两个字的分量也着实不轻啊！每次看到贫困户脸上由衷的笑容，我想这大概就是我最大的欣慰。全面小康谁都不能掉队。

当然，互联网时代，虚拟世界的纷杂也裹挟了不少青年盲目前行。小伙儿的心里装进了萎靡和低沉的游戏，涂脂抹粉的姑娘虽然明艳却不能动人。这也提醒了我们在纪念五四运动的时候，既要回顾历史，感怀先烈；也要守望当下，关注"文化扶贫"，更要强调青年人的"思想小康"！

"五四精神"之于青年，犹新鲜活泼细胞之在身

新时代，做好"五四精神"的研究与引导，强化其时代内涵是根本，丰富形式是关键。

第一，加强"五四精神"的研究工作。"一切真历史都是当代史。"研究"五四"，就是要加强对"五四精神"时代价值的研究，全面分析探讨当代青年的消费心理和文化需求，引导广大青年自觉坚持党的领导，以史为鉴、以史为师，深入揭示新时代发扬"五四精神"的意义和要求，将"五四精神"与青年人的学习、创业、就业等发展轨迹结合起来，让"五四精神"走下讲台，走进青年人的心中。

第二，加强青年人的文化研究工作。在信息时代，青年人成为"互联网的原住民"，接触到更加多元的文化，形成了多元的文化诉求和表达方式，也形成了更加具有"个体意识"的价值判断。因此，传承"五四精神"，要跳出传统的说教，深入研究青年人的文化喜好、文化需求和消费渠道，用"青年人的语言体系和表达方式"来教育和引导青年人。

微评

★ 当代年轻人仍然坚定理想信念，与人民站在一起，通过自己的力量为人民、为祖国做出贡献，这何尝不是五四精神的体现？

★ 青年人需要引导，在物欲纷杂的世界中坚定自己的信念，真正学习到五四精神的内涵，在中华民族伟大复兴的新征程中实现自我价值的提升。

第三，加强"五四精神"的文化文物整理工作。保护历史才会留住根脉，传承精神才能开创未来。加强对五四运动史料和文物的收集、整理、保护力度，通过建立各类纪念馆、博物馆等文化设施，通过"看得见、摸得着、有温度、有颜值"的"五四文化"文物，来传承"五四精神"，留下历史记忆，为后人继承和发扬"五四精神"打通体验渠道。

第四，创新"五四精神"的文化载体。一是把"五四精神"融入新时代文明实践活动，与精神文明创建、公共文化惠民和文化产业发展等结合起来，统筹发展。二是立足"五四"青年节，积极开展特色文化教育，结合民俗体验、节日旅游、主题活动等抓好示范，把弘扬"五四精神"与艺术创作、文化旅游和创意设计等有机结合起来，发挥好思想熏陶和文化教育功能。三是坚持各类媒体齐动、线上线下互动，运用3D、VR、AR、人工智能等新技术，推动"五四"青年节文化的传播。

党的十九大报告专门有一段文字论述青年工作，强调**"青年兴则国家兴，青年强则国家强"**"青年一代有理想、有本领、有担当，国家就有前途，民族就有希望"，可见青年人在党和国家事业中的重要地位。李大钊曾经提出"青年之于社会，犹新鲜活泼细胞之在身"；今天我们亦可提出"'五四'精神之于青年，犹新鲜活泼细胞之在身"。传承弘扬"五四精神"，激励青年人牢牢把握人生航向，志存高远，脚踏实地，为世界进文明，为人类造幸福，以青春之我，释放青春力量，创建青春之人类！

微评

★ 时代的发展要求年轻血液的不断注入，以热情澎湃的姿态展现自身的光芒，输出自身的能量，在党的引导下坚定向前，担当起中国青年的使命与责任！

沧桑巨变70年，文化自信润人心

范周

【写作背景】2019年10月1日，我们迎来了中华人民共和国的70岁华诞。70年的砥砺奋进，我国在经济、政治、文化、科技、军事等方面均取得了巨大的进步和发展，综合国力和国际地位不断提高，民族自信心和自豪感大大增强。在新的时代背景下，我们不仅要铭记英雄，也要争做英雄，在习总书记和党的领导下，继续坚持四个自信、坚持以爱国主义为核心的民族精神和以改革创新为核心的时代精神，"不忘初心，牢记使命"，做平凡而又伟大的"追梦人"，为实现中华民族的伟大复兴做出贡献。

习近平总书记在阅兵典礼前铿锵有力地指出："今天，社会主义中国巍然屹立在世界东方，没有任何力量能够撼动我们伟大祖国的地位，没有任何力量能够阻挡中国人民和中华民族的前进步伐！"站在观礼现场，与30万观礼嘉宾一起在观礼现场感受伟大祖国的光辉时刻，确实令人热血沸腾、心潮澎湃。总结来看，主要有以下三点感受。

一是国家日益繁荣富强。习近平主席指出，"70年来，全国各族人民同心同德、艰苦奋斗，取得了令世界刮目相看的伟大成就。"此次国庆70周年阅兵，受阅的各型飞机160余架、装备580台（套）均为国产现役主战装备，

微评

★ 国防尖端武器装备是捍卫国家安全的重要力量。我国的科研人员付出了极大的努力，对国防科技进行更新，促使军事装备不断进步，在国际上证明了我国的硬实力。

★ 祖国的繁荣昌盛离不开每一位先烈、前辈的付出，中华民族的发展实属不易，我们更要珍惜现在的美好生活，缅怀英雄，不忘历史。

较为充分地体现了中国国防科研自主创新能力。**尤其此次全新登场的东风-41导弹，作为我国自主研制的新一代战略核导弹，其"东风快递、使命必达"的口号更是令国人信心倍增。从"万国牌"到"中国造"，国庆阅兵展现了中国军事武器装备的发展，受阅方队的变化，也体现着中国军事力量的发展。**

如今，中国以崭新面貌亮相，不断吸引全世界目光。这次盛大的阅兵展示大大激发了民族自豪感和民族自信心。当我们齐声高唱国歌的时候，我不禁热泪盈眶，改革开放40年来所取得的巨大成就，在长安街上勾勒出一幅幅动人的画卷。这也更让我们坚信，打铁还需自身硬，只有祖国强大起来，才能够真正屹立于世界民族之林。没有祖国的繁荣富强、没有各行各业取得的光辉成就，我们的和平发展如同空谈。

二是回首来路漫漫。观礼现场中还有两件事令我印象深刻，一个是阅兵现场中车牌为1949的车上是空的——虽然无人乘坐，承载的却是当年被鲜血染红的英魂，网友们纷纷感慨"这盛世，如您所愿"。另一个是当那些为新中国成立而抛头颅、洒热血的老一辈革命家们的亲属和儿女高举他们先辈的画像走过，回想五年前中国人民抗日战争暨世界反法西斯战争胜利70周年阅兵时，我也在观礼现场。五年过去了，我国的军事力量又上升了一个台阶，不禁慨叹：这样庞大的一个中华民族，筚路蓝缕走过来，朝着共同的美好愿景昂首挺胸，从没停下过脚步。

七十载风雨无阻，先辈们用热血与生命铸就了人类史上的奇迹。此刻，我们的眼中是万里华章。我们是如此幸运能够亲眼见证祖国繁荣昌盛，而这份幸运，更应当不断激励我们将先辈们拼尽全力创造的一切变得更好。

　　三是每个人都平凡而伟大。此次阅兵还有一个特点，即整个的游行与方阵，真正覆盖到了各个领域。尤其是晚上联欢活动中我和我的祖国"大规模快闪"行动，学生、军人、劳动模范、残疾人、快递小哥全程参与，被认为是张艺谋导演指导此次国庆活动最成功的设计，是贴合了时代的艺术表现形式。也真正让我感受到这繁华盛世中，有你也有我，"以人民为中心"并非一句口号，我们每个人都与国家大事有着密不可分的关联。

　　因此，新时代下我们更应肩负使命，坚信每个人都是平凡而伟大的。此次阅兵仪式中，无论是阅兵、游行还是联欢晚会，许多高校师生、社会各界人士等都付出了很大的辛苦。我们学校也有老师和学生有幸参与其中，有的是民兵方队中的一员，有的是活动志愿者，也有的是合唱团成员，正是有了这些普通人们的默默付出，此次阅兵仪式才能够顺利进行。**每个人生命的精彩，莫过于在新时代把握住难得的历史机遇，实现人生抱负，融汇家国梦想。我坚信这些宝贵的经历将成为参与此次活动的同学们人生中最宝贵的财富。**

　　虽然一整天活动下来有些疲倦，但令我感动的是，每个人都洋溢着为祖国庆祝70年华诞的幸福心情。**值得一提的是，在活动观礼结束后，整个广场没有一个垃圾，没有一片纸屑，可以看出每个人对国家的高度认同感、归属感和责任感的不断提升。**观礼结束后，回到家又陪同家人看了近日热播的《攀登者》和《中国机长》，在观看的过程中这些主题电影场景与广场上观看阅兵、游行和参与群众联欢场景在我的脑海里交相呼应，不能忘怀。

　　最后，衷心祝愿祖国更加强盛。新时代下，我们都是追梦人，每一个人在祖国的发展历程当中，都应力所能及

微评

★ 不论是在战争年代还是和平年代，每个人都有机会为国家抛洒汗水、贡献力量，在中国梦中蕴含个人梦想，努力奋斗，造就精彩人生。

★ 国民素质往往体现在小事上，由此可以看出我国国民素质教育取得了重要成效，这对我国国家形象的提升也具有积极的意义。

的贡献自己的力量。国庆期间，我们也将从明天开始展开多种主题的研讨调研，结合"不忘初心、牢记使命"的主题教育，扎扎实实地做好每一件平凡的事情，同心共创祖国的美好未来！

从"吃货"到"美食客"，中国味道如何为文化传播出力

范周

【写作背景】自2013年以来，在"一带一路"的背景下，我国中餐业迎来了重大的海外发展机遇，中餐国际化步伐不断提速。我国餐饮企业"出海"的同时，国际美食也正在成为中国餐饮市场的重要部分，双向并举的美食交流不断深化。2019年5月29日，"2019中餐国际化发展大会"在北京顺利举办，近30多个国家和地区的中餐组织负责人共同探讨、交流中餐国际化的现状、分享中餐业海外发展的经验。美食无国界，中国餐饮在"走出去"的同时也将以开放的姿态欢迎世界美食，推动海外中餐和世界美食的繁荣发展。

最新发布的《世界美食中国市场发展报告》和《全球美食影响力报告（2019）》以世界的眼光和精准的数据为我们揭示了中餐国际化的新进展。北京商务局编写的《北京老字号餐饮文化传承谱系》则是按照"弘扬国粹，点亮传承，激励今人，嘉惠来者"的思路，向我们呈现出北京老字号餐饮文化传承谱系永续的价值，今天来参会真可以说是不虚此行。

过去我们把能吃、爱吃的人叫"吃货"，如今在《全球美食影响力报告（2019）》中他们有了一个新的名字："美食客"。这个称呼让我觉得耳目

一新，我甚至想回去以后写一篇文章，就讲从"吃货"到
"美食客"的称呼变化背后隐藏的生活美学和餐饮业发展
的变化。

趋势：新时代，中餐"出海"迎机遇

2013年，国家主席习近平提出"一带一路"合作倡
议，促进沿线国家的经济文化交流发展。在此背景下，海
外中餐业迎来了重大的发展机遇，多家餐饮企业加快布局
海外，意欲接轨国际餐饮市场，中餐国际化步伐不断提
速，中国餐饮企业的"出海"也愈发顺畅。**据不完全统
计，目前海外拥有近70万家中餐馆，市场规模超过2500亿
美元，具有广阔的发展前景。**

2014年，国务院侨务办公室提出了"海外惠侨工
程"，其中"中餐繁荣计划"正是八大项目之一，目的是
提升海外侨胞中餐业者的技能和水平，推动海外中餐业行
业组织建设，引导其规范发展，传播中华饮食文化，提高
中国文化软实力。**中国包容并蓄、海纳百川的文化精神，
恰恰能够借助餐饮业这个巨大的市场，通过嗅觉、味觉渗
透到我们生活的各个方面。**

在政府部门与行业组织的重视下，中国烹饪协会组织
的"中餐走进联合国"，世界中餐业联合会举办的世界厨
师艺术节、中国烹饪世界大赛等一系列国际性活动火热开
展。2017年我有幸参加了"中餐走进联合国"出征仪式，
八大菜系的名厨和面点师佩戴国徽列队上台，从中国烹饪
协会会长手中接过国旗的那个瞬间，我至今记忆犹新。

微评

★ "秦烹惟羊
羹，陇馔有熊
腊""蜀人贵芹芽
脍，杂鸠肉为之"，
从古至今，我国的
饮食文化就具有非
常丰富的内涵。

点赞：中餐行业的成绩有目共睹

如果将视角缩小到每个人身上，比如大家身处异国的时候，恐怕最想念的就是家乡菜了。在澳大利亚阿特莱德大学做访问学者那一年，我成了最受同学们欢迎的访问学者，原因很简单——我每个周末都会做很多好吃的，后来许多留学生和访问学者就把我的住处当成了中餐馆。不仅是餐厅，每个走出国门的人都能成为中餐文化的传播者。

中国餐饮品牌走出去，文化也同样得到了输出。 我们讲文化输出好像总觉得有点生硬，其实美食就是于润物无声中传播着中华文化的亲和力与感染力。在这个过程中，很多受"中国胃"欢迎的品牌也渐渐走上了国际舞台，老干妈就是一个鲜活的例子。**在互联网上，陶华碧成为被无数老外"捧在手心里的女人"，老干妈在美国亚马逊售价高达70多元人民币，还登上了美国著名的会员制奢侈品折扣网站Gilt，成为国际酱料市场名副其实的"贵族"。在脸书（Facebook）上，甚至有外国食客专门成立了"The Lao Gan Ma Appreciation Society"（老干妈爱好者协会），现在成员超过一千位，来自世界各地。**

在科技创新、平台协作的共同作用下，海外中餐业的文化软推广也越来越多。 东方嘉禾与侨联共同合作开发并投放了"吃遍全球"App，建立深入海外中餐馆的智能电视推广平台，打造以"海外中餐馆"和"以食为媒"为载体的中华文化海外传播生态圈。文化传播不一定要找电视台、报社，企业借助科技手段同样能够改变海外中餐业的生产管理方式，也能搭建起文化出海的桥梁。

微评

★ "老干妈"是非常成功的一次输出，不仅在市场营销上取得了可观的成绩，"老干妈"的和蔼的形象也深入人心。

微评

★ 饮食文化也要进行在地化的转化，在保留自身特色的同时，适应地方的需求，才有可能加速发展。

思考：中餐文化出海应如何发力？

如今海外中餐厅的经营品类越来越丰富，小吃快餐占比最大，与此同时，正餐的比例也在提升，川菜和火锅位居前列。以前，海外中餐最主要的特征是物美价廉，比如在美国，很多人品尝到的中餐往往都是"美式中餐"，经过"中餐西做"后变成了适合美国顾客的酸甜口味，与地道的中餐有些差异。**如今，新一批的中餐企业正在逐步改变传统中餐在世人面前的形象，他们更加注重品牌、高端的服务和连锁化的经营。**部分经营特色菜品的优质餐饮企业，如全聚德、眉州东坡、大董烤鸭、杨铭宇黄焖鸡米饭等，其连锁店在海外遍地开花。

海外中餐业表现良好的同时，也面临着"用工荒"的问题。英国海底捞在网上招聘酱料师傅，开出了高达近50万元人民币的年薪。没有好厨师，何谈优秀的中餐？由于厨师等员工的外派存在一定困难，海外中餐业的技术力量相对薄弱。《全球中餐发展形势报告（2016）》中提到，根据不完全数据统计，80%以上的海外中餐业受访者呼吁抓紧组建行业协会，发挥行业协会在联络国内外餐饮业间、海外中餐馆间、海外中餐馆与所在国政府间的作用。**行业协会应发挥积极作用，通过提供培训、标准化食材、设备等方式支持海外中餐企业发展。**

★ 饮食文化的传播，也要依托于人才，需要有好的行业协会和机构培养人才、留住人才，这是目前亟须解决的一个问题。

2019年深圳文博会上出现了麦当劳展位，其实并没有汉堡、炸鸡、冰淇淋，陈列的全都是一些文博文创产品。这给我一个启发，所有餐馆也是文化创意产品的窗口。所以，中国烹饪协会和相关的文博机构、文创机构可以寻求合作，甚至可以成立中国烹饪协会文创专业委员会。**如何才能更好做到餐饮行业的在地化发展？具有强烈文化印记**

的符号与饮食的结合或许不失为一种途径。

展望：美食无界，中餐国际化需双向并举

在中餐国际化的路上，我们既面临市场运营、行业自律等方面的挑战，也面临着一种思想观念上的挑战。海外餐饮业市场不可能通过垄断来实现繁荣，而是要持一种"我们欢迎你"的开放心态。**在机遇和挑战并存的时候，"一带一路"倡议为中餐国际化发展开拓了空间。"一带一路"不是一个标签，餐饮业既要在"美美与共"的过程当中"走出去"，也要在"美人之美"的心态下"请进来"。**

《全球美食影响力报告（2019）》公布的数据显示，2004年以来，世界各国美食在中国的餐厅数量年均增幅达到了19.5%，2018年国际美食餐厅的数量达到了40余万家，比上一年度增长了近30%。这说明国际美食已经成为中国餐饮市场不可或缺的重要组成部分，双向并举的美食交流正在深化。

畅想未来，我认为美食无国界。1972年尼克松访华，中美关系开始破冰，杭州以茶闻名，在西湖边的楼外楼举行的欢迎晚宴上，周总理以"茶宴"款待尼克松，那是外交史上经典的瞬间。这说明什么？说明美食能够化解外交谈判场上的唇枪舌剑，也可以让我们在保持冷静之时又带着几分温度和感情去处理国事。**今日之中国已经成为绽放世界各国美食的百花园，中国将继续以海纳百川的胸怀，以更加开放的姿态，广纳天下美食，世界美食需要中国市场，中国欢迎世界美食。**中餐是文化传播的好途径，中国味道，必然要火遍全球。

微评

★ "一带一路"上的许多国家与我国有着相似的文化观念，借助于"一带一路"的深化发展，要打好饮食文化这张牌，通过饮食加强各国的文化交流和沟通。

透视深圳文博会：未来发展要关注三个重点

曹峰

【写作背景】2019年5月16日至5月20日，第十五届中国（深圳）国际文化产业博览交易会在深圳举办，全国31个省区市、港澳台地区以及50个国家和地区前来参展，文博会取得良好成效。纵观深圳文博会发展的十五年，文博会的平台效用和集聚效应日渐凸显，愈加多元化、专业化，在反映文化产业的各领域的发展现状、推动国际化的文化交流与文化贸易、助推我国文化产业发展的过程中发挥着重要的作用。作为"中国文化产业第一展"，深圳文博会在下一阶段的发展中仍要继续发挥特色、深耕内容、增强品质。

2019年5月16日至5月20日，第十五届中国（深圳）国际文化产业博览交易会（以下简称"深圳文博会"）在深圳举办，全国31个省、区、市及港澳台地区全部参展，并且吸引了50个国家和地区的132个机构前来参展。深圳文博会创办至今已经走过了十五年，并逐渐形成了自己的发展特色，这其实是全国文博会的一个缩影，从稳步成长期迈进了成熟发展期，文博会的下一个阶段仍要继续深耕内容、增强品质。

文博会的三大特色

作为文化产业领域极具影响力的国家级展会，深圳文博会在助推我国文化产业发展、引领"文化+"新业态等方面发挥了重要的平台作用。纵观深圳文博会十五年的发展之路，它无疑是成功的，且独具特色。

平台作用凸显，引领文化产业发展

深圳文博会作为政府和企业展示、交流文化产业项目和产品的综合平台，从一开始就创造性地构建了**"政府办会、企业办展、市场运作、打造平台"**的市场运营模式，实现了社会效益和经济效益的统一。以市场为导向，以交易为核心，汇集优秀的文化产业项目和产品，精准对接参展商和采购商，促进优秀文化创意成果的转化。**文博会通过发挥平台对接整合作用解决了企业间的供需问题，扩大了自己的影响力和认可度，同时也激发了文博会持续发展的动力和活力，催生出一批知名文化企业和文化品牌，引领着文化产业创新之路。**

集聚效应彰显，联通区域发展要素

深圳文博会创新地运用了"1+N"展会运营模式，以主会场为核心，周边分布众多分会场，彼此之间互相补充。而这些分会场也基本都位于文化产业园区和基地。深圳借助文博会的平台优势，充分利用资本、技术、信息等要素的集聚，依托文化产业园区和基地建设，在文化产业众多领域形成了较为完整的产业链条，促进了文化创意产业的发展。

微评

★ 在互联网时代，平台的作用日益凸显。文博会作为汇集文化资源、文化科技、文化企业等的优质平台，既能打通企业间的关系，又提高了自身的影响力。

创新氛围浓厚，提升产业发展内核

文化产业作为创意经济，创新是其发展的关键。文博会犹如"蓄水池"，吸纳了文化产业发展的最新成果和优秀的文化人才，带来了丰富的创意产品和全新的创新理念，为文化产业的发展注入了强劲活力。**深圳文博会重点聚焦产业发展过程中不断涌现的新产品、新技术、新模式，不断引领"文化＋科技""文化＋金融""文化＋旅游"等"文化＋"新业态的发展。诸如以华强方特、华侨城为代表的文化龙头企业，引领了"文化+旅游""文化+科技"的新趋势。**同时，借助文博会这一平台，开启了文化产业多元化融合发展趋势，有力激发了文化市场活力，成为引领文化产业发展的引擎，助推文化产业与相关产业融合发展。

文博会的五大特点

品牌影响力、知名度、认可度持续加深

在我国振兴和大力发展文化产业的时代背景下，深圳文博会应运而生。文博会自2004年创办以来，在展会规模、观众数量、国际影响、交易成果等方面都有了显著提升，打造了自身的特色品牌。这也就意味着深圳文博会需要肩负起更大的责任与使命，不仅要成为引领中国文化产业发展的重要引擎，而且要成为助力中华优秀文化品牌和产品走出去的重要平台。

展览更具专业性，主题展馆更加多元

在"文化＋"的融合创新领域中，深圳文博会做出了自己的实践，从"文化+科技""文化+金融"到"文化+旅游""文化+教育"，并且从最初的以形象展示、招商引资为主，发展到现在呈现出专业化、特色化、多元化的趋势。

一方面，展馆的主题更加多元。从首届文博会的两个主要展区（数字电视产业展区，以及平面主流媒体、出版印刷精品展区）发展到第十五届文博会的9个展馆。尤其是本届文博会特别设置了"文化和旅游融合发展馆""粤港澳大湾区文化产业馆""一带一路·国际馆"等主题展馆。这些主题展馆的设置都紧密地契合了当前我国文化产业发展面临的新形势、新任务、新要求。

另一方面，为了瞄准对标世界一流的展会，提升文博会的组展质量和专业化服务水平，深圳文博会需要构建一流的专业化服务体系。针对这一要求，深圳文博会也已经迈出了实际步伐，并走在了国内前列。

文化产业发展"检阅台"作用更加凸显

作为"中国文化产业第一展"，透过深圳文博会可以看到我国文化产业的区域发展现状以及各领域的发展现状。总的来看，**东部地区以"文化+科技"为主打方向**，瞄准文化产业的未来发展，文化产品的科技含量更高。上海展馆突出上海红色文化、海派文化和江南文化等主题，主推文化科技融合项目。**中部地区已经开始突围**，不再单纯着眼于地区特色优势资源，开始着眼于内容的提升，并加强与科技的融合。湖南展馆以"创新"作为关键词，展出了数字出版、数字教育、媒体融合等现代科技与文化传播融合发展的项目。**西部、东北、西南地区则依然聚焦于自然资源和传统文化与地区其他产业门类进行融合**。虽然融合发展的质量参差不齐，但部分省市表现亮眼，如宁夏展馆着重展示了文旅融合和"文化元素+特色产业"的发展成果，重点推介了"媒体+文旅+创意"的新模式。

国际化水平进一步提升

深圳文博会的一大使命就是全力打造中国文化产品的高端展示和交易平台，推进中华文化走出去，提升中国文化软实力和影响力。**要真正肩负起这一使命，不是简单地**

微评

★ 文博会要紧密结合时代的发展与文化产业的变化，与时俱进的为文化产业提供更好的展示平台，体现出当前新时代下文化产业的特点和内涵。

★ 文博会是促进海外文化交流与文化贸易的重要平台，所以在设计场地、安排展商时也要考虑到国外企业的需求，为双方的良好交流与合作做好准备工作。

增加海外展商的参展数量，而是让海外参展商真正认可文博会，并达成实际的贸易交流合作；同时，国内各参展机构也需要通过文博会走出去，让国际社会愿意更多地了解熟知认可中华文化。本届文博会依托"一带一路·国际馆"积极推动"一带一路"框架下文化交流与文化贸易。国内参会人员与海外参展机构在文化艺术、创意设计、影视动漫、文化教育、文化旅游、工艺美术等领域进行了交流合作。另外，分会场也进一步突出了国际化特色。松岗国际艺展中心、坪山雕塑艺术创意园等分会场依托各自主题，积极呈现了国际化的新艺术、新文化、新科技。

线上线下交易渠道更加多元

随着移动互联网技术的发展以及消费观念的升级，线上线下联动发展将成未来的主流趋势，文博会也紧跟潮流，拓宽线上线下交易渠道。以往网上文博会平台主要依托PC端，在打造线上交易平台方面取得了一定的成绩，但忽视了移动端平台的建设，而"文博会+"小程序则在一定程度上弥补了移动端的短板。这不仅为优秀文化企业提供了一个高端的对外贸易与投资信息交流平台，为消费者提供一个新的可信赖的文化产品采购平台，在企业和消费者之间架起了一座全时全域的沟通桥梁，还有利于真正打造"永不落幕"的网上文博会。

文博会未来发展的三个重点

深圳文博会在取得亮眼成绩的同时，也有一些方面应该引起我们思考：在文博会搭建的文化产业平台愈加丰富时，构成文博会主体的参展商、观众如何利用好这一平台助力文博会迈上新台阶？

丰富展陈形式，增强互动性

形式多样、类型丰富的展览，不仅能够很好地呈现展览的产品内容，而且可以在感官上激发参展人员的兴趣。**本次文博会中部分参展商在展陈形式**

上较为单一，缺少互动性。如何在既定的展览区域内，丰富互动形式，提升观展人员的参与感、沉浸感、体验感，这将成为参展方需要不断思考和探索的方向。

优化提升参展商结构

文博会多元的展览主题可以提升展览的交易效果和品牌影响力，但如果为了追求"大而全"，降低了对参展商的资格审核，反而会影响展览的内涵提升。因此，**在对参展商的资质进行详细审核的基础上，还需要整体优化提升参展商的结构，在切合主题的基础上实现丰富多元。**

加强配套学术活动的针对性

文博会不仅是一个博览与交易的窗口，还是一个举办专业研讨活动的平台。这些配套活动在一定程度上丰富了文博会的活动类型，避免了文博会朝着"大集市"方向发展。因此论坛主题设置是否有针对性、体现专业性，是衡量文博会成功与否的标准之一。增强配套学术活动的针对性和专业性，才能在多元化观点的碰撞中为文博会"锦上添花"。

微评

★ 通过文博会主题论坛活动促使专家学者与企业家共同探讨各类文化产业发展方向，利用好文博会平台，重视学术活动的专业性，为文博会以及文化产业的发展提供更多的可能性。

红色旅游如何唤醒青年力量

林一民

随着"七一"建党节的到来，红色旅游近期持续升温，参观游览红色根据地成为热门旅游项目。红色旅游以爱国主义和革命传统精神为主题，汇聚了具有代表性的重大事件和重要人物以及厚重的历史文化遗存背后的故事。当前，讲好红色故事，提升红色旅游对不同客群特别是年轻群体的吸引力，推动红色旅游健康可持续发展具有重要的现实意义。

2019年是中华人民共和国成立70周年，也是新文化运动100周年，暑假期间又有"七一"建党节、"八一"建军节两个重要的红色节日，全国各地组织开展了丰富多彩的红色旅游主题活动。各大旅行社以及飞猪、携程、途牛等OTA上相关的跟团游、自由行、定制旅行产品十分丰富，如途牛于近日上线了"红色旅游·文化季"专题，其中"井冈山红色体验式教育3日游""延安红色之旅4日游"等热门红色景区的旅游产品颇受欢迎。在国内红色旅游人气上升的同时，出境红色旅游也逐渐受到关注，如俄罗斯红场、列宁故居、斯莫尔尼历史纪念馆，以及德国、英国等目的地也吸引了较多国内游客前往。

在文旅融合的大背景下，业态边界逐渐被打破，红色旅游也开启融合发展的新阶段，一个明显的特征就是社会资本助力红色文旅的发展，打造红色旅游综合体、红色旅游特色小镇等。万达集团2019年在延安启动了延安万达城项目，集红色主题街区、红色主题剧场、度假酒店群等服务功能于一体。2018年10月，华侨城旅投集团与河北平山县签订《西柏坡5A景区赋能管理合作框架协议》，以西柏坡红色景区为核心展开全方位的合作。一直以来，红色旅游功能单一、配套基础设施落后等问题都是红色旅游面临的困境，社会力量的参与将为提升红色旅游吸引力、推动红色旅游发展带来更多可能。

顶层设计，持续引导红色旅游

发展红色旅游是加强爱国主义和革命传统教育、培育和践行社会主义核心价值观、促进社会主义精神文明建设的重大举措。2004年以来，中央办公厅、国务院办公厅相继印发了《2004–2010年全国红色旅游发展规划纲要》《2011–2015年全国红色旅游发展规划纲要》《2016–2020年全国红色旅游发展规划纲要》，为全国红色旅游的健康可持续发展做出了宏观规划和支持引导。

革命文物、革命遗址是红色文化的重要载体，也是红色旅游过程中游览参观的主要对象。据统计，截至2018年8月，我国登记在册的革命旧址、遗址共33315处，其中全国重点文物保护单位477处，抗战文物3000多处，长征文物1600多处。2018年《关于实施革命文物保护利用工程（2018–2022年）的意见》的发布，为革命文物的保护利用、加强新时代革命文物工作提供了根本遵循，其中提到"要拓展革命文物利用途径，打造红色旅游品牌，推出一批研学旅行和体验旅游精品线路，促进革命老区振兴发展。"

微评

★ 资本的注入可以改善红色旅游的环境，完善基础设施的建设与改进，同时能够引入其他产业，带动景区整体经济效益的提高。

在中央政策的引领下，各地方就红色文化旅游陆续推出新的举措。2019年，广西、四川、上海等地围绕红色旅游资源创新保护、红色旅游融合发展、红色旅游基础设施与公共服务设施建设等多方面出台政策意见，引导和支持红色旅游发展。例如，广西为做好革命文物保护利用工作，实施百年党史文物保护展示、革命文物集中连片保护利用、长征文化线路整体保护利用等"六大重点工程"；四川重点实施红色旅游精品打造行动、红色文化内涵挖掘行动、红色旅游人才培育行动等红色旅游"九大行动"，以更好地利用红色资源。

无论是中央还是地方都高度重视红色旅游，对于推动红色旅游发展都有了更多全局性的指导。不过，在更细化层面上，对于满足不同客群特别是年轻群体的红色旅游需求还需要进一步强化工作。

全龄覆盖，年轻化趋势显现

红色旅游以红色文化为内核，是一种具有教育功能的旅游形式，这也是红色旅游区别于其他旅游活动的显著特征。让年轻一代在旅游过程中了解真实的历史进程，学习红色文化，传承红色精神，培养爱国主义情感，践行社会主义核心价值观也是发展红色旅游的意义所在。

据《2018年度红色旅游消费报告》，2018年红色旅游市场中60岁以上的老年人群占比达34%，同时国内红色旅游的主要客群年龄层也开始从"60后""70后"向"80后""90后""00后"转移，其中"00后"占5%、"90后"占8%、"80后"占24.9%。尽管老年人群依旧占据较大比重，但红色旅游客群年轻化的趋势逐渐显现。

微评

★ 红色旅游在时代方面的特殊性能够引起年轻人的好奇心，加之近年来文旅融合发展不断推进，旅游也更注重游客体验，符合年轻人的消费需求，未来，年轻人将成为红色旅游的重点发展对象。

　　老年人群生在新中国、长在红旗下，红色记忆烙印在他们的脑海当中，对红色旅游有着天然的情结，愿意通过红色旅游感受革命传统精神、缅怀峥嵘岁月。而年轻群体对于革命岁月并没有亲身的经历，对于革命英烈和领袖事迹的了解更多地还是来源于书本资料和影视内容。而我们本以为对红色旅游参与感不强的年轻群体，正逐步投入到红色旅游中去。2018年我国青少年参与红色旅游比例虽然相较2017年同比增长7个百分点，有了一定的提升，不过其中更多的还是以红色研学、亲子教育等父母带孩子接受爱国主义教育的情况为主，更大范围上的年轻群体主动参与红色旅游，感受历史、感悟时代变迁还没有成为常态。

　　红色旅游是传承红色文化的生动课堂，讲好红色故事，才能够更好地发挥红色旅游的教育功能。《2016-2020年全国红色旅游发展规划纲要》中提出，到2020年全国红色旅游年接待人数要突破15亿人次，这不仅需要全面提升红色旅游的影响力、扩大红色旅游市场，也需要进一步推动红色旅游客群的全龄化覆盖，特别是要调动年轻群体参与红色旅游的主动性和积极性。

讲好红色故事，提升红色旅游吸引力

　　在新媒体、新技术快速发展，旅游基础设施建设越加完善的今天，红色旅游也迎来新的发展机遇。**年轻群体是推动红色旅游蓬勃发展的庞大的潜在客群，当前，应当从供给侧出发，进一步提升红色旅游吸引力，不断开拓红色旅游市场。**

　　第一，强化红色景区历史现场感营造。年轻人选择红色旅游，就是想实地亲身了解革命历史，瞻仰革命先烈，感受历史真实。红色旅游是红色人文景观和绿色自然景观相结合的主题旅游形式。因此，要做好革命文物旧址和游客公共休憩区域的划分，同时让旅游基础设施的更新建设和红色纪念设施相得益彰，突出情景化、历史感、真实性，强化红色景区的历史现场感营造。另外，对于革命文物遗址分散的情况，要充分考量当地的自然条件、经济社会条件，在保护好革命文物遗址的前提下，有针对性地整合有代表性的革命历史文化遗存，用年轻化的景区运营思维打造好红色景区。

第二，升级红色旅游体验。当前，除遗址游览外，各地红色旅游多以景区的革命专题博物馆、纪念馆、文化馆的参观游览为主要项目。因此，需要不断创新游览形式，提升互动性和体验性，从单纯的参观游览向沉浸式体验升级，加强场馆的展陈布置设计，提升参观动线的逻辑性，创新VR、AR、新媒体技术在红色旅游当中的运用，打造数字展厅，通过互动投影、数字沙盘等多媒体设备让革命历史文化遗存实时再现，实现人机交互的参观体验。例如，贵州四渡赤水VR战争体验中心，利用VR技术再现四渡赤水战役，让游客突破时空限制，获得身临其境般的体验；在西安白鹿原，大型沉浸式"拍演放"一体化演出《黑娃演义》实现了旅游演艺和电影拍摄的融合，这些都是很好的借鉴。

第三，创新红色旅游产品。首先，要注重融合发展。突出"红色旅游+"，将红色景区与历史、地方民俗、研学培训、素质拓展等元素相结合，推进红色旅游融合发展；深入挖掘革命文物的价值内涵和文化元素，运用市场机制开发更多年轻人喜爱的红色文化创意产品，如印有"为人民服务"等文字的帆布包、手机壳、搪瓷杯都很受年轻人的喜爱。**其次，要注重特色化。**要做好地方红色旅游资源的梳理工作，寻找红色旅游资源和地方优秀传统文化在互联网时代下的结合点，突出红色旅游产品的地域特色和差异性，增强对年轻群体的吸引力。**最后，要注重精品化。**打造红色旅游精品，设计精品红色旅游主题线路，兼顾历史性和观光性，向品牌化发展，扩大红色旅游产品的影响力。

微评

★ 运用新技术是传统的红色旅游转变的重中之重，科技带来的沉浸式体验、交互互动感，能够让游客与故事产生交流，加深游客的印象，更好地了解场馆，了解其中展示的历史。

　　必须要注意的是，在开拓红色旅游的市场空间时，不能脱离红色旅游的本质，不要"把内在精神弄没了"，正如习近平总书记强调的，"要把红色资源利用好、把红色传统发扬好、把红色基因传承好"，要实现社会效益与经济效益的统一，发挥好红色旅游的综合效用，让人们秉承敬畏之心，用年轻的脚步丈量厚重的红色历史，收获一次心灵之旅、思想之旅、精神之旅。

微评

★ 红色旅游具有一般文旅项目所无法替代的文化教育功能，其"内在精神"是红色旅游创新性发展的基点，抓好内容特点，讲好红色故事，传承好爱国精神。

中秋节：文创产品的名利场

邢拓

中秋节：文创产品的主战场

老字号的新气象

北京稻香村和文博类综艺节目《国家宝藏》联名推出"中秋奇妙夜"月饼礼盒，在传承节日习俗、发扬饮食文化上做足了功夫。每款月饼的包装上都刻画上了不同历史时期中秋节的特色，同时，还引入了河北省博的"镇馆之宝"——长信宫灯，借助胶片动画的原理，带领消费者回顾中秋节和月饼的发展历史以及它们背后的故事。

老字号五芳斋在2019年推出多款联名产品，包括由法国知名奢侈品品牌战略大师Gérald Galdini大师操刀设计的时尚感满满的"五芳梦月"糯月饼礼盒；与海派剪纸艺术大师李守白先生共同带来传统韵味的"五芳守月"礼盒；携手漫威推出"五芳集结"糯月饼礼盒，为漫威粉打造丰厚周边礼。

近年来颇受年轻人喜爱的香港美心月饼，2019年大打国际牌，一口气推出两款与好莱坞联名的产品。一款是与迪士尼联名的"迪士尼公主音乐城堡礼盒装"，配备双层旋转音乐盒，打造迪士尼公主专属的浪漫体验；另一款是与漫威合作的"复仇者联盟"款卡通月饼，趁着《复仇者联盟4》还有余热，美心集齐了钢铁侠、美国队长、雷神、变形侠医、黑寡妇、奇异博士及蚁侠等七大超级英雄，分别推出了mini版，趣味性十足。

2019年还出现了众多老字号品牌"抱团"联名的现象。天猫邀请了法国三名国际奢侈品设计师，为华美、知味观、杏花楼、广州酒家、稻香村、五芳斋、金樽、嘉华与金九等九家老字号设计推出了月饼包装礼盒。

休闲零食、茶饮企业的跨界联名

近些年来，百草味、三只松鼠等休闲零食品牌不仅频繁在各大影视剧"露脸"，刷足了存在感，还推出了不少节庆主题的联名产品，不断打响国民知名度。2019年，良品铺子与敦煌博物馆合作推出"良辰月·舞金樽"国风礼盒，通过九色鹿、三耳兔、凤凰、翼马、反弹琵琶等敦煌文化元素的运用，展现了一个古老沧桑而又生机如故的敦煌。

百草味联合颐和园推出了"月华升平"中秋礼盒，在月饼内盒搭配上巧设心思，呈现出一副"圆月东升"的仲秋画卷。

近两年，新式"网红"茶饮店喜茶、奈雪的茶、乐乐茶纷纷涉足文创界，推出了粽子、月饼等多款节日限定食品。2019年，喜茶陆续推出了"喜茶饼家"中秋礼盒、"鲜肉月饼"系列、流心奶黄波波冰等产品，为中秋季活动造势。其中，中秋礼盒不仅有时下最流行的流心奶黄月饼、芋泥蛋黄月饼，还尝试研发出藤椒牛肉月饼、麻辣小龙虾月饼，吸引着消费者尝鲜购买。

传统文化场馆的节日造势

2019年，以故宫为代表的各大博物馆竞相推出了中秋节专属的月饼礼盒及周边。**当文博文物与美食点心相融合，创意灵感与中式美学风格便成了消费者的关注点。**

与故宫有关的月饼礼盒便有三款。其中，故宫博物院与万事利丝绸推出的"中秋万事礼"礼盒，其灵感来源于故宫博物院藏的清代《岁朝图》缂丝精品；故宫淘宝联合稻香村推出"入眼秋光尽是诗"月饼礼盒，月饼图案取材于乾隆御笔题画诗墨，馅材和饼皮的选取则基于青、赤、玄、黄、白等传统"五色观"，并增添玄米抹茶、红酒蔓越莓等新潮口味，受到网友热捧。

此外，南京博物院、苏州博物馆、三星堆博物馆、敦煌博物馆等地方博物馆都加入到中秋节的月饼造势大战中，依据地方的文化资源特色打造节日限定产品。

以建筑风格取胜的苏州博物馆，2019年重新推出的"兽宠糯晶"月饼礼盒的造型设计同样讨人喜欢。苏博将鹿禄、禅蟾、祥象、欢獾、师狮等五个馆藏文物打造成五只软萌可爱的卡通形象，向人们传递传统节日的美好祝福。

成都的金沙遗址博物馆2019年首次推出文创月饼礼盒，融合了《山海经》中的经典形象，还复制了太阳神鸟的造型；继"面具月饼"后，三星堆博物馆又打造出"三星伴月"礼盒；成都杜甫草堂博物馆推出"春花秋月"诗意月饼礼盒；浙江省博物馆更是筹办月饼会，市民可以品尝到参照古法制作的"宋朝月饼"。

互联网新贵的节日玩法

中秋节造势自然少不了互联网企业，腾讯、阿里巴巴、百度等头部互联网企业纷纷推出了中秋礼包，贡献了一波话题和关注度。腾讯的"面带明月"礼盒以表情为灵感，各式憨态可掬的表情设计让人好感倍增。

阿里巴巴2019年则推出了20周年特别款礼盒"在一起"，将旗下品牌的动物设成棋子，寓意"棋乐融融"。

字节跳动的月饼设计风格回归传统，仙鹤、圆月、宫殿等中国传统元素的运用体现出东方美学的古典韵味。

网易游戏的中秋礼盒则别出心裁，设计成游戏机的酷炫样式，里边不仅有月饼、茶叶，还附上了一款垃圾分类学习机和垃圾分类秘籍，看来知识和美食要一起消化了。

节日+文创，究竟该怎么做？

通过梳理2019年中秋节节日文创产品，可以发现，中秋节文创产品呈现出几大趋势。

第一，文创产品跨界联名的趋势不断增强。不少食品厂家开始与知名文化场馆合作，借助其文化IP，从月饼选材到包装设计上实现全方位升级。譬如百草味和陶陶居便先后与颐和园合作，推出"月华升平"礼盒、"颐和一盒"礼盒。

第二，文创产品设计追求传统文化美学的回归，主打国风、国潮的产品越来越多。国风、国潮是什么？不少企业给出了他们的解读。以粽子闻名的诸老大2019年与知名IP"吾皇万睡"合作，将国潮、创意风格融入传统美食中；三只松鼠联合孔子动漫设计推出"这就是月饼"系列，包括了动漫版孔子、李清照、苏轼、李白等多款礼盒。

第三，文创产品更新速度快，致力于满足年轻人的偏好诉求。最新数据显示，2019年莲蓉蛋黄馅的月饼销量是2018年同期的近1.8倍，成为最受国民欢迎的月饼，而奶黄、榴梿等口味的月饼销量也不断增长。近年来，不少老字号开始研发更适应年轻人口味的新品。苏州稻香村在传统苏式口味的基础上，又适时增添了流心奶黄、叉烧五仁、香辣牛肉等"网红"口味的新式月饼。

当然，当前的节日文创产品质量良莠不齐，不少产品空有一副好卖相，价格高，口感还差。节日经济是一块蕴藏无限商机的大蛋糕，而"节日+文创"该怎么做，才能做得出彩，让消费者心甘情愿买单呢？**首先，产品质量要有保证。**酒香不怕巷子深，只要足够好吃，就不愁没有销路，这也是众多老字号品牌至今屹立不倒的原因。**其次，颜值和内涵要兼具。**无论是传统中国风的运用，还是嫁接西方的知名IP形象，都应经过精心的设计，打造成具有美学内涵和收藏价值的文创产品；**最后，要有创意思维。**独具一格的创意，才能增强产品的竞争力，成为琳琅满目的市场中消费者的首选。

国庆文旅市场释放出哪些信号

李姝婧

1999年，国务院发布《全国年节及纪念日放假办法》标志着我国开始正式实施"黄金周"制度，从此，"黄金周假日旅游"在我国旅游业中占有着重要地位。在2019年国庆假期，我国文旅市场表现抢眼且亮点纷呈。其中释放了哪些信号？

四大亮点看2019国庆文旅市场

2019年的国庆假期，适逢中华人民共和国成立70周年举国欢庆的重要节点，各地文化活动精彩纷呈。根据文旅部发布的官方数据，2019年国庆七天全国共接待国内游客7.82亿人次，同比增长7.81%；实现国内旅游收入6497.1亿元，同比增长8.47%。

红色旅游成为主旋律

2019年的国庆假日旅游，适逢中华人民共和国成立70周年的重要节点。在浓厚的为祖国庆生的氛围中，各地游客主动前往红色革命遗址参观，接受爱国主义教育。红色旅游成为今年国庆假日旅游的主旋律。在红色旅游目的地的选择上，根据携程大数据显示，在十大热门目的中，北京位列榜首，延安、上海、嘉兴、井冈山、遵义、沈阳、徐州、重庆、南京分列第二至十位。

值得关注的趋势是，年轻人、青少年参与红色旅游的热情高涨。中国旅游研究院发布的最新数据显示，2019上半年，14岁以下游客参与红色旅游接待量按可比口径同比增长17.23%。而在9–10月中，参与红色旅游的客群年龄分布上，"80后""90后"占比提升至41%，60后和70后人群降至30%，10后占比同比增加54%，平均年龄由2018年的31.8岁降至2019年的27.9岁。**未来，红色旅游目的地如何用多种方式吸引年轻群体的进一步关注成为需要考虑的部分。**

夜间经济表现可圈可点

2019年以来，夜间经济的发展成为文旅产业中的热点话题。8月，国务院办公厅发布的《关于进一步激发文化和旅游消费潜力的意见》以及《关于加快发展流通促进商业消费的意见》两份政策中，都对发展夜间经济做出了部署。**在国庆假日旅游中，夜间灯光秀成为观光旅游的网红打卡地，配合国庆主题营造爱国氛围。**

北京、上海、广州、天津、重庆、武汉、成都等城市纷纷在夜间点亮地标建筑，打出"我爱你中国""祖国万岁"等字样告白祖国；不少景区根据自身特点策划的灯光秀也同样引发了强烈关注。例如西安推出城墙"我和我的祖国——西安城墙光影展演"、大唐不夜城《我和我的祖国》及大雁塔北广场水舞灯光秀等活动吸引了大量游客。数据显示，44.96%的游客在长假中参与了夜间旅游活动，夜间旅游休闲黄金四小时（18:00 — 22:00）已经形成，消费内容从吃喝玩乐到文化艺术，消费升级迹象明显，不同年

微评

★ 不论是男女老少，人们对祖国的热爱是从古至今不会发生改变的，并且随着旅游形式的多样化、旅游内容的丰富，才吸引了更多的年轻人参与到红色旅游中。

★ 近年来，利用城市楼梯的灯光打造有关爱国、爱城市的主题灯光秀的形式渐渐兴起，既为夜间城市添加了色彩，也丰富了游客的体验，为夜间经济的发展带来更多的客流。

代的游客夜游花费有所差异，值得注意的是，"80后"在娱乐和购物上消费支出最高，"70后"更追求餐饮品质。

人文旅游地更受欢迎

2019年的国庆假期，各地举办的多样文化活动丰富了旅游市场，为旅游市场增添了不少文化气息。**其中文博参观热潮依旧**：以北京地区为例，国庆期间，北京市重点监测的167家旅游景区累计接待游客1383.3万人次，其中博物馆型景区43.2万人次，历史文化观光型景区305.6万人次，仅故宫博物院国庆七天共接待游客46.2万人次。

各地博物馆纷纷延展或开启夜间开放，充分满足游客多层次的文化需求。国家博物馆延长多个展览展期，海南省博物馆每日延时开放至21时，江西省博物馆首次开启"博物馆奇妙夜"。据调查表明，66.4%的游客假日期间参观了人文旅游景点，59.45%的游客参观了历史文化街区，86.36%的游客参与了两项以上文化活动，充分说明了广大消费者对于文化消费的热情与需求。

游客至上理念深入人心

2019年10月5日，一则温馨提示迅速在网络走红。原因是10月3日，重庆市公安局、文旅委给重庆市民的错峰出行提醒，短信中明确说明"为市外游客提供游览方便"，让游客感受到了城市温度。#重庆有多宠游客#这个话题引发了强烈关注，阅读人次6.2亿迅速飙升微博话题榜。**游客至上、以人为本的理念已经在政府、行业中得到充分的展现。**

与此同时，各地文旅部门为保证文旅市场的安全运行做出了大量努力，努力解决游客出行中可能遇到的各种困

微评

★ "游客至上""以人为本"的理念根本上来说还是要提高游客的体验度，让游客在旅游过程中更加的便利，要十分关注景区基础设施的建设与改进方面的问题。

难。例如龙岩土楼景区、黄石仙岛湖等景区假期增设移动厕所，有效缓解旅游高峰期的如厕难问题；四川峨眉山景区通过景区监测系统、对景区客流量、车辆运行等要素提前预判及时分流游客，有效防范拥堵等，真正意义上做到"游客至上"。

国庆假日旅游背后的消费趋势

当前，**文化消费已经成为国民消费升级的重要标志，与此同时，文旅消费也将为经济的持续健康发展提供新的动能。**2019年，国庆期间各地旅游数据纷纷出炉。根据部分各地文旅数据显示，山东、四川、河南、湖北、山西、湖南、陕西、江西游客数量突破6000万人次。而拥有23个5A级景区、70个4A级景区的江苏省七天旅游总收入超过600亿，成为七天全国旅游总收入第一的省份。

重点城市表现亮眼，旅游内涵式增长趋势日益显现

从全国数据来看，旅游收入增速高于旅游人次的增速，旅游内涵式增长趋势日益显现。从各省数据来看，除了杭州、北京这类老牌旅游热门目的地之外，**重庆、武汉、成都等中西部城市表现抢眼。**重庆市游客总人数近4000万人次，同比增长10.6%，旅游总收入187.62亿，同比增长32.8%；成都市接待游客数量首次突破2000万，同比增长32.7%，旅游总收入286.46亿元。

文旅消费不断刷新纪录，成为提升国民幸福感的重要途径

随着居民生活水平的提高和旅游业的快速发展，人们的精神需求不断提高，旅游成了全民需求。从2013年到2019年，国庆假日全国旅游收入呈现不断提高的趋势，仅国庆前四天共5.42亿人次出游，国内旅游收入4526.3亿元，已经达到2016年国庆7天的旅游收入，**旅游消费创历史新高，小众目的地深度游成为消费观念升级的鲜明注脚。**

微评

★ 未来，文旅消费将以场景理论为理论基础，加入文化和美学要素，营造出全新的文旅消费场景，为游客塑造全新的体验。

深度体验、理性消费成为关键词

伴随文化产业和旅游产业的深度融合，"深度体验游"成为关键词之一。与此同时，我国出境游和国内游的用户更为理性，国内游不盲目追求一、二线城市旅游，海外游的目的地也日趋分散。**注重体验成了民众旅游中的重要需求之一。对我国文旅企业来说，未来应更加注重个性化的定制体验旅游、提升文旅产品质量，更好地满足游客的消费需求。**

北京世园会：从花卉产业到文化产业

张楚炀

【写作背景】2019年4月29日，以"绿色生活，美丽家园"为主题的北京世界园艺博览会在延庆举行，此次世园会将"世界园艺新境界，生态文明新典范"作为办会目标，促进花文化的推广和传播。世园会平台为花卉产业嫁接文化产业提供了契机，解决了当下花卉产业发展中的突出问题，推动花卉产业实现转型升级。

2019年北京世界园艺博览会于4月29日在延庆拉开帷幕，习近平总书记出席大会开幕式并发表重要讲话。这是中国继1999年昆明世园会后，时隔20年再一次举办A1类世园会。"绿色生活，美丽家园"的世园会主题向我们揭示了未来生活新常态。从滇池东岸到京郊妫川，世园会给我们带来了什么？

世园会与花卉产业

花卉并非生活的必需品，但却是高品质生活需求和精神需求的重要保证。前瞻产业研究院发布的《中国花卉行业市场需求预测与投资战略规划分析报告》统计数据显示，2017年我国的花卉生产面积达到137.28万公顷，销售额达到1473.65亿元。

消费升级也带来了花卉消费增长，国内花卉消费量自20世纪80年代以来，以20%的增速快速增长。在现代城市居民的消费中，对花卉的消费量逐年递增。但是，中国花卉的消费相较于世界平均消费水平来说，仍然处于非常初级的阶段。**数据显示，中国人均花卉消费为2.6美元，而世界人均花卉消费水平为137美元。因此，我们可以乐观地看到，国内具有潜力巨大的花卉消费市场，以及基于生态文明建设、乡村振兴等国家发展战略下，花卉产业未来广阔的发展前景。**

生活中对花卉的追求，以及花卉本身的象征和寓意所构成的独特文化符号，都附着在花卉中成为商品附加值。**根植于传统中的独特的中国花文化，在新的时代发展和盛事契机下再次被唤起。**

自1960年首次在荷兰鹿特丹举办的世园会以来，至今共举办了19个A1类世界园艺博览会。A1类世园会是由国际园艺生产者协会（AIPH）批准，国际展览局（BIE）认可的级别最高、影响最大的园艺博览会。中国的昆明、沈阳、台北、西安、青岛、唐山等城市都举办过世园会，但其中举办过A1类世园会的只有1999昆明世园会和2019北京世园会。世界各国争相举办的世园会究竟会给举办城市留下什么？或许，如今的昆明斗南就是对世园会成功举办的最佳注解。

从滇池东岸到京郊妫川

斗南，从籍籍无名到誉满世界的花卉交易市场，是因为1999昆明世园会而发生命运的转折。20年前的昆明世园

微评

★ 新时代随着人们消费水平的提高，对精神享受的追求更加迫切。花卉作为一种美好的事物，插花艺术也十分受到市场的青睐。花卉产业正在成为非常具有活力和前景的产业。

会被称为昆明难忘的"高光时刻"，这不仅是因为世园会使当地花卉产业发生了颠覆性改变，更是对昆明城市发展产生了深远的影响。云南斗南花卉市场发展至今，已经享有"金斗南"之称，出口花卉遍布世界各地，是亚洲地区最大的鲜切花交易市场。目前，国内仍有70%的鲜切花来自昆明斗南花卉市场，在斗南花卉市场，十块钱可以足足买到三大捧鲜花。

世园会促进了花卉产业集群的形成。斗南国际花卉交易中心在1999年建设并投入使用，世园会结束后，斗南花卉市场逐渐形成了市场效应，花卉产业的相关业态，如包装、物流、交易、加工等在此形成了以花卉为核心的集聚区。此外，斗南花卉交易市场还引入了"荷兰式"拍卖的交易模式，这种减价式拍卖交易方式使花农、快速有效地获得市场信息，通过透明、公开的竞价，免去中间交易环节从而使交易更加高效。虽然斗南国际交易中心已经取得快速的发展，但是专业化水平和交易规模等方面仍然有待提高，具有非常广阔的发展潜力。

世园会是促进花卉产业发展的重要契机。花卉产业的发展需要依靠专业技术人才做支撑，包括花卉品种的研发和高科技手段的应用等。"高精尖"成为花卉产业未来发展的方向，借助此次世园会的举办，中关村现代园艺产业创新中心落户延庆，为区域内花卉、园林产业的研发、企业孵化、产业集聚等搭建了创新平台。

世园会促进花卉衍生产业发展壮大。依托花卉资源，建设主题公园并大力发展旅游产业，举办花卉节庆活动进行花卉展示和交易，在此基础上还可以进行特色花卉的文创产品开发。此外，还可以以花入药、以花入菜、以花养生，丰富美食文化、发展康养产业等。在世园会的作用

微评

★ 任何产业的持续发展都需要产业链的支撑。花卉产业也应该深入开发产业链，尤其是花卉作为保存时间短的产品，更要注重产业链紧密相扣的时效性。

下，可以加速培育花卉衍生产业的发展，为区域经济增长和绿色生态文明建设起到重要的作用。

花卉产业到文化产业

中国具有深远悠久的花文化历史，从"桃之夭夭，灼灼其华"到"一陂春水绕花身，花影妖娆各占春"，再到"绀缕堆云，清腮润玉，汜人初见"。花作为重要的文化意象，被历代文人墨客赋予了浓厚的人文精神。因此，**花文化的积淀注定把花卉从一般的农作物剥离开来，作为可以产生文化附加值的农作物，使之具备可以成为发展文化产业的重要基础。**

当然，我们也要直面花文化传播力不足的事实，认识到传统花文化的重要内涵在现代文化传播中的缺失。日本樱花作为日本民族的重要文化内容得到了充分的开发和传播，无论是在影视剧、动漫还是服饰，樱花元素都得到最大化的展现。以樱花为核心的樱花观赏、樱花料理、樱花文创产品同理，荷兰郁金香、法国普罗旺斯薰衣草这些被注入城市乃至国家标签的花卉，就是花文化传播的最好案例。2019北京世园会的举办就是对花文化的一次重要推广和传播平台，古代文人颂花、咏花，现代人爱花、赏花，一脉相承的花文化内涵重新得到诠释和认知。

花卉产业的发展情况是园艺产业乃至农业发展的缩影。荷兰的花卉产业如此发达，除了得天独厚的自然条件，很大程度归因于农业的整体发展环境，以及农业技术层面的优势。荷兰作为世界最大的花卉生产国，其花卉出口额占世界花卉贸易的48%左右，但其大约5000公顷的花卉生产面积是我国花卉总生产面积的1/274，主要采用温室栽培方式。单从花卉生产面积来看，就体现了种植栽培技术在花卉产业发展的重要作用，同时也反映了我国花卉种植技术科技含量低下，专业研发能力不足的问题。

世园会的举办是我国花卉产业嫁接文化产业以实现转型升级发展的重要契机，充分利用世园会的展示平台、创新平台以及交流平台作用，推动我国花卉产业的升级发展。根据目前我国花卉产业的发展现状和突出问题，未来花卉产业升级发展可以从以下三个层面逐一攻克。**第一，**要重视对花文化的挖掘和传播，将花俗、花语等内容作为重要研究对象进行文化内涵的提炼。**第二，**要借助现代科技手段，实现"智能化"种植，技术将成为影响花卉产业未来发展的重要因素。**第三，**不断延伸和完善花卉产业链条，积极与观光旅游、民俗节庆、会议会展等产业进行融合发展，实现业态创新。

热点追踪，文化热点现象的背后机理

随着"Z世代"逐步成为文化消费新主力，新产业模式、新媒介形态、新消费场景吸引了公众视线。"新国潮"、网综题材多样化、打卡式旅游等文化热点竞相涌现。在肯定这些现象对文化产业发展的积极意义的同时，我们更要全面、理性地洞察文化事件的发展轨迹，认真描绘文化热点的全息图像，观察、思辨、收获，在文化热点现象背后寻找文化发展的策略。

《一口菜饼子》主创忆幕后故事

储钰琦

【写作背景】1958年6月15日，中国第一部电视剧《一口菜饼子》诞生。61年过去了，中国电视剧"遍地开花"、包罗万象，内容上把握时代的脉搏，类型上满足大众需求，进入新时代，在数字化创新的背景下，网络剧突飞猛进，互动、VR、弹幕等观剧形式层出不穷……辉煌还在继续。在继往开来的道路上，回首不可丢——听《一口菜饼子》主创们讲讲那过去的故事，他们中有的人已经故去，有的人已经老去，但他们的坚持和执着依然年轻；在开拓进取的前途中，反思不可丢——当下我国国产剧依然存在同质化、低俗化、浮夸化等问题，电视人的初心和责任需要被唤起；在力争上游的进步中，展望不可丢——老一辈电视人的坚持和执着将鼓舞当代电视人不断奋发向上，开疆扩土。

1958年6月15日是中国电视剧诞生日。61年前，中国第一部电视剧《一口菜饼子》在北京电视台（中央电视台前身）试播阶段播出，标志着中国电视剧正式诞生。经过60多年的长足发展，如今的电视剧已拥有其独特的艺术特质，是"飞入寻常百姓家"的大众艺术，成为文化领域最具活力的中坚产业。

现在的我们很难想象电视剧的最初形态是"直播"，也正因为此，早期电视剧未留下任何影像资料。追根溯源，中国电视剧初创时期究竟经历了怎样的探索历程？直播电视剧究竟是什么模样？电视剧直播幕后有什么故事？这些疑问我们都无从考证。幸运的是，**近期我们采访到了《一口菜饼子》部分主创人员：导演梅邨的家属、主演余琳、摄像化民和冀峰、报幕员高方正、幕后人员王显等**，他们虽已年逾古稀，最小年龄84岁，最大年龄90岁，也许彼时的细枝末节已随时间流逝而淡忘，但他们对于电视剧初创期的那段峥嵘岁月，仍然记忆犹新。

国剧诞生：直播剧的最初模样

1958年5月1日中国第一座电视台诞生，仅45天后，中国第一部电视剧《一口菜饼子》播出。担任《一口菜饼子》报幕员的高方正讲述了这部剧的由来："当时时任中央广播剧团副团长的陈赓参加了中央广播事业局召开的一次会议，会议要求各单位宣传节约粮食。陈赓团长会后恰好在《新观察》刊物上看到一篇关于爱护粮食的小说《一口菜饼子》，便连夜把小说改编成广播剧本，隔天就在广播中播出，之后又改编成舞台剧在剧场演出。"自中国电视诞生之后，中央广播剧团经历较大变化，增加了电视任务，剧团也更名为中央广播电视剧团。如何为电视提供节目，成了剧团更名后的当务之急。剧团的长项是广播和舞台实践，搬到电视上对应的就是电视朗诵和电视小戏。电视朗诵相对简单，但电视小戏就不那么容易操作了，陈赓团长和北京电视台领导胡旭共同研究，决定把人物较少、情节简单的《一口菜饼子》搬上电视。

《一口菜饼子》导演梅邨在生前的手稿里写道："《一口菜饼子》是由胡旭和我导演的，当时我们都没有见过电视剧，也没有任何参考资料，排演此剧的时候，胡旭特意去了八一电影制片厂，参观了电影拍戏过程，回来后在《一口菜饼子》舞台剧本的基础上，完成了分镜头剧本，我主要负责排练演员表演。"

可以说，电视剧《一口菜饼子》借鉴了话剧、电影的艺术手法，同时结合了电视技术。报幕员高方正回忆道："当时，有许多人将这种全新的艺术形式称为'电视小品'或'小电影'，普遍观点认为它只会昙花一现，并没有什么发展前景。"其实，在《一口菜饼子》播出之时，我国尚未有"电视剧"的概念，拥有电视机的家庭极少，官方也没有过多关于电视剧的宣传和报道。可以说，《一口菜饼子》是"悄悄"播出的。

参与幕后工作的王显说："《一口菜饼子》播完，大家都在讨论它应该叫什么，它脱离了舞台，像电影却又不是电影，是通过电视广播的全新的戏剧艺术形式，如果叫独幕话剧或电视小戏都不是特别适合，**后来该剧摄像文英光在一次闲聊中提议，广播有广播剧，电视就应该有电视剧，后来经领导们合意商量，并形成文件上报，最终确定了'电视剧'这个新剧种**"。

带机排练：直播前的备战练兵

《一口菜饼子》讲述了一个忆苦思甜的故事，主演余琳回忆了剧中的主要情节，她说："《一口菜饼子》的故事围绕一个四口之家，有爸爸（王昌明饰演）、妈妈（李晓兰饰演）、姐姐（孙佩兰饰演）、妹妹（余琳饰演）4个角色。故事是以长大后的姐姐（李燕饰演）讲述小时候的故事开始，因为生活艰苦，家里的一口菜饼子谁都不舍得吃，爸爸让给妈妈吃，妈妈让给女儿吃，结果谁也没有吃，最后妈妈去世了。"

《一口菜饼子》的情节虽简单，但由于是直播形态，这部30分钟时长的电视剧对播前的带机排练要求相当高。

微评

★ 在我国经济体制市场化改革过程中，产业化融入各行各业，广告等商业性合作是中国电视盈利的主要模式，但过犹不及，现在中国电视的生态不够良好，广告太过泛滥。

直播需要所有台前幕后人员一气呵成，因此，**剧组全体人员必须对每个环节、每个步骤、每个细节烂熟于心，相互配合要严丝合缝，才能保证完成直播任务。**

　　在带机排练现场，导演执导演员们的表演，从动作、表情等细节一一纠正；三个摄像师完成导演发出的推、拉、摇、移等要求，逐个镜头反复排练。导演梅邨生前手稿也记录了当时的场景："剧中人物调动和镜头划分为全景、中景、近景、特写，都是排练好的，播出时由三台摄像机镜头与镜头当场衔接起来，难度相当大，绝对不能出错。幸好电视台有三位从八一电影制片厂调来的摄像师，他们经验丰富，当天直播没有出现任何差错"。

　　化民、冀峰就是其中的两位摄像师，他们对于那段直播过程记忆犹新："带机排练的过程就是不停找问题的过程。摄像机体积大，很笨重，有几十斤重，极其不稳定，经常出现拉毛、断片、抖动等问题。有一次机器怎么修都修不好，我们用脚踢了几下居然就好了。现在听起来有点不可思议，但当时的拍摄条件就是如此简陋和艰苦。不过很庆幸，排练过程的艰辛换来的是直播的顺利和零差错。"

　　参演这部剧的演员原本都是习惯于广播剧的声音表演，擅长对着话筒表演；或者舞台的连贯表演，与观众面对面的表演。主演余琳对于当时初次的电视表演并不适应："当时的电视对我们来说是一个新事物，而面对摄像机表演对我们更是一种挑战。刚开始，我们这些演员没有镜头的概念，经常演着演着就忘记对镜头了，经常需要导演提醒。现场有三台摄像机，它们的位置不是固定的，是运动的，我们在表演之余，必须记住所有镜头的方向和时间点。"

微评

★　1986年版本的《西游记》，为了制造腾云驾雾的效果，六小龄童抽烟吐烟雾，为了练习火眼金睛，六小龄童盯着阳光看，现在的演员似乎没有这种精益求精的付出精神了。

广播剧到电视剧再到网络剧，时代在变化，科技的力量逐渐深入艺术领域，创造出大量具有丰富视觉效果的画面，但科技是把双刃剑，要避之弊，趋之利。

条件虽简陋，排练虽辛苦，但《一口菜饼子》的首播是顺利的，没有出现任何差错。就这样，中国第一部电视剧诞生了。

抬马小组：直播中的幕后团队

《一口菜饼子》中只有4个人物角色，但实际上，在小小的演播间里有四五十个人都在忙碌着，如摄像师、灯光师、场记、剧务以及不少帮着抬电缆的幕后人员。

那个时候的摄像机体积大，还拖着又粗又长的电缆，为了避免直播期间电缆拖动产生的噪音，摄像机的推拉摇移工作必须在多人抬电缆的配合下才能完成。在直播之前，幕后工作人员们必须进行反复排练，明确每一个镜头的走位，才能确保播出的时候没有杂音。王显正是幕后抬电缆中的一员，他说道："我当时是在现场帮忙抬摄像机的电缆。我也是中央广播电视剧团的演员，剧团没参演的其他演员都在幕后帮忙。当时剧团有一个不成文的规定，就是说但凡要播出一个戏，没任务的同志都要去参与幕后工作。"

直播对台前和幕后的标准是同样的，都不能出错。主演余琳还分享了一个幕后小故事："有一次，我们布景的同志在移动背景景片的时候被夹住了手指头。那时候正在播出，他不敢吭声，也不敢动。被景片夹住特别疼，他脸上一直在冒汗，紧皱眉头，龇牙咧嘴，也不敢发出一点声音，生怕影响了直播效果。一直到直播结束，他才把被夹得血淋淋的手指头抽出来。"可以说，如果没有这些幕后工作人员，电视剧直播是无法进行的。"当时的我们没什么岗位的高低贵贱之分，我演出的时候，其他人也来帮忙。不管是什么工种，大家都共同合作、齐心合力，只有一个目标：一切为了播出效果好。"幕后人员王显说道。

报幕员高方正告诉我们，当时剧组给这群幕后人员一个称谓——"抬马小组"（这个叫法是受电影《龙马精神》的一个情节启发而来：一匹老马完成任务后累得倒下了，许多人把它抬了回来），借此比喻："当时的电视剧如同一匹弱马，我们整个团队就是抬马小组，要凭借大家齐心协力才能把它抬起来。"

正是在这样简陋而艰苦的条件下，中国第一代电视剧人克服万难，完成了一部又一部直播电视剧。1958年至1966年间的直播电视剧时期，共播出200余部。直播电视剧虽未留下任何影像资料，但那代电视剧人的创业精神和奉献精神值得被铭记和发扬。

中国电视剧是时代的鲜活注脚，新的时代迎来更多新的变化、新的发展，更需要我们一代又一代电视剧人去记录、去反映、去呈现、去咏叹，传播更多更好的中国故事。

微评

★ "抬马小组"很形象，1958年6月15日的第一部电视《一口菜饼子》确实像一匹小马，如今这匹小马已经精壮，但革命尚未成功，中国电视仍需努力！

★ 艺术反映时代。建国初期为忆苦思甜，我们拍摄了《一口菜饼子》，20世纪90年代为适应大众精神生活需求，我们拍摄了《编辑部的故事》《戏说乾隆》，2017年反腐倡廉，我们拍摄了《人民的名义》。

镰仓电车、重庆轻轨，公共交通工具缘何成为城市旅游打卡胜地

谭腾飞　邢拓

【写作背景】自2018年文化和旅游部挂牌成立之后，文旅融合自上而下得到了政策、产业、企业、城市和居民个体的认可，各地兴起城市地标、网红城市的打造。借短视频和直播的东风，"重庆轻轨穿楼""《灌篮高手》的网红镰仓电车"等公共交通工具作为标志性城市景观被越来越多人知晓，观众亲身前往体验的好奇心被激发，推动了城市旅游业的发展。与此同时，侵占公共空间，影响市民正常生活的问题也暴露了出来，因此，镰仓市观光局明令禁止游客在镰仓高校前拍照，以保证电车行驶和居民出行安全。这一事件启示我们，"旅游+"可以将触角延伸到生活的各个角落，但城市交通工具的主要功能依然是运输而非观光，资源开发也要注意适不适度和恰不恰当的尺度问题，否则一心想做品牌，反而弄巧成拙，弱化了交通本身的品质和安全特性，只能是得不偿失。

因《灌篮高手》等动漫作品走红的日本镰仓高校前站一直是众多日漫粉丝心中的"圣地"，每年吸引过千万游客前往打卡。但2019年4月1日，镰仓市观光局规定，禁止游客在镰仓高校前站拍照，以确保过往车辆的正常行驶和居民的出行安全。其实，如果足够细心你会发现，越来越多的国内城市公共交通工具同样成为年轻旅游者异地出行的必去打卡地，无论是蹿红抖音App的重庆轻轨，还是见证百年历史的香港缆车。虽然如今借助新媒体等网络营销是热门趋势，但任何事物的话题性和传播度都有其内在的逻辑，城市公共交通工具又缘何备受游人关注与青睐呢？镰仓"禁拍"规定又给国内城市怎样的启示？

穿楼而过的轻轨、百年历史的缆车，你都坐过吗？

此前，不少文章都谈到城市形象（如《"抖音"西安、"电竞"成都、"直播"武汉……这些成为网红的城市凭什么》《从网红城市到全球二线，少不入川早已不适用于今日的成都》），重点关注在当今新媒体语境下，国内一众城市如何借助以抖音为代表的新兴媒体平台塑造全新城市形象。

在2018年9月发布的《短视频与城市形象研究白皮书》中，重庆的相关城市形象短视频在抖音App上累计高达113.6亿的播放量，成为当之无愧的"抖音之城"。**而出人意料的是，在与重庆城市形象相关的视频之中，"轨交2号线穿楼而过"力压"洪崖洞夜景""解放碑舞蹈""重庆火锅"等短视频片段，成为抖音用户公认最能代表重庆形象的城市标志。**

很多人形容重庆是一座"魔幻的城市""立体的城市"。这里的建筑依山而建，地势高低起伏，布局参差错落，塑造了重庆独一无二的城市景观。无论是上文中提到的重庆轨道交通2号线，还是素有"排队两小时，体验五分钟"传闻的长江索道。

微评

★ 旅游已经进入人们日常生活，交通是一个旅游地点的重要组成部分，将交通与旅游相结合，也是一个新趋势。

★ 前往长白山的"雪国列车"也是一个著名的例子，当地把一列火车改造成了一个综合体验场所，在旅途中感受游乐园的趣味，影音休闲、儿童乐园和沿途观赏风景变化的大玻璃，是很多地方性旅游景点的范例。

作为城市公共交通系统中的组成部分，两者都在不同时期发挥着运输乘载的重要功能，维持着城市的正常运行秩序。**更为重要的是，因为与外来游客联系密切、互动频繁，两者还承担起了"城市窗口"的功能，并逐步发展成为城市旅游观光的一部分。**近年来，更借助当下移动端短视频的形式与渠道的优势，摇身一变，成了大家口中所谓的"网红景点"。

无独有偶，在距离重庆1500公里以外的香港特别行政区，同样有着备受游客青睐的交通工具。往返于太平山顶与中环花园道之间的缆车开通于1888年，其最初是为了解决两地居民出行不便的问题而建，但目前主要乘客早已从山顶居民变成了观光游客。乘坐山顶缆车除了可以更加便捷快速地登上太平山顶，还能纵览维多利亚港全景，了解香港的百年历史。

有意思的是，打开某旅游App，搜索重庆和香港两座城市的热门景点，"重庆长江索道"和"太平山顶缆车"不约而同地登上各自城市"一周最热景点"榜单的前列。可见，无论是"重庆长江索道"还是"太平山顶缆车"，公众对于它们的认知早已不单单局限于城市公共交通系统中的一个组成部分，城市公共交通工具的旅游价值正在显现。

日本镰仓电车、斯里兰卡海上火车，国外的交通工具也很火

国外的情况又如何呢？

斯里兰卡的海上火车享誉全球，其最初修建与英国殖民时期当地频繁的茶叶贸易有关，后一直沿用至今，成为当地人出行的主要交通工具之一。据说日本动画大师宫崎骏作品《千与千寻》中"海上火车"的灵感便是来源于此。

乘上海上火车，沿着海岸线蜿蜒前行，时而经过简陋的居民区，时而闯进茂密的热带雨林，不失为一种感受当地风土人情的方式。因而许多观光游客返程后纷纷在旅游攻略中将其列为斯里兰卡不得不去的"打卡圣地"之一。

日本镰仓江之岛电车也是一个典型案例。动漫《灌篮高手》承载着一代人的青春热血回忆，片中樱木花道和赤木晴子在铁道口挥手的场景一定让很多日漫爱好者记忆深刻，而镰仓高校前站也因为在《灌篮高手》中出镜而成了一众粉丝心目中的"圣地"，每年到访这里的观光客数量高达两千万。不过即使是对于普通游客而言，镰仓的电车、轨道、海岸线、灯塔等事物，都代表着日本的景观与文化意象，同样能满足游人对于日本的认知与审美的需求。

泰国美功菜市场的火车同样是"网红"交通工具。美功菜市场被铁路轨道横穿，但火车的经过丝毫不影响市场的正常运营，轨道两旁布满了商户摊贩与不绝于耳的叫卖声。每次火车经过前，商家会收起遮阳棚和摆在铁轨边的货物，火车刚刚驶过，商家会马上拉开遮阳棚继续营业。这一奇特惊险的现象每日都会轮番上演，也吸引了无数国内外的背包客慕名前来，拍照留念。

公共交通工具缘何成为旅游界新"网红"

传统的公共交通工具之所以能成为人人竞相打卡的"网红"景点，说到底，还是因为独特的旅游景观与不可替代的文化元素。蒸汽火车、电力机车所象征的工业文

微评

★ 公共交通也是城市建设的重要一环，应当特色化和故事化，发挥旅游功能的同时，发挥文化建设的功能。

明，地铁、轻轨所代表的城市文明，本身就具备相当深厚的底蕴和内涵，直接反映出城市发展与建设的成果和经验。而城市公共交通工具与当地独特的自然人文景观、历史民俗风情相融合，又能给游客带来真实可感的人文体验，获得生理与心理上的双重满足。公共交通工具的走红，可视为交通工具功能在新时期的延展，游客选择这些交通工具并不仅仅是出行的需求，还有着审美、体验的需求。

加上由于各种原因，不少城市公共交通工具原有的运输功能弱化或完全丧失，由服务于当地居民的公共交通工具转变为服务于游客的旅游交通工具似乎也就是顺理成章的事情了。重庆的长江索道、香港太平山的缆车，便是典型的案例。

当然，重庆轻轨、香港缆车、武汉轮渡等国内城市公共交通工具能以旅游景点的形象广泛为大众所熟知，还少不了互联网与新兴媒体的推波助澜。在当下这个"人人都是内容生产者和传播者"的时代，互联网是旅游者出行之前获取旅游资讯和信息的重要渠道，同时也是旅行结束后发表评论、分享体验和交流意见的社交平台。城市特有的交通运载工具在以马蜂窝为代表的旅游攻略平台和以携程、飞猪、去哪儿为代表的在线旅行平台上已经获得了不少曝光和话题讨论，而近年来，以抖音、快手、秒拍为代表的新兴媒体与传播方式出现后，更是迅速推动它们成为"旅游打卡圣地"。

思考与启示

目前城市公共交通类型多种多样，主要有公共汽车、无轨电车、有轨电车、轻轨、地铁、磁悬浮列车、出租车、轮渡、索道、缆车以及公共自行车等，各有特点，每个城市都会根据自身的地理条件、经济实力以及常住人口来选择分配交通工具的比例。

可以明确的是，并非所有城市交通工具都能成为旅游景点，大部分公共交通工具其实并不具备旅游开发的基本条件，特别是对于公交、地铁等客流数量庞大的公共交通工具而言，若强硬地戴上"旅游景点"的高帽子，无疑会给城市治安管理和居民日常出行带来挑战。正如上文提到的日本镰仓。2019年4月1日，镰仓市观光局正式发出通告，禁止游客在镰仓高校前站人潮较多区域拍照，此外，还同样禁止游客边走边吃的行为，以此来加强对游客的管理，从而解决困扰当地已久的正常居民生活出行和城市交通安全运输问题。

诚然，并不是所有的城市公共交通工具都存在转变成为旅游资源的需要。正如国内目前开通"轻轨"的城市中，也独有重庆轻轨特立独行，闻名全国。城市公共交通工具作为城市运行、建设与发展的基础设施，自身的核心功能仍然是运输，即使是当前一座城市存在着旅游资源开发的需求，往往也不会将目光放在公共交通工具上。

在当下文旅融合发展的大背景下，我们在文旅领域的消费似乎更多表现为对于特定文化符号的消费。一部热播的电视剧、一个出圈的短视频、一首爆款的流行歌曲，似乎都有可能会捧红一处旅游景点，吸引无数年轻游客纷至沓来。但是，过多地聚焦于所谓的"网红景点""打卡胜地"，本身并没有太多的意义，充其量不过是完成了一场跟风式的情怀宣泄而已。**文化旅游的真谛，应该更多关注其背后的故事与价值，"身临其境"地体验当地的文旅项目与服务。正如本文探讨的公共交通工具，其应该承载深层次的文化内涵与多方面的历史信息，营造独特的人文氛围，从而为优质旅游提供强大的内容支撑。**

微评

★ 还是要因地制宜，适合将公共交通转变为旅游资源，要在政策和财政方面给予大力支持，不适合转变的，不能胡乱进行，不然就是两手空。

★《灌篮高手》是日本著名的动漫作品，日本把动漫产业化、融合化了，在这方面我们还是要取长补短，《熊出没》的乐园是一个尝试，但是否可以将真实地点与虚拟作品相结合，是我国动漫可以尝试的另一个方向。

《忘不了餐厅》：聚焦"银发一族"的同时，治愈屏幕前的你我

刘小炜

2019年5月12日，老牌综艺《极限挑战第五季》正式开播，原常驻嘉宾黄渤退出录制。婉拒《极限挑战》邀约的黄渤在公益节目《忘不了餐厅》中成为主演嘉宾，这档新节目是何方神圣？9.4分的高口碑背后到底有何魅力？从综艺节目启发对"银发经济"的思考，老年人综艺节目会引发新一轮的综艺潮流吗？

微评

★ 黄渤是个实力派演员，他选择这部综艺的出发点之一是自己的父亲患了阿兹海默症，但更重要的在于他作为一个公众人物的社会责任意识。

《忘不了餐厅》：把阿茨海默症摆在台面上

回顾《极限挑战》，黄渤曾提到，自己的父亲已经"老糊涂了"。在最新一期《忘不了餐厅》中，黄渤更是坦言父亲患上了阿茨海默症。

《世界阿尔兹海默症报告2018》显示，每隔3秒将会产生1位新的阿尔茨海默症患者；2018年全球有5000万痴呆症患者，到2050年将会有1.52亿痴呆症患者。这个特殊的老年人群体需要受到世人关注和理解，而《忘不了餐厅》恰恰好是一档科普与关怀老年人认知障碍的公益节目。在社会责任意识与自身价值取向的作用下，黄渤的选择其实不难理解。

2019年4月30日，《忘不了餐厅》在腾讯视频首播。制作组在全国各地两百多家相关机构面见一千五百多位老人后，选中李君沪、孙丽君、李东桥、胡公英、谭少珠五位患有轻度阿茨海默症，但态度积极、性格各异的老年素人参与节目录制。王童、李纵苇担任导演，作为店长的黄渤将与五位存在认知障碍的老年人共同经营一家"可能会上错菜"的中餐厅。

微评

目前，《忘不了餐厅》在豆瓣评分为9.4分，成为同时段综艺节目口碑排名第一位。以综艺节目的形式将阿茨海默症娓娓道来，把这群特殊的"银发一族"请到荧幕中，《忘不了餐厅》的确做足了功课。

★ 综艺节目这些年备受诟病，《爸爸去哪儿》的假父女关系、《演员的诞生》魔鬼剪辑，但《忘不了餐厅》显示出了综艺节目社会担当。

聚焦银发一族，《忘不了餐厅》如何戳中观众泪点

变化：素人视角塑造平等地位

2017年，广电总局公布《关于把电视上星综合频道办成讲导向、有文化的传播平台的通知》，明确限制全明星类综艺节目的播放，同时鼓励"星素结合"型综艺节目的创作。政策的提出促使"明星+素人"类型节目涌现，但"星素结合"类型的真人秀较多地会将参与节目的素人角色作为衬托，主要焦点仍集中在明星身上。

★ 星素结合是我国综艺节目在政策要求下做出的改变，这不只是形式，是将高高在上的明星与生活中随处可见的普通人放在一个物理空间中，拉近人与人之间的平等关系，也是这档节目的意义所在。

而在《忘不了餐厅》中素人与明星结合的侧重点则有所不同。以往"星素结合"模式下的主配角设定改变，节目焦点与中心明显地放在了五位素人身上，花大篇幅的内

容刻画五位老人的患症状态与所持的生活哲学。黄渤、舒淇等大咖嘉宾的出镜率相对分散且功能性较强，变身为反映老人工作态度、性格特点的衬托和以明星视野传递关怀、科普病症的沟通桥梁。拥有高知名度的明星与已过花甲的普通素人同处在工作环境中，彼此模糊了身份地位的区别，在平等交流与对话中，明星化身为五位素人的衬托配角，更好地表现老年人真实的内心独白与心理状态。

此外，许多针对五位素人的细节设置能够让观众切实地感受到节目的公益初衷与人文关怀，从而促使观众真情实感地成为节目的"自来水"。

内容：聚焦银发一族传递温情关怀

综观目前国内已有的中老年人综艺节目，如养生类《养生堂》、相亲类《幸福来敲门》、明星真人秀类《带着爸妈去旅行》《花样爷爷》、才艺展示类《年代秀》等，大多数会选择老年生活中"幸福""圆满""家庭"等积极方面进行展示，鲜少有直面生命个体的"衰老""病症"甚至"死亡"的客观思考。

《忘不了餐厅》作为全国首档关注认知障碍的纪录观察类公益节目，使用了慢综艺的叙事方法，整体明亮、暖黄的色调衬托温暖、乐观与感动的人文氛围。但其节目主题却是具有强烈悲剧色彩的内核：无论曾经有过多么灿烂的人生，每个人都可能因为自然老化与认知障碍的缘故，渐渐地丧失自主生活起居的能力，遗忘最熟悉与亲近的家人和朋友。以乐景写哀情，这也许是《忘不了餐厅》赚足观众眼泪的重要原因。

贴合生活的选题、立意深刻的内容才能引发观众的情感共鸣。在这个层面上，《忘不了餐厅》敢于选取"衰老"和"病症"这样比较沉重的命题，实际上在用一种温和但坚定的方式告知观众：生老病死是每个人不可逃避、必须经历的过程，遗忘教会人们更好地珍惜。

形式："化险为夷"还原本真面貌

邀请患有认知障碍的素人担任综艺节目常驻嘉宾，这种设定在实际操作过程中具有较多不可控因素，制作单位也需承担较大的风险与考验。对此，《忘不了餐厅》制作组巧妙地根据节目环节设定了多个展现方案：一方面，通过展现患症老年人参与社会活动并在工作中凸显人格魅力的内容，科普认知障碍正确治疗方式，端正大众对于"自然老化"生理现象的态度，打破对于老年人"体弱""低智"等刻板印象。

另一方面，将素人在病理上出现不可控因素的情况转化为新的节目叙事角度，通过不加修饰、没有节目设计的表现形式，反而更加凸显了真实化与生活化，还原了生活的本真面貌，引起观众在"衰老"话题上的共鸣与思考，唤起公众对患症老人的同理心、对老年人心理健康的关注。

从综艺节目引发对银发一族的思考

微评

老年人形象其实始终活跃在国内的综艺节目里。早期的养生类综艺节目中，老年人常作为倾听者与接受者的形象出现；才艺展示类真人秀中，经验丰富与德高望重的老年人常常担任评审角色，普通老年人也在舞台上获得了自我展示的机会；旅行类、相亲类真人秀节目里，老年人开始在综艺节目中大胆表达价值观与家庭观，逐渐把握自身话语权。而公益节目《忘不了餐厅》以科普病症知识的方式发掘老年群体的闪光点与价值点，有意识地削弱了明星光环，**使普通老年人真正地成了综艺节目的主角，使观众眼光聚焦到具有独特心理和生理特征的老年群体当中。**

根据国家统计局发布的数据，截至2018年年末全国60岁及以上人口达到24949万人，占总人口比重为17.9%。相关预测估计，到2030年，我国老龄人口将达到3.62亿人，占比达到25.5%，中国将完全进入深度老龄化阶段。可见在21

★ 我国老年人群体预计在"十四五"期间将突破三亿，我国将从轻度老龄化迈入重度老龄化，关注老年人的精神需求，是市场趋向之一。

世纪上半叶，中国或将成为世界上老龄人口最多的国家。

随着人口老龄化的加剧和老龄化社会的到来，国家越来越重视养老产业的发展，并发布了一系列政策扶持，旨在大力发展老龄消费市场，健全智慧养老基础设施与完善老龄人口相关社会保障制度等。这也意味着以养老产业为核心的"银发经济"也将成为相关产业发展的新蓝海。

"银发经济"所涵盖的范围十分广泛，包括为老年人提供产品与服务的卫生健康、家政服务、日常生活用品、保险业、金融理财、旅游娱乐、房地产、教育、咨询服务等各个产业和领域。不难发现，目前国内对于"银发经济"的发掘点与关注点主要集中在老年人相关的物质消费产品开发上，如养老院的设立、养老医疗基础设施的建设、养老保险的推广、智能穿戴设备开发等。**但是，"养老"不应该只包含物质产品上的富足与便利，老年人的精神文化诉求、心理健康状态同样需要受到大众的关注、理解与认同。**

1999年，世界卫生组织在"世界卫生日"提出了"积极老龄化"的理念，并在2002年发布《积极老龄化——政策框架》的报告。党的十九大报告中也提出了"积极应对人口老龄化，构建养老、孝老、敬老政策体系和社会环境"的倡导，"积极老龄化"成为大家热议的话题。"积极老龄化"的理念包含老年人身体上生理健康与精神上心理健康两方面，可见满足老年人的精神文化需求与精神归属感，相匹配的文化产品和文化服务也应该是"积极老龄化"的重要组成部分。

在此背景下，文化旅游、影视娱乐等相关文化业态能够生产以老年人为核心主题、符合老年人生理特点与价值审美，或有利于年轻观众深入理解老年人心理状态的文化

微评

★ 情感共鸣是一件好的艺术作品的共性，《等着我》能够在赚足观众眼泪的同时，得到社会强烈的关注，也是因为这档节目本身的情感性，《忘不了餐厅》也是如此。

★ 康养经济在农村旅游中优势明显，老年人群体日益壮大，健康养生就成了一片蓝海，但蓝海也会变成红海，关键在于细分化康养经济的类型。

产品。《忘不了餐厅》给年轻人们创造了理解老年人、拥抱老年人的机会。几位阿茨海默症老人在镜头面前真实地呈现着"遗忘"，也是希望观众们"记得"：银发一族生活在每个人身边，每个人终将成为银发一族。

或许《忘不了餐厅》只是一个综艺潮流的开始，但它更重要的意义是，**使更多的人关注到老年人群体，在关注老年人如何引领银发经济发展的同时，更能聚焦银发一族的内心世界和精神诉求。**

食品跨界文创掀"新国潮"

洪欣言

近几年，文创产品开发中频频出现一个新词——"跨界"。顾名思义，"跨界"就是一种由品牌自己开发或是与其他品牌合作，在不同领域开发系列产品的商业形式。其中，最出名的应该数故宫博物院开发的故宫彩妆、故宫火锅等一批博物馆跨界文创，然而"跨界风潮"不只停留在博物馆文创中，而且不知何时起也吹到了食品行业中，各个食品老品牌纷纷投入推出跨界产品研发的行列之中。

大白兔又出新产品，食品企业跨界文创成流行

微评

★ 产业融合的触角可以延伸到衣食住行各个方面，大白兔的护手霜和洗发水，不只代表产品链条的扩展，更是品牌文化的传播。

2019年是大白兔成立60周年，在60周年巡展上大白兔就推出了抱枕、冰箱贴、帆布包等多款衍生产品、联名饮品，随之而来的还有与服装品牌合作推出的大白兔潮服，以及近期火热的大白兔香水等。大白兔趁着品牌60周年庆典好好地为自己做了一次跨界推广。同时，我们发现这种跨界合作越来越频繁，从与本职相关的食品企业合作，到

相差甚远的彩妆、服装等，跨界合作产品似乎成了食品企业的标配。

除了以上这些产品，跨界商品中，我们还能见到诸如口红、眼影盘、指甲油等，确实是"只有想不到，没有做不到"了。

近几年食品跨界逐渐成为新的流行风尚，尤其自2018年开始，旺旺、老干妈、泸州老窖、娃哈哈、大白兔、农夫山泉……"跨界"品牌不胜枚举，国产品牌、国际品牌都纷纷跟风加入。有些食品企业甚至将跨界文创变成了系列产品持续推出。

食品跨界究竟是怎么流行起来的

食品跨界历史不短，互联网推动热潮

早在2016年之前，食品跨界文创就已经开始出现，其中最有名的要数百年企业可口可乐。可口可乐在收藏界也小有名气，除了不同年代或定制的可乐瓶、限量或者限定口味可乐这些尚且与本身饮料产品相关的跨界商品外，可口可乐公司还推出了不少与公司品牌定位"无关"的产品，如可口可乐限量BB机、与Nokia等公司合作的限量版手机等。

食品企业跨界历史并不短，那为什么集中在近几年突然爆发，成为"流行"呢？

说到食品跨界文创爆发，就不得不提到国内食品文创跨界的源头——肯德基。此前，食品企业并非没有尝试，但更多的是在食品口味、包装等方面做文章，这些创意都还未脱离老本行。但是2016年上半年，肯德基脑洞大开推出"吮指指甲油"以及"炸鸡味防晒"，在当时微博上给人们带来了"让人摸不着头脑的惊吓"，在各大社交平台

微评

★ 这就是IP加速消费观念升级的体现，但除了文化上的作用，健康安全、味美价廉也在餐饮文创中发挥着重要作用。

上热度空前，仿佛打开了新世界的大门。**此后，食品跨界文创一发不可收拾，并且每推出一样跨界产品，便能获得极高的网络讨论与关注。**到了2019年，食品美妆就已经变得老生常谈了。**互联网让产品信息的传播变得十分迅速，同时网络带来的开放资源以及创意碰撞，让食品跨界文创变得十分容易，成了近几年的大潮流。**

食品跨界文创带来的"甜头"

食品企业选择跨界推出文创产品，必定是因为"有利可图"。

2018年，旺旺与服装品牌合作的多款联名产品在7秒内售罄，同时给旺旺天猫官方旗舰店带入了比平时翻了十多倍的"粉丝"流量。旺旺与化妆品品牌合作的"旺旺雪饼"气垫粉饼也在预售当天就有近万的预订量。

大白兔的食品跨界文创热潮也是从2018年开始的。2018年9月，大白兔与化妆品企业联名推出的大白兔润唇膏在上架不到2分钟的时间内就被抢购一空，甚至在经过补货后仍旧供不应求。2019年5月份大白兔推出的香氛系列产品也有好成绩，充满情怀与回忆的香氛产品，让一批吃着大白兔奶糖长大的"80后""90后"乃至"70后"心动不已，这一系列产品在开售10分钟后销量达14000余件。

也有老牌非食品企业与食品企业的"反向跨界"。2019年4月底，冷酸灵与火锅品牌合作推出了三种辣度火锅牙膏，首批4000件产品就在半天内售罄，之后加售的牙膏也在11秒内被抢空。冷酸灵也因此吸引了不少年轻消费者的目光，从"老字号"变成了"新潮流"。

从以上几个例子，就能发现，**跨界文创确实能够给企业，特别是老牌国产品牌带来较高的品牌关注度。**食品企

微评

★ 文创产品除了有文化的加持之外，产品质量是很重要的，这涉及产品的竞争力问题和能否发展下去的可持续性问题。

业进行跨界或是尝试扩张市场，或是尝试打造品牌IP，但最重要的是这种跨界文创能够给品牌带来热度，带来流量，让这些看似有些退出主流的企业重新收获年轻人的目光，变成一种"新潮"品牌，而在追寻自由、天马行空，乐于尝试新鲜事物的年轻消费者中，这种摆脱固有思维，又充满童年回忆的情怀商品，无疑充满了吸引力并且具有良好的接受度。

跨界文创是食品企业的新风口吗

然而，这种跨界风潮真如网上看到的"推一个火一个"那样顺利吗？2018年11月下旬开始，娃哈哈就在为特别版营养快线进行预热宣传了，这一特别版营养快线不仅使用了新包装，还附赠"营养快线彩妆盘"。但资料显示，2018年12月1日开始售卖的5000瓶限量特别版营养快线，一直到12月4日都未售完。与2018年末推出的特别版营养快线有所不同，2018年2月由泸州老窖推出的香水红极一时，首批跨界香水的推出就为泸州老窖天猫官方旗舰店销售量带来了941%的增长。然而，全网热度消退后，泸州老窖的香水销量就不断下跌，甚至近期再看，天猫旗舰店中附赠香水的产品类目最高销量甚至不足200。

跨界潮流的背后是消费者的疲劳

食品企业频频推出跨界产品，并以此进行营销，已经引起消费者的疲劳感。发掘了跨界甜头的食品企业开始进行高密度的跨界产品推广营销，几乎每个月都有新的品牌联名产品，甚至有时候品牌的新产品还会遇到"打擂台"的情况，跨界产品的竞争也是相当激烈。

同时，每推出一件新跨界产品，网络营销便迅速造势，几乎每一件产品都会以"爆款"的形象出现在大众消费者的眼中。然而接连不断的产品、新广告、营销软文，让消费者疲劳不堪。从最初的由衷赞叹、主动搜寻产品咨询，到如今内心的毫无波动，**跨界文创的效力似乎在慢慢减弱，这样的营销方式带来的"甜度"也在逐渐降低了。**

消费者的疲劳也是创意者的疲劳

食品跨界的文创产品源源不断，就像创意源源不断一样。**但事实上，消费者已经很难从食品跨界产品中得到新鲜感了，同质化的产品类型、同质化的设计方式，让人不禁质疑是否有"创意"的部分存在。**这些炒热的跨界产品多数都集中在服装与美妆，有许多并不是第一次见了。服装、口红、润唇膏等，不仅是选择跨界的行业或者产品都差不多，有时候这些产品的设计也让人感觉似曾相识，甚至偏激一点的人会觉得"这些产品都一样，只是打上了品牌的标志"。**此外，我们还可以发现，食品品牌的跨界文创仍然处在较低的层次，很多产品的设计只是将品牌授权的商标和口号以不同的方式印在产品上，缺乏新意。**

结语

"跨界"让许多老字号重新回到大众视野中，不论是对品牌有情怀的人，还是对青睐老字号新潮的人。跨界营销让老品牌重新焕发生机的背后是企业的努力尝试迎合消费者需求，顺应市场变化而进行的积极尝试。但是，选择跨界的企业尝到跨界文创的甜头时，还是不能忘记自己的品牌定位，不能顾此失彼、本末倒置，毕竟能够不被时代抛弃并有余力选择"跨界"的，都是立足于自身受广泛欢迎的"本职"产品的基础上，跨界文创应该是为品牌锦上添花，而非画蛇添足。

《乐队的夏天》，能否带来独立音乐的黄金时代

范志辉

微评

★ 制作方的眼光很重要，米未传媒从做出《奇葩说》开始，就一直在赢取观众的目光，这次《乐队的夏天》也是之前没有出现过的节目类型。

2019年5月25日，《乐队的夏天》在爱奇艺正式上线，这是米未传媒继《奇葩说》《饭局的诱惑》等节目后主打乐队文化的一档综艺节目，随着节目的播出，讨论度和关注度持续增加，乐队文化也再一次成为关注焦点，属于乐队的夏天能否带领独立音乐走向黄金时代？

"已经不知道是多少次重复来听了""这首歌一直在循环，又丧又有力量""听前奏就莫名的眼眶一热""希望乐队的黄金时代快点到来""说实话，我对乐队就是门外汉不懂，但这首歌是真好"以上评论，摘自《乐队的夏天》第三期刺猬乐队表演时的弹幕，而这首《火车驶向云外，梦安魂于九霄》也在这几天陆续在朋友圈刷屏。

从2019年5月25日节目第一期上线时观众对节目过于娱乐化、剪辑不当等的大片吐槽，到第二期斯斯与帆、九连真人等新生力量的初步出圈，直至第三期刺猬乐队、海龟先生、新裤子乐队等高水准表演的呈现，《乐队的夏天》

的口碑似乎有了逆转。不少网友都表示节目越来越好看了，"真香"定律再次应验。

截至2019年6月11日18点25分，爱奇艺风云榜综艺"热度榜"上，《乐队的夏天》（热度4890）的节目热度已经超过《我是唱作人》（热度4543），排在第四位；话题#乐队的夏天#在微博上阅读达到8.8亿，讨论超196.6万。**可以看到，作为一档主打乐队文化的音乐综艺，《乐队的夏天》没有像《中国有嘻哈》那样迅速赢得全网关注，但也具备了初步的讨论度和出圈潜质。**

微评

★ 《乐队的夏天》画面风格很偏向年轻化，节目未开播爱奇艺已经把前期推广和营销做得风生水起，微博上也宣传的热火朝天。

被遗忘与被想象的乐队文化

作为爱奇艺的一档S+级项目，以制作《奇葩说》起家的米未传媒这回切入的是乐队文化。如我们所知，因乐队文化的特殊性和呈现方式的复杂性，之前如《中国乐队》《中国之星》等试图挖掘乐队文化的综艺最终效果都不尽人意。**而事实上，以摇滚为代表的乐队文化在主流层面的失语，早已经不是一年两年的事了。**

1979年，中国有记载的第一支乐队"万马李王"在北京第二外国语学院成立，主要以翻唱一些披头士、比吉斯（BeeGees）和保罗西蒙的歌曲为主；而1986年5月9日，当时只有25岁的崔健在北京工人体育馆举办的"让世界充满爱"百名歌星演唱会上唱起的《一无所有》，**则真正点燃了中国摇滚的星星之火，也算正式进入主流层面的关注。**

接下来的1994年，"魔岩三杰"和唐朝乐队在香港红磡举办的"摇滚中国乐势力演唱会"，第一次让港台看到了内地摇滚的魅力，在魔岩文化的商业运作下，中国摇滚迎来了短暂的高光时刻，但在商业资本的撤离、数字音乐的冲击下由盛转衰，被迫走向地下。

20世纪90年代末，出现了以新裤子、花儿乐队、鲍家街43号等为代表的"北京新声"；2000年左右，出现了聚居着痛仰乐队、舌头乐队、病蛹乐队、秋天的虫子等100多支乐队的摇滚圣地"树村"；2005年，Carsick Cars、Snapline、后海大鲨鱼、哪吒乐队发起过一场No Beijing巡演，后来他们也被冠以所谓"北京超新声"。

毫无疑问，**崔健登上工体之后的30多年里，乐队文化从此再未进入过主流视野**。究其原因，除了早期摇滚乐鲜明的态度，更多是大众在摇滚的想象中形成的刻板印象，这也导致了在主流层面的被遗忘。

崔健曾在采访中提到："摇滚在中国已经背上了一个不公平的名声，好像这是包括一些不法青年、无业游民、吸毒者、性乱者、不守规矩者的一种聚会。"知名摇滚策划人黄燎原更是直指媒体的片面报道，**"中国摇滚乐发展这么慢，主要就是媒体造成的，我觉得媒体要负很大的责任。摇滚乐经常发起赈灾义演什么的，媒体也不去报，然后摇滚乐什么窦唯烧个车上头条了，然后把摇滚乐妖魔化。"**

当然，**随着时代的演进，摇滚本身也在发生着改变，不再是早期传统意义上的摇滚乐队，风格也变得多元，而乐队也不再是只有摇滚这一风格**。而在民谣、说唱、电音纷纷进入商业视野后，以摇滚为主的乐队文化似乎也准备好了迎来自己的夏天。

独立音乐能否迎来黄金时代？

"看到这些乐队的时候，有点伤心。说实在的，因为

微评

★ 消费者具有自主能动性，但也需要被引导，市场上的爆款能追踪出观众的眼睛关注点，《乐队的夏天》引起了很多"80后"的年代回忆，也让"90后"和"00后"熟悉这种音乐形式。

到现在为止，大家都还是特别平凡。其实比20世纪90年代心态好多了，但是大家都老了，挺伤心的。"

当年一帮充满少年心气的帅气小伙子，如今都变成了中年人。这其中的无奈，大概只有这些亲历过平凡又无望的几十年等待的人，才能够真正体会的。

回望这失落的几十年，唱片卖不动了、主流渠道的关闭，处于地下的中国乐队的曝光渠道主要在livehouse、音乐节等现场演出。**这也是为什么痛仰乐队会回答说，他们的灵魂在台下，但这也不可避免地影响乐队做音乐的状态，解散也成为大多数乐队的命运。**

这档来自米未传媒和爱奇艺的《乐队的夏天》，对于中国摇滚乃至中国的乐队来说都是等待已久。而在前期沟通和录制过程中，米未传媒对于乐队和乐队文化的尊重，也赢得了所有乐队的认可。从节目呈现来看，在乐队的音乐性之外，节目组目前也没有为了炒话题去凭空制造戏剧冲突，更多是通过真人秀挖掘乐队的人格特质来增加可看性。

于是，彭磊紧接着也说到，希望"这个节目可以带乐队走向未来，然后，未来可能会是独立音乐的黄金时代"。

那么，曾经在民谣、说唱、街舞的成功经验，能复制到乐队身上吗？这点米未倒是看得比较清楚。米未联合创始人CCO、《乐队的夏天》总制片人牟頔在采访中说到，团队对节目预期并没有那么大的想象，只想做一个大家看了都开心的音乐节目，如果在被大众认识后，"能让乐队未来的状况好一些，那就超预期了。"

另外，我们也必须清醒地认识到，这场以乐队为名的综艺本质上还是商业的一部分。它没有义务肩负复兴摇滚或者乐队文化的使命，最终目的还是将摇滚像说唱

微评

★ 独立音乐往往被看作音乐人不屈从于主流的风骨，不愿被同质化的音乐尊严，但独立音乐人也有资金融通上的困难，这方面是需要市场化的。

★ 乐队音乐也是分众化和圈层化的表现，如何抓住这个圈层的深度用户，产出关联度高的内容，开发付费模式以及其他衍生品，是保持乐队音乐拥有足够吸引力的重点。

一样打包、收编进潮流的生产线，而传播推广只是附带产品。

关于商业文化对亚文化的收编，赫伯迪格在《亚文化：风格的意义》中这样描述到：第一，把亚文化的符号大量生产转化为商品；第二，意识形态上，支配集团会对异常行为重新界定。**对于商业资本而言，重要的不是摇滚、说唱还是电音，重要的是将摇滚包装成一种比流行更为新潮的流行符号，然后再进行商业包装售卖大众。**

当新的流行横空出世，商业体制便迅速将其吸收，等到它开始固步不前，又会有新的亚文化形式出现，又成为商业体制追逐的目标。这大概是亚文化在消费时代的宿命。

想明白了这点，我们才能更清醒地去迎接和争取，所谓独立音乐的黄金时代。

微评

★ 都说赵雷是独立音乐人的代表，他的《成都》把成都带火了，可见一首歌与城市旅游之间的联系，所以"音乐＋旅游"的模式值得探讨。

被"碰瓷"的高校：商标保护路在何方

王硕祎　曹峰

【写作背景】高校商标保护问题由来已久。2003年，挂名"浙大"和"浙江大学"的企业就已经超过了200家；在北京挂名"清华"的企业超过2万家。2009年，吉林大学商标注册数目依然是零。2015年，中国人民大学校徽到期未及时申请续展，该商标被春回大地公司抢注。2019年4月，中国科学院大学发布声明，指出不少社会单位或个人与国科大合作的新闻为不实报道；2019年5月，中国传媒大学发出严正声明，称"中国传媒大学北广在线"未获得本校授权，存在严重的侵权行为。虽然《商标法》中早已规定，高校拥有注册商标的资格，但目前看来，我国高校商标保护的现状并不乐观，存在商标保护意识淡薄、商标注册覆盖范围不全面、商标保护体系不健全等诸多问题。面对这些问题，国家职能部门、行业协会、高等院校、社会单位等多元主体应该齐心协力，共同打击监管，维护良好的市场秩序。

近年来，许多高校都因被社会培训机构"蹭热度"而苦不堪言。一些社会教育培训机构打着名校的牌子进行虚假宣传，刻意误导家长和学生，牟取不正当的利益。类似的现象既损害了高校的名誉，也侵害了广大学生和家长的利益。高校被侵权的现象为何屡禁不止？面对层出不穷的侵权现象，高校应当如何应对？

高校被"碰瓷"：有苦说不出

2019年，中国传媒大学连续发布"严正声明"，称以"中国传媒大学凤凰学院"名义举办的青少年研学、师资培训、交流研讨、比赛展演等活动和以"中国传媒大学北广在线"名义开展的青少年语言大赛、语言测评、合作加盟授权等活动均未获得官方正式授权，这些活动实际上是一场骗局。

随着教育培训行业的规模持续增长，高等院校被"蹭热度"的现象早已屡见不鲜。**这些打着高校旗号和标识的培训机构想方设法打擦边球与名校套近乎、拉关系，通过举办各类培训课程、赛事活动等进行敛财**，让没有进行商标注册保护的高校苦不堪言。

研究生招生考试也是培训机构眼中的一块"大蛋糕"。2019年研究生招生期间，一家名为北京华语时代教育咨询有限公司的企业，以中国政法大学的名义发布标题为"2019年同等学力硕士学位研究生招生简章"的虚假信息，并向每位报名者收取9.8万元的费用。**这样的行为已经涉嫌诈骗。**

还有许多机构以高校名义举办各类考研辅导班或培训班。根据新华视点记者调查，一家名为"常青藤中戏考研"的培训机构宣称能针对中央戏剧学院考研进行辅导，其师资人员也都标注来自中央戏剧学院。根据采访，中央戏剧学院的工作人员否认学校与该机构有任何官方合作合办关系，且已收到多起关于该机构的咨询与投诉。

实际上，教育培训机构利用高校名气进行虚假宣传谋

微评

★ 我国各高校的商标保护现状也不尽相同，清北、复旦等一批"老大哥"院校在商标保护意识上较为领先，其他高校也要吸取经验，结合本校实际，加强商标保护意识和推进实际行动。

利的行为不仅出现在考研、高考等环节，甚至已经广泛出现在中小学、幼儿园以及非学历教育培训班、夏令营、教育基地或联合培养授权挂牌等领域。

一方面，屡禁不止的"碰瓷"现象在很大程度上损害了被"碰瓷"学校的形象和声誉。除了被发现的机构外，还有更多机构仍潜伏在暗中牟利，而高校却因为资源和精力有限，只能对此类难以掌握的侵权行为做出被动反应。

另一方面，这样的侵权行为加剧了教育培训行业的混乱程度，对正规辅导机构的经营产生了不良影响。这些侵权机构通过虚假宣传获取不正当利益，既危害了广大学生的利益，也阻碍了教育培训行业的健康有序发展。

高校为何总是"躺枪"

教育培训行业竞争愈发激烈

我国持续大力支持发展教育，民营教育培训市场体量不断扩大。以全国硕士研究生统一招生考试为例，2010年全国考研报考人数为140.6万人，而在2019年，这一数字已经激增至285万。不仅是考研培训市场，我国的早幼教服务市场在2011年为1793亿元，到了2016年，早幼教服务市场就达到了4716亿元，预计到2021年市场规模将达到9200亿元。根据中国产业信息网发布的《2018年中国教育行业发展现状》，目前我国民营教育市场规模已达2600亿美元（1.6万亿元人民币），且未来将继续以每年9%的速度增长。

在教育培训市场规模快速增长的同时，相关政策规范还并不完善，在愈发激烈的市场竞争中，部分机构为获取利益铤而走险地选择"借助"各大知名高校的名气吸引家

微评

★ 关于商标保护，要在立法层面做好保障，推进商标法、知识产权法等相关法律法规的完善，为高校开展商标保护工作做好法律支撑。

长、学生的眼球，而它们的"成功"也导致许多培训机构竞相模仿。

利用信息不对称编织诈骗陷阱

截至2018年3月30日，教育部公布的全国高等学校共计2879所，而其中的"双一流大学"仅有137所。教学水平高、知名度高的高校数量相对较少，同时在地域分布上相对集中于大中型城市。而与此同时，怀抱"名校梦"的家长、学生群体则十分庞大，这也就给了相关教育培训机构可乘之机。这些机构利用家长、学生与高校以及高校与市场之间的信息不对称，借名校的招牌进行夸大宣传，许多家长和学生由于大意往往容易落入这类诈骗的陷阱，而高校往往也只能通过咨询、举报等方式而得知。

以清华大学和北京大学为例，从2017年至今，与北京大学相关的侵权事件达31件，涉及40余家公司，相关侵权网站、微信公众号等200余个。2019年5月初，清华大学起诉全国各地多个"清华幼儿园"的事件引发热议，折射出光环背后高校的维权压力。

高校商标保护体系不成熟

高校商标保护体系的不成熟首先体现在高校商标意识较为薄弱，在侵权事件中多处于被动状态。高校应提前对商标保护工作进行部署，将具有商业价值的名称和校徽等标志性图形进行商标注册，提前确定侵权范围。

根据《高等教育法》第三十条规定，我国对高校的定性为法人，高校在我国属于事业单位法人，而高校的校名也就是法人的名称。**根据《商标法》第四条规定，**自然人、法人或者其他组织在生产经营活动中，对其商品或

微评

★ 高校的商标被盗用或被冒用，本质是因为利益的驱使。高校在某种程度上作为一种权威，具有极高的可信度，这也让不法分子有机可乘。

者服务需要取得商标专用权的，应当向商标局申请商标注册。虽然法律对高校注册商标的资格进行了明确的规定，但目前来看，我国高校商标保护的现状并不十分乐观。

从申请注册商标的标志看，主要包括学校全称、简称、校徽、知名建筑物、景点等。从学校范围来看，清华大学、北京大学、复旦大学等知名度较高的学校申请时间较早，商标保护工作较为全面；而更多知名度不高的学校商标保护意识仍旧淡薄，许多学校甚至还未开展商标注册工作。

这一方面是由于高校内部的人力、物力相对有限，在进行商标梳理、认定、申报等环节缺乏专业人才，不仅在注册商标环节心有余而力不足，面对许多"发现难、查证难、处理难"的侵权行为时，也难以投入足够的资源和精力进行维权。另一方面，目前我国建立高校商标保护体系的意识还相对落后，高校在商标保护方面仍旧势单力薄。

国外高校的启示

国外学校名称的商标保护起源基于市场经济的发展，因而将学校名称作为商标权予以保护，以实现标志教育服务来源的功能。尽管国外大学也是非商业办学，但由于其资金来源主要依靠学校本身，**因此，他们对具有品牌价值的学校名称和标志非常重视，并且形成了保护高校名称商标权的一整套成熟的经营、管理和保护的模式。**

专业独立的许可机构

国外大学的商标在获得法律承认许可后，其他公司组织要想生产销售带有学校名称或符号的产品，首先必须取

微评

★ 高校注重商标保护，不仅能提升学校的经济收益，而且对于提升学校品牌的认可度和影响力也具有重要作用，我国高校的商标保护意识有待加强。

得使用许可。从国外的实际情况来说，学校商标授权使用的机构通常可以分为两类。**第一类为学校下属专门的商标许可办公室**，早在20世纪80年代，国外部分大学就已经成立了自己的商标管理办公室。**第二类为专业的第三方许可公司**，如大学许可公司（CLC），是美国历史最悠久、规模最大的许可公司，客户已有近两百所大学和高校体育组织。

以哈佛大学为例，其商标事务主要由其技术与商标许可办公室负责处理，职能包括技术许可和商标计划两个方面。商标计划对哈佛大学的学校名称包括简称、全称乃至下属的各个学院的名称进行全面的保护，对其商标的许可使用范围、条件、费用以及国际许可等问题都进行了详细规定。在商标许可方面，美国国内的哈佛商标许可事务由其直接管理，哈佛商标的国际许可则由在各国的代理机构负责。各国的代理机构通过与哈佛法律办公室协作，在世界范围内进行商标监控，从而形成了商标许可与保护的一体化。

详尽的商标使用许可

如今，商标使用许可正逐渐成为学校获取品牌价值收益的重要方式。**一项许可协议不仅可以使学校获得资金收益，而且有助于塑造提升学校的品牌认可度和影响力。**为保护学校商标不受侵害，学校会制定详细的使用许可协议。在书面使用许可协议中，被许可人要提交公司和拟用产品的背景资料和财务信息。许多大学要求公司为申请许可的每个产品项目提交样品，由于被许可人尚未取得商标使用权，因此样品不应包括高校的徽记或其他商标。同时，有些大学还对商标在产品上的显示方式做出详细规定：关于设计风格的规定，特别是商标的字体、定位或位置，或者必须使用的某种配色方案。比如，耶鲁大学在使用许可协议中明确规定，对于该校的一些经典商标，在许可产品上只能使用"耶鲁蓝"PMS289号色。

商标监管打击侵权行为

商标监管方面，国外高校分为了两个部分：**一是对市场的监控，掌握学**

校商标使用市场情况；二是对已授权商标的管理和使用该商标的商品的监督，防止高校声誉的损毁。

监控市场，是打击侵犯高校商标权的关键所在。通常，国外高校会选择派遣独立许可代理公司在主要体育赛事和学院展览中寻找侵权商品。据CLC估计，在美国最大的美式橄榄球赛事Bowl Championship Series锦标赛期间，每年平均在主场外没收的未经许可假冒商品的数量接近5000件。

国外各学校同时制定了相应的监管措施，以防止商标滥用造成学校名誉损毁。从各学校的做法来看，主要是进行质量控制。考虑到质量控制能够妥善维护高校商标的品牌声誉，因此高校在订立许可协议时，就要求被许可方保证只能在优质产品上才能使用其商标，并且高校设定了相关机制，以确保所有授权商标的商品在质量控制标准上的一致性。

结语

由于我国高等教育办学理念与西方国家相比存在差异，因此对于西方高校名称商标保护的相关举措，不能完全照搬，而应立足于我国特定的国情上，有所取舍，因地制宜。**首先**，增强高校名称的商标保护意识，形成品牌塑造理念。**其次**，高校应设立专门的知识产权管理部门。**第三**，高校要有一套知识产权管理规则。在高校商标注册之后的使用、许可、维护，专利使用、许可等方面都应有细则，只有在统一规范下，学校的品牌效应才能显现。**第四**，高校可以与专业知识产权服务机构合作。高校可以将知识产权管理方面的专业工作委托给第三方机构，以获得专业化的服务。

"优衣库 x Kaws" 联名款的全民疯抢，救不了品牌稀缺的文创市场

宋立夫　邢拓

2019年6月3日，知名快时尚品牌优衣库与美国当代艺术家Kaws合作的最后一系列联名服饰正式发售。6月3日零点，天猫旗舰店的联名产品上线仅一分钟，便被抢购一空。线下实体店定于早晨十点发售，九点商店门口便排起了长龙，消费者们对优衣库备货量的猜想在这样的氛围中酝酿成消费主义式的焦虑，营业刚刚开始，就有人从缓缓升起的卷帘门下钻进商店，抢购刚码好的T恤或者帆布包，部分实体店的疯抢程度，超出了所有人的预料。有网友说："我可能错过了距离Kaws最近的一次。"从新闻以及流传的段子结合起来推测，大概是因为他跑进了logo相似的名创优品。

Kaws，是谁？

平民化的价格、限定款的魔力、"Kaws"品牌的流量，让"优衣库 x Kaws"的联名款发售，成为行业内又一典型的饥饿营销事件。许多人都在问，甚至一些抢到衣服的人都在问这个问题——Kaws，究竟是谁？

Kaws是美国一名街头艺术家的名字，他擅长于在街头的海报与广告上绘画涂鸦，创办了街头潮流品牌Original Fake，利用各样独有的Kaws式代表元素，进军潮流服饰市场。Kaws在美国、日本等街头文化兴盛的国家颇具名气，2016年后，Kaws进军内地市场，通过与优衣库的联名UT、举办巡回展览等形式逐渐被更多国人熟知。

在这两三年里，Kaws通过跟主流奢侈品牌Dior的合作以及艺术画作的拍卖不断提升市场价值，直至Kaws的白T恤遭全民疯抢，Kaws终于成为现象级的大众"网红"。

在这一场"僧多粥少"的大战中，抢不到的人们只好求助于黄牛与二手平台。在实体店，有人直接将斩获的"战利品"开始转卖和交换；在潮牌二级交易平台上，二手转卖的Kaws UT价格涨到149元到179元不等。国内市场的断货，二手价的上涨，再加上日本的预售时间比中国晚四天，不少网友便开始瞄准了日本代购。

微评

★ Kaws是营销还是艺术，在疯抢事件背后折射的是年轻人的群体文化消费认同，但究其原因是文化符号消费认同抑或是对文化内涵的深刻把握，我们不得而知，也需要更多的研究去填充这个空白。

优衣库与Kaws联名款的火爆场面"似曾相识"，前段时间的星巴克猫爪杯也是如此。再往前，本土的文创产品也引发过大规模的舆论效应，故宫款口红和随之而来的授权暗战大讨论曾一度席卷整个社交媒体圈。

其实，在这之前，优衣库与Kaws两方已经进行了长达三年的商业合作，推出了六季的联名。通过与优衣库的联名，Kaws将其象征着潮流与艺术集合的涂鸦作品借助于一件件普通的T恤贩卖给消费者，成功进军潮流服饰市场。Kaws与快时尚品牌的合作，既体现出艺术品由单一的文创产品向生活美学领域的靠拢与努力，又代表了艺术家在商业版图上的开拓与浸润。

现有文创产品如何实现能级跃迁？

"优衣库 x Kaws"的联名款在商业上的成功，星巴克猫爪杯在社交网络上掀起的热潮虽都堪称现象级，但却只是个例。国内充斥在各地文创市场中的马克杯、T恤衫、帆布包的"文创三大件"依旧不温不火，我们不禁疑惑——我们的文创市场怎么才能实现能级的跃迁？

提升实用价值和视觉创意要素，是做大文创品牌的基础。

一方面，文创产品消费市场已经出现了生活化的新趋势。文创产品早已告别了原始的"明信片、书签与冰箱贴"模式，故宫可以卖起口红，无印良品为新开的咖啡店吆喝，文创产品应该更广泛地植入到数码产品、服装饰品、玩具手办、快时尚潮牌等垂直领域的消费场景中。

在这些生活场景中，文创产品的实用价值能得到真正的彰显。人们对于文创产品的消费，不再仅仅是对于符号和logo本身的消费，**还会看重产品的体验与服务是否能满足自身需求，进而提高生活品质**。优衣库与Kaws的联名款，并非束之高阁、只可远观的纪念商品，而是实实在在能穿在身上、彰显个人身份与性格的物品。

另一方面，消费文创产品的底层商业逻辑是什么？是为以青年群体为主的文创产品消费者提供价值符号的认同感和归属感。而过硬的质量，则是使这份认同感和归属感更加完整的保证。

随着消费社会的发展，人们在注重商品的实用性需求的同时，更为注重附着在商品之上的符号的意义和价值的追求。在全民疯抢优衣库这件事上，人们对于"优衣库 x Kaws"符号价值的消费更甚于商品本身功能的消费。

微评

★ Kaws的成功意味着对文化＋、文化附加值的价值肯定。Kaws联名系列对优衣库其他普通产品更是一种降维打击，同时反观中国服饰制造业现状，这次疯抢无疑给中国相关产品打了一针强心剂，发展前景未来可期。

★ 生活美学，日常生活审美化一定是未来的发展趋势与导向。kaws在青年一代中引发的狂潮让更多文创产品发现了未来发展的方向，也让更多实体制造业发现了"产业又一春"的可能。

凭借其低廉的价格、简约优质的设计、紧跟潮流的出新速度，优衣库成为当代年轻消费者标榜个性与自我表达的不二选择。而Kaws旗下的Companion系列、Bendy系列所代表的涂鸦文化、街头文化，是当代亚文化潮流的重要组成部分，迎合了年轻人的审美需求。

值得一提的是，在2016年之前，火遍美国和日本的Kaws在中国无人知晓，市场知名度非常低。而Kaws在内地的普及，完全是优衣库的卖力宣传与营销在背书。在优衣库的联名营销下，Kaws的知名度、销量与品牌价值不断提升，甚至曾一度超越了Kaws知名度最高的美国，成为销量冠军。

Kaws在中国许多城市都举办了展览活动，市场认知度不断提升。长沙ifs楼顶的巨型雕塑品SEEING/WATCHING，是大中华区首个铜制永久巨型雕塑艺术品。

优衣库和Kaws双方的最后一次强强联合，更使得符号本身所承载的意义被发挥到了极致，消费者在购买商品的过程中完成了符号价值的崇拜，实现了自我价值与身份的认同。**更重要的是，对文化符号的消费实际上是一种社会行为，其社交属性不言而喻。**"当身着同样UT的用户在城市偶遇时，UT变成了社交工具，UT让相遇的陌生人得以找到共同的价值观和存在感。"

创意要素的一贯性，是形成文创品牌的关键。创意要素往往是一个品牌最鲜明的标识。梁文道曾提出一个概念，即"cult brand"，有一些产品品牌即使价格昂贵，喜欢它的人也会从一而终，常年跟随。无论是Supreme的logo，还是Kaws艺术作品的潮流感以及"XX眼"的个性魅力，这些持续性的创意要素和形象标识早已内化成为品牌的核心内涵，对跟随它的消费者产生全面的影响力。

微评

★ Kaws的火爆与成功再次带动艺术品的概念与边界的探讨，近年来，随着大众文化消费时代的到来，波普艺术试图推翻抽象艺术转向符号、商标等具象的大众文化主题。

★ Kaws的成功，受众对文化符号的消费、符号价值的崇拜、自我价值与身份的认同，对文化本身内涵的消解作用又有多大呢？文化变为标签，文化变为虚无前的面具，无法深耕的文化始终浮在表面，扎根内里，同时引领潮流，是艰难又具有挑战性的未来。

文创店卖衣服和衣服店卖文创，哪个才是更适合的商业模式？

优衣库卖服饰，无印良品啥都卖，哪个才是文创产品最佳的供给渠道？

从迈克尔·波特的五力模型来分析，文创行业的进入壁垒并不高。**无论是默默无名新入行的设计师，还是在不同行业领域扎根多年谋求转型与跨界的大师，在文创行业的蓝海中都大有可为。**

在文创领域，鼠标垫、T恤衫、帆布包和丝巾等等形态并不是文创产品的未来，品牌才是。**在没有品牌的时候，拓展自己在垂直领域的影响力。**丰富产品在不同维度上的价值，推动产品向商品转化，扩大行业的"基本盘"。**在品牌获得关注之后，放大自己在横向市场上的知名度。**目前我国文创市场上更多的是小巧、精美的文创IP。它们具有做大做强的潜质，而如何成功"出圈"，打造成知名文创品牌，实现艺术平民化和全龄化的下沉，还需要业界人士的持续探索。

从星巴克猫爪杯"一杯难求"到如今的全民哄抢优衣库联名款T恤，固然有商家的饥饿营销在推波助澜，但其火爆背后反映出的问题也不容忽视。一方面，市场对文创产品有着较大的需求，另一方面，日本和港台代购的不断涌现，境内的火爆与境外的寡淡，暴露了目前文创产业的困境：**缺少优质品牌，现有的文创产品极难获得人们的认可。**

品牌资源的稀缺，造成了消费者对品牌趋之若鹜。市场上一旦有新品出现，消费者们往往蜂拥而至，一哄而上。

无论是优衣库、Kaws，还是星巴克，都不是本土品

微评

★ Kaws×优衣库是一次强强联合，优衣库品牌信誉度与美誉度为联名产品背书，为其文化附加值奠定坚实基础，反观国内无论是文化衍生产品抑或是联名产品，多多少少都在产品质量上出现纰漏，提升产品质量、以质量为根基，以文化为羽翼，才是制胜王道。

牌，本土文创品牌还需要时间去培育。当然，我们也可以看到，以故宫为代表的博物馆界和中国李宁为代表的服饰界在文创产品的开发与更新上迈出了一大步。故宫在文创产品开发和产业链整合上做出了很好的示范；曾经的运动品牌中国李宁在产品设计上加入了更多的时尚和年轻元素，成为新的"中国潮牌"。

　　在消费社会，产品内在所代表的价值理念和文化认同显得尤为重要，它传达出的生活态度和理念被大多数人相信并认同，才能成为引领文化消费潮流的先锋，才能成为定义生活方式和生活美学的文创品牌。

文创观察，用脚步丈量国际文化发展

随着"文化产业"概念的兴起与快速发展，其在各国的产业结构中都占据着越来越重要的位置，同时多元文化也构筑起世界各国独具特色的文化产业发展模式。加强对全球地域文化的丈量与观察，探讨国际文化产业发展的创新路径，有助于推动各国文化发展思路共享与模式互鉴，推动全球文化产业的合作与发展。

向上生长的迪拜，独特的城市营销功不可没

邢拓　林一民

迪拜，因屡破世界纪录的城市建筑、奢华的富人生活、遍地黄金的传说而享誉海内外，成为游人心向往之的世界级旅游胜地。迪拜在旅游业、经济转型与城市更新上取得的成功有迹可循，注重城市营销与宣传便是一个重要的原因。

这个"五一"假期，你出门旅游了吗？是堵在了路上，抑或是在热门景区看"人从众"？支付宝发布的2019"五一"小长假出境游报告显示，今年"五一"出境游依然火爆，其中，在人均出境花销上，中东的阿联酋以人均3275元的消费支出位列亚洲第一，中国游客对于拉动迪拜、阿布扎比等城市的经济具有重要作用。

在入境旅游人次上，迪拜也遥遥领先。万事达卡发布的2018世界旅游目的地指数显示，迪拜继续保持全球第四大旅游目的地城市地位，仅次于曼谷、伦敦、巴黎。作为中东地区最大的航空港，阿联酋迪拜国际机场2018年国际客运吞吐量突破8880万人次，在全球国际机场中排名第一，领先于美国、中国等航运大国，迪拜国际机场也连续第4年成为全球国际客运量最大的国际机场。

游客缘何对迪拜青睐有加

说起迪拜，人们脑海中不禁浮现出沙滩海风、高档酒店、豪华别墅的画面，"土豪"城市的印象深入人心，吸引着来自全世界的游客来此休闲度假。**实际上，迪拜这座新晋"网红"旅游城市在60年前的今天，还只是个籍籍无名的小渔村。**

20世纪70年代，迪拜开凿运河，80年代兴起贸易，90年代推广观光旅游，到21世纪，迪拜已经发展为中东地区的转运中心、观光旅游购物城、科技网络城。在阿联酋，迪拜的石油储藏量占比不到5%，但迪拜10年来GDP总值增长了230%，其中，石油收入仅占6%。旅游、金融业成为迪拜的主要经济收入来源。

从一个不知名小渔村到今天全球闻名遐迩的现代化大都市，除了得天独厚的自然风光，迪拜的城市旅游营销功不可没。

"世界之最"是最好的噱头

世界第一高楼——哈利法塔

哈利法塔，世界上最高的建筑，高达828米，是迪拜众多"世界之最"中最引人瞩目的建筑。乘坐电梯1分钟便可到达124层，向下俯瞰，整座城市的景色尽收眼底。在哈利法塔下，还有世界喷发高度最高的音乐喷泉，其最大的喷发高度达到150米，相当于50层楼的高度。

世界第一大人工岛——棕榈岛

棕榈岛，迪拜三座人工群岛的总称，形状如棕榈树。棕榈岛号称"世界第八奇迹"，其耗资140亿美元，是世界上最大的陆地改造项目之一。

微评

★ 文化品质体现一个城市的内在精神，它赋予这个城市审美功能。当下城市营销绝不仅仅是找几个意见领袖在大众媒体上宣传，就能打造出网红城市的，这种文化品质既是历史的沉淀，也要赋予新时代精神。

★ 营销要有"最"字噱头，世界第一，世界之最等都是城市营销潜力的挖掘点，也最容易让人有记忆点，但"最"字"可遇不可求"，它需要城市管理者把握城市内核，挖掘特色，结合整体规划，打造特色城市。

世界最大的购物中心——迪拜购物中心

迪拜购物中心内部的水族馆。迪拜购物中心坐拥1200家商店，拥有自己的社区，包括数百家餐厅、电影院、豪华酒店、溜冰场、虚拟现实主题公园以及水族馆等商业业态。因为迪拜濒临亚、欧、非三地的特殊位置，使得迪拜购物中心，几乎成了整个中东海湾地区甚至欧洲、非洲及亚洲其他地区许多人士的"购物中心"。

此外，世界最高的住宅楼——公主塔，世界最大垂直立体花园——迪拜奇迹花园，世界最大的室内滑雪场等也都坐落在这座城市中。**这些"世界之最"为迪拜赢得了世人的目光，别具一格的建筑风格设计、环境景观规划和内部装饰集中展现着迪拜的文化品质，迪拜这座城市的旅游吸引力也因此不断提升。**

迪拜能坐拥发达的基础设施和规模庞大的超级工程，和当局者的高度重视息息相关。迪拜领导人谢赫穆罕默德·本·拉希德·阿勒马克图姆曾说过：**"没有人会记得登上月球或珠穆朗玛峰的第二个人，我们想要完成最艰难的任务，想要独占鳌头，应该一马当先。"**正是如此，迪拜以领先的速度与魄力，打造出一个个堪称世界奇迹的"迪拜式"建筑空间与生活标本。位于上海的世界第二高楼上海中心大厦前后花费将近八年时间才得以完工，而哈利法塔用了六年时间，便成就了全球天际线的第一高度，速度之快不禁令人赞叹。

官方的多维度支持

以中阿为例，2016年11月，阿联酋宣布对中国公民给予免签待遇。免签政策使前往迪拜旅游更方便简单。迪拜旅游局统计数据显示，2017年中国游客人数突破76.4万人次，同比增长41%。2018年入境迪拜过夜的国际游客数量为1592万人次，同比增长0.8%，其中中国游客数量达87.5万人次，同比增长12%，中国已经成为迪拜第四大旅游客源市场。

值得一提的是，"一带一路"倡议提出五年多来，取得了很多成果，阿联酋在"一带一路"倡议中发挥着重要的作用。阿联酋是亚洲基础设施投资银行的创始成员国，自阿联酋加入亚投行以来，中国对阿联酋的投资仅2015年一年就增长了33%。这也为双方的商贸、文旅对接打下了坚实的基础。

此外，迪拜当地旅游局还与中国企业深度合作，以数字化服务来吸引中国游客。迪拜旅游局与腾讯合作推出"体验迪拜"小程序，从景点、购物、餐饮、路线等项目上为中国游客提供全方位的咨询服务。当地政府支持支付宝、微信支付在迪拜各大商圈的落地与推广。如今在迪拜购物中心，中国游客在绝大部分餐厅、咖啡厅、时装店都可以使用支付宝支付，购物体验的便捷性与友好性大大提升。

2019年1月20日，阿联酋联邦税务局发布商务旅行者增值税退税指南，称符合条件的外国公司可以申请增值税退税，此举将进一步拉动阿联酋旅游业的发展，推动投资、商贸与消费的增长。

丰富活动吸引多样人群

2019年3月，2019迪拜世界杯赛马日在迈丹马场举行，作为全球奖金最丰厚的赛马日，也是在阿联酋地区长达三个月的迪拜世界杯赛马嘉年华的焦点所在，迪拜世界杯系列赛事从诞生至今始终保持着在全球的极高的吸引力和影响力。另外，迪拜国际游艇展、迪拜国际汽车展、迪拜航空展、迪拜艺术博览会、迪拜美食节、迪拜展销会等**多彩纷呈的展览、文化节事活动，吸引着不同层级、爱好、年龄的人群赴迪拜旅游观光**。

2013年11月27日，迪拜成为首个获得世博会举办权的中东城市，2020年迪拜世博会规划世博园区占地438公顷，预计接待2500万参观人次，可以预见，迪拜世博会将对迪拜旅游产生巨大的拉动作用。

玩转知名IP的阿布扎比

距离迪拜一百多公里的阿联酋首都阿布扎比，地处迪拜2小时交通圈内，便捷的交通、丰富的自然与人文旅游资源，让阿布扎比成为阿联酋旅游观光的第二选择，在某种程度上，其已经成为"大迪拜"旅游圈的重要组成部分。随着迪拜入境游游客数量的不断攀升，阿布扎比旅游业也迎来了新的发展契机。数据显示，在过去4年的时间里，中国公民到阿布扎比旅游的人数增长超过5倍，中国已经超越英国、印度等传统客源市场，成为阿布扎比旅游业主要的国际客源地。在携程、飞猪等App上，"阿布扎比一日游"也多和"迪拜游"捆绑销售、联合推广，飞猪App显示，有31%的用户选择了"迪拜阿布扎比"的双城旅游线路。

阿布扎比作为阿联酋首都，拥有阿联酋80%以上的土地面积和90%的石油存储。广袤的土地也让城市建设与产业的发展拥有了更多的可能性。借助全球知名的IP资源，发展文化旅游产业，打造城市名片与品牌，是阿布扎比城市营销的最大特色。

第一，多方合作缔造文化综合体，提升城市文化艺术气质。早在2007年，阿布扎比便与法国政府合作，在萨迪亚特岛上平地修建起了一座卢浮宫。阿布扎比以高价获得了"卢浮宫"名字30年的使用权，同时从法国卢浮宫、奥赛博物馆、克鲁尼博物馆等13所著名博物馆租借了诸多展品。此外，在萨迪亚特岛上，阿布扎比古根海姆艺术博物馆、谢赫扎耶德国家博物馆也将陆续建成，未来的萨迪亚特岛将成为一个聚集文化、会展、旅游、艺术、地产、商贸等多种业态的城市文化综合体，基于此，阿布扎比自身的文化影响力、文化品牌的号召力将进一步扩大。

第二，植入世界级IP，打造国际旅游度假目的地。位于阿布扎比亚斯岛上的法拉利主题公园是世界上最大的室内乐园。法拉利主题公园内提供了赛车体验、培训演习、产品展示等众多项目，吸引了许多忠实车迷、年轻人前来打卡。紧邻法拉利主题公园的便是亚斯水上世界、阿布扎

微评

★ 城市营销既要有基础设施的"面子"，又要有文化内涵的"里子"，一味地追求标新立异，或贪大求全，反而丧失了城市发展的内核，适得其反。

★ IP可以有多种形式，在城市营销中可以是人物形象，是城市建筑，是地域美食，多种多样，重点是IP要真正发挥辐射作用，通过IP带动地区相关产业的发展。

比华纳兄弟世界两座主题乐园，未来，岛上还将建设第四座主题乐园——阿布扎比海洋世界。众多主题公园、知名IP的落户，既提高了阿布扎比的知名度，媒体纷纷将其称作"主题乐园之都"；又能解决人口就业问题，带动相关产业发展，带来可观的经济效益。

当然，阿布扎比的城市营销并非一味地借"他山之石"，当地丰富的文化遗产、广袤无垠的沙漠自然景观，同样是阿布扎比文化旅游发展的响当当的招牌。

启示与思考

当前，国内很多城市发展呈现出"千城一面"的现象，宣传标语也多冠以"中国××之乡""中国××之都"的称号。**其实，四字、六字的城市宣传标语本身无可厚非，但要让人真正记住并且认同，还要回落到城市的地标建筑、知名景点、城市景观本身，以及城市特色的人文活动的开展。**近几年来，在城市营销与推广上比较成功的，当属有着"西部三雄"之称的西安、成都、重庆。依靠独特的自然景观与人文奇观，三城在短视频平台上脱颖而出，成为国内旅游界的"网红"城市。当然，西安、成都、重庆本身便是历史文化名城，资源禀赋优厚，营销推广起到的是锦上添花的效果，而对于迪拜等资源枯竭型城市而言，城市营销便能发挥"无中生有"的作用。

迪拜、阿布扎比本身是两座类型、风格迥异的城市，两者在发展旅游业的过程中，选择了不同的发展方向。前者在城市的"面子"上下足了功夫，"抬头是高楼、遍地是黄金"的宣传噱头让旅游产业风生水起；而后者显然在"里子"上不断发力，聚焦于文化艺术、主题公园领域，

微评

★ 城市是一个发展综合体，它集文化，旅游，商贸，地产等产业于一身，在发展过程中，要预先进行专业规划，现在国内许多城市的发展路线基本千篇一律，靠地产引资后毫无地区特色可言，因此城市要在提升吸引力上下功夫。

★ 不可把营销摆在城市发展的首位。城市需要通过营销走出去，但也要注意把握营销的尺度，营销是为吸引旅游，其目的在于提升居民收入，提升幸福感，哪怕只是做到城市整洁，交通便利，也足够吸引人，而不是搞一些大而虚的宣传标语。

以期通过文化内涵提升和人文底蕴的沉淀来发挥价值引领的作用。

城市的发展，乃至营销宣传，理应兼顾"面子"与"里子"。既要装点门面，健全城市基础设施与旅游设施，完善公共文化服务；又要加强底气，营造城市的人文艺术氛围，注入更多的文化内涵。在内外兼修的基础上，城市才能形成自身的品格、气质，乃至独特的文化价值观。对于还"养在深闺"的城市而言，在强化基础设施建设的同时，要充分利用好主流的大众传播媒介，基于城市特质发掘适于城市自身的"网红"经济、角色经济、IP经济、"影视游"经济等，通过内容铸造、网络营销来加强城市品牌的知名度和影响力。

法拉利"跨界"主题公园的启示和思考

王径舟

拥有世界上最快过山车的阿布扎比法拉利主题公园是全球第一家法拉利（Ferrari）主题公园，该项目于2010年建成，投资额10亿美元。以法拉利品牌的主色调——红色为主基调，公园有一个直径达66米的巨型跃马厂徽，几乎是法拉利总部的完整再现。

区位决定市场，主题公园的关键

目前，国内主题公园竞争格局呈现"马太效应"，头部集团发展强劲，但近7成主题公园仍处于亏损中，这也是发展过程中需要解决的主要问题。而在国外，成熟的主题公园收入门票占30%，零售占30%，餐饮住宿占40%，二次衍生品（文创产品）的消费成为主要的收入来源。通过多种营收渠道，国外的主题公园基本实现盈利，实现了良性循环发展。

法拉利主题公园坐落于阿布扎比东北部的亚斯岛，距迪拜约一个半小时车程，临近F1赛车跑道——亚斯码头赛道，是亚斯岛汽车运动公园规划中的重要项目之一。从法拉利公园的选址角度来看，处于热带沙漠性气候的阿布扎比常年高温，打造露天开放式主题公园并不符合实际，为了提供更加舒适的游玩体验，除了过山车部分外，法拉利主题公园采取全封闭的室内游公园模式，恒定舒适的温度使游客免受天气的影响。同时，附近的迪拜作为全球知名的旅游城市，拥有哈利法塔、七星帆船酒店等奢华项目，每年都吸引大批游客前来旅游观光，法拉利作为顶级的赛车品牌，其知名度和影响力和迪拜形成共振，吸引大批旅客前往。法拉利公园周边集合了华纳兄弟等一批世界知名乐园，相互配合，形成主题乐园矩阵。

相较于其他世界知名主题公园，法拉利公园的本地区消费辐射力相对较弱。迪拜统计中心（DSC）的统计数据显示，截至2018年，迪拜的总人口数为310万左右，当地人所占比例仅为20%，本地区消费人口数量偏少是一个客观事实。在此情况下，外来游客成为法拉利公园的主要目标用户。据统计，2018年入境迪拜过夜的国际游客数量为1592万人次，阿布扎比也有接近400万的游客入住过夜。

从国内大型主题公园的选址来看，迪士尼选择在上海，环球影城选择在北京，长隆海洋公园选择在珠三角区域中毗邻澳门的珠海，无一不是看中了**特定区域内的消费人口数量以及消费水平**，这些都是主题公园能够持续经营发展的重要基础。但阿布扎比这样一个以石油资源发展起来的城市，建立法拉利主题公园并不完全为了盈利，更多的是为了宣传法拉利品牌，提高市场占有率，同时也为迪拜、阿布扎比这两个城市增加影响力。

IP为王，核心项目的体验与开发

综观全球，以"车"为核心IP进行主题开发的项目并不多，法拉利品牌可以说是第一个，也是全球唯一一个。作

微评

★ 区位因素是一个主题公园发展的重要先决条件和影响因素，但它并不应该成为主题公园发展过程中的桎梏和限制，不同的区位因素反而可以成为园区有针对性地制定发展方向、个性化发展的基础。

为全球知名的汽车公司，法拉利为世人熟知的当然是他们的主要产品——法拉利牌汽车，尤其是赛车和跑车。公园以宣传法拉利的历史和推广法拉利品牌为特色，内有若干个小展厅，这些体验都会使客户提升对法拉利品牌的好感度。

法拉利品牌成为主题公园的核心IP，通过对"法拉利+汽车"概念的拓展延伸来充实公园设施。利用科技来丰富体验项目，拥有全世界速度最快的云霄飞车，加速到240Km/H仅需4.9秒。同时也包括给赛车换轮胎等部分体验类项目，将F1赛车的全过程完整地呈现，充分展示法拉利的科技魅力。

除了一些刺激类的项目，法拉利主题公园中家庭亲子类项目占的比重较大，比如穿越"时光隧道"回到过去，感受法拉利一路走来的辉煌里程碑；也可以由大人带着小孩乘坐有轨法拉利跑车，绕着意大利经典场景开一圈，观赏意大利的名胜古迹。

在青少年驾驶训练营，有针对各个年龄层儿童的游艺项目，可以让依旧学步的娃娃在法拉利赛车区的轮胎间爬行，稍微大一点的儿童也可以驾驶法拉利的卡丁车，慢速行驶在规定跑道上，还有适合青少年的遥控赛车模拟区域。从法拉利主题公园内亲子类项目的较大比重设置上，可以看出其主要目标受众是以家庭为核心，并兼顾青年群体的消费需求。

法拉利主题公园还以汽车为主题进行了相关卡通人物形象的构建，希望通过卡通形象和故事来增加主题公园项目的完整性和趣味性，增加互动体验感，但体验过程中明显感觉知名度不足，卡通形象的塑造并不突出。较于其他主题公园的门票，法拉利主题公园的门票缺少设计，也没有融入和法拉利品牌相匹配的最新科技，仅仅是一张打印纸，门票居然如此的"敷衍"，从侧面体现了公园的细节设计还比较缺乏。

相较而言，迪士尼拥有白雪公主、米老鼠、唐老鸭等等一大批优质IP形象，环球影城也拥有哈利波特、怪物史莱克等优质的IP资源，并且都可以根据每一个IP打造公园内部相对应的街区项目，具有非常大的开发潜力和开发空间。与此同时，迪士尼、环球影城的IP开发更加多元，衍生品的种类丰富。反观法拉利主题公园内，纪念品的开发显得较为单一，只有一些简单的汽车纪念品和衣服，缺少创意价值。

迪士尼公园的口号是："迪士尼给人类提供最好的娱乐方式"。本身就是娱乐公司的迪士尼对公园的打造经营显得游刃有余。而**法拉利公司的核心业务仍然是法拉利汽车的生产销售，主题公园只能算其业务的拓展和延伸，同时核心IP单一也是制约其发展的重要问题，仅仅依靠"法拉利+汽车"的开发，很难取得质的飞跃。**

"巧妇难为无米之炊"，这也许是法拉利主题公园还不够成熟的原因之一。据报道，法拉利公园在欧洲的公园也已经开始营业，中国的投资项目也在逐步推进，未来，随着主题公园数量的增多，法拉利主题公园的开发一定会更加成熟和完善。

中国本土的主题公园，也在致力于打造自己的核心IP，例如"熊出没"系列，在国内有一定的知名度，但在国际上，其知名度和影响力均无法和迪士尼、环球影城相比，甚至连和法拉利这一单一品牌的IP也无法相提并论。珠海长隆海洋王国主打海洋IP，通过利用海洋世界的丰富、奇妙、梦幻的特点，吸引人们前去观看，利用自然资源的深度IP开发也未尝不是一种赶超外国主题公园的一种捷径。**而国内的大公司，如华侨城、万达等也在转型文旅项目，万达更是想通过文旅城的建立转型自己的商业帝国，但核心IP不全，没有足够的创意是其发展的重要阻碍。**迪士尼的IP经过多年的发展，才培养了一大批的忠实用户，**万达缺少时间的积淀，IP项目文化内涵不足，其商业发展的构想还有很长的路要走。**

微评

★ 在体验经济和场景消费深受热捧的消费趋势下，娱乐主题公园在建设过程中应该抓好这一点，不仅打造一个园区，更要为游客创造一次体验、一段回忆。

★ 华侨城投资了很多乡村文旅建设项目，与乡村扶贫和城镇化建设相结合，比如甘坑新镇落地和海南三亚的中廖村，而在主题公园建设上，华侨城创造了独具竞争优势的主题公园演艺活动，拓展了主题公园价值链新的增值点。

★ IP作为一个主题公园的内核，应该成为园区各方面设计围绕的中心，在这些设计中，全产业链思维应该根植于心，这样才能盘活资源，拥有更广阔的发展空间。

品牌"跨界"主题公园——"无中生有"下的思考和启示

从汽车到公园，法拉利品牌深入拓展成为其发展的重要保证

综观世界主题公园，核心IP的开发毋庸置疑是最为重要的。**"无中生有"，帮助法拉利增加了用户黏性。中国的知名品牌不少，再加上拥有巨大的人群基础，市场潜力无限。如何"跨界"，成为需要思考的一个问题。**在法拉利主题公园考察期间，通过对项目的参观和体验，我们发现汽车只是一个引子，有很多项目其实与汽车关联不大，只需要适当拓展，构建属于自己的主题世界就能够成为一个个子项目。

微评

★ 相较世界闻名的迪士尼、环球等主题公园，我国的主题公园影响力低、文化内涵浅、IP开发不完全等问题，在以后的建设中，这些都应成为着力点。

跨界拓展产业链、借鉴国外理念，用中国思路解决中国问题

目前，文化地产成为风口，许多知名公司通过文化地产项目追求企业转型升级。万达城就是典型的案例。**中国主题公园的主题创意，需要借鉴国外理念，建立全面的品牌产业化资本累积，从"中国制造"走向"中国创造"，用现在主题公园的形式将中国文化加以表现，展现其独特的魅力，学会"跨界"来拓展产业链。但最重要的还是要符合中国的国情，解决中国的实际问题。**经济并不算发达的地区如何通过创意，打造品牌化的主题公园，吸引外地游客前来观光游览，并通过提供配套的主题商场、主题酒店、旅游演艺等留下顾客，来助力当地经济持续稳定发展。当地的大公司、大企业要学会承担社会责任，通过建设主题公园，带动周边基础设施的升级，解决地方人口就

业等问题，促进地区经济更加稳定发展。

注重细节、挖掘文化内涵是主题公园的长久之计

从主题公园对文化的挖掘和把握，到挖掘项目创意蕴含的文化内涵上，都要坚持"经得起历史检验、经得起市场检验、经得起文化检验"的原则，千锤百炼，精益求精。法拉利主题公园能否盈利还是个问题，对于不差钱的阿布扎比来说，知名度和影响力也许比赚钱更加重要。致力于增加城市的知名度和影响力，文化、娱乐等精神领域的拓展成为其发展的捷径。**同时注重细节的设计，丰富游客的游玩体验，提供令游客感动的细致服务，是主题公园能够长久维持下去的立身之本。**

微评

★ 主题公园消费注重的是体验，是服务水平，消费者花费得有所用，有所值，能够开心快乐，离开后不后悔这笔花销，并且以后还想再来，这是关键点。

从小渔村到"中东威尼斯"，资源型城市
如何摆脱资源诅咒

曹峰　张园园

20世纪70年代至今，迪拜从石油资源型城市转型为旅游商务型国际化大都市，其华丽转身成为世界瞩目之焦点。迪拜作为资源型城市成功转型的典型代表，其成功发展的秘诀何在？对于我国资源型城市的发展有哪些启示？

从石油暴发户到旅游网红城市

迪拜是阿拉伯联合酋长国人口最多的城市，位于阿联酋东北沿海，濒临海湾的南侧，地处亚、欧、非三大洲的交汇点，占地4114平方公里，人口305万（2018年）。**迪拜从18世纪末的小渔村发展为当今中东地区最大的自由贸易港、经济金融中心、购物中心和航运物流中心，其成就令世人瞩目。**

微评

★ 迪拜从石油资源型城市向旅游型城市转变。先进的城市理念，对城市易达性的追求以及领导人的远见卓识为迪拜的成功转型提供了条件。

第一次转型，从珍珠业到石油业

迪拜作为沿海城市，珍珠业一直是其发展的主导产业，是国民收入的第一来源。迪拜是海湾地区采珠行业和售珠行业的重要城市之一，珍珠业为迪拜人民带来了巨大的经济效益，带动了迪拜经济的快速发展。

迪拜珍珠业具有悠久的历史，在18世纪初期，珍珠业对迪拜经济产生了巨大的影响。1880年至1920年的这一时期是迪拜珍珠贸易的顶峰时期，当时整个阿联酋地区珍珠的出产量达到175万美元，珍珠产业带来的财富占国家收入95%。

直到20世纪中叶，迪拜在珍珠贸易中的垄断地位被打破，由于世界经济危机、人造珍珠的诞生，迪拜天然珍珠产业开始走向衰落。1933年，石油在迪拜境内被发现，珍珠业在迪拜经济生活中的比重逐渐下滑。石油的发现给数千名手工业者创造了工作机会，极大地增加了他们的收入，这使得许多从事珍珠行业的劳动者都转行投入到石油业的工作当中，因为和采珠工作相比，石油勘探和开采的工作给人们带来了巨大的收入和坚固的保障，因此，**石油产业的崛起直接导致了珍珠业的彻底衰落。**

第二次转型，从石油业到旅游业

根据罗斯托经济增长理论，城市不同的发展阶段有不同的主导产业，迪拜珍珠业的衰落意味着另一个产业的崛起。石油的发现，直接导致其取代了珍珠产业的位置，成为迪拜新的主导产业，为迪拜的经济发展注入了新的活力。经过十几年的石油开采，迪拜石油储量逐年下降，无法与沙特、阿布扎比等石油储量丰富的国家或城市竞争，转型成为其迫在眉睫的事情。**迪拜根据城市自身条件和国内外环境选择了适合自己的经济转型模式，发展多元化的高端服务型产业，即横向经济多元化发展模式。**

因此，建设国际性的旅游城市和世界贸易中心成为迪拜的战略抉择，阿拉伯塔、棕榈岛、迪拜码头、哈利法塔、迪拜媒体城、迪拜国际网络城等大量豪华建筑拔地而起。这使迪拜成为中东地区的贸易、金融、商业和旅游中心以及全球最大的人工港和中东最繁忙的货运中心。**步入21世纪，迪拜通**

过贷款融资的方式，完成了以旅游、金融和房地产为支柱的，多样化经济结构转型，"迪拜模式"正式形成。

石油资源型城市转型成功的不是只有迪拜

作为曾经的石油资源型城市，迪拜的成功转型并非孤例，美国的休斯顿和加拿大的卡尔加里也通过经济转型实现了城市的跨越发展。

从油城到太空城——华丽转身的休斯顿

美国的休斯顿，是德克萨斯油田的所在地，曾是世界上著名的油城之一，但如今，休斯顿早已摆脱了油城的称号，转型成为众所周知的太空城。

休斯顿创建于1836年，在1901年德克萨斯油田开发后迅速发展，20世纪60年代之后，石油开采业务开始下滑，休斯顿及时采取措施，制定了转型发展战略，进行优势产业的延伸发展，充分利用石油资源，通过延伸、扩大产业链，带动了石油化工产业、石油工程技术服务业以及装备制造等相关产业的迅速发展，完善了石油产业链条，最实现了石油产业的多元化发展。

除了完善以石油资源为基础的石油产业的发展以外，休斯顿还大力发展非石油产业，推动非油经济的发展。 1962年，美国国家航空和宇宙航行局（NASA）航天中心落户休斯敦，休斯敦紧紧抓住这一机遇，出台了一系列政策措施，创造优势条件吸引和培育高科技人才、企业家团队，强势进军高科技产业，将其发展成为了主导产业，打造出了世人皆知的太空城。再加上其对农牧资源的利用、基础产业的持续发展，休斯顿逐渐摆脱了对石油产业等能

微评

★ 迪拜石油储量不丰富，并不能维持经济的可持续发展，所以，在20世纪80年代，迪拜开始积极地调整产业结构，如今，迪拜已摆脱了对石油资源的过分依赖，从石油资源型城市转变成为现代化服务型城市，迪拜的转型升级模式值得我们学习。

★ 近2万人就业于约翰逊宇航中心（NASA），全美肿瘤治疗和研究中心落户休斯敦，也带动了休斯敦医疗卫生服务业和医疗科研业的发展。同时，休斯敦的金融业、信息产业也发展壮大起来，多种产业在休斯敦兴旺发达，各种产业彼此相互补充、相互支持，使休斯敦成功转型为综合型的工业城市。

源经济的过分依赖。

从加拿大石油之都到世界上最干净城市——未雨绸缪的卡尔加里

卡尔加里位于加拿大阿尔伯塔省南部落基山脉，在1941年发现了丰富的石油和天然气资源，卡尔加里随之进入了快速发展阶段，加拿大87%的油气产业都位于此处，是名副其实的加拿大石油之都。

在当地处于石油资源开发的极盛阶段时，卡尔加里并没有"躺在资源上睡大觉"，而是开始寻求经济的多元化发展，大力完善石油产业的上下游产业链条。**与休斯顿一样，卡尔加里也将目光瞄准了高新科技产业，创造各种优势条件吸引高新科技企业入驻。**目前，卡尔加里的高科技公司涉及石油化工软件与技术、可再生清洁能源技术、农业科技、生物科技，人工智能等多个领域，形成了良好的发展模式。尤其值得一提的是，与其他资源型城市不同，卡尔加里的环境质量在政府和市民的共同努力下，曾多次被联合国人居署评为"世界上最干净的城市"。

从迪拜、休斯顿以及卡尔加里等石油型资源城市的转型之路中，我们不难发现其中的共同点。**首先，从转型时间上来看，**在城市处于兴盛期、快速成长期阶段时，就开始谋划配套产业和接续产业的发展，如卡尔加里在石油产业发展的如火如荼的阶段就开始未雨绸缪、居安思危，谋划完善产业结构，走多元化的经济发展道路。**其次，从转型模式上来看，**这些石油资源型城市的转型多是市场主导式和政府主导式，抑或是两者兼有。如迪拜的转型在很大程度上就依托阿布扎比对其的资助；美国国家航空和宇宙航行局（NASA）航天中心的落户对休斯顿的转型也起着至关重要的作用。**最后，从转型路径上来看，**成功转型的石油资源型城市往往先是完善石油产业的产业发展链条，将石油产业做到极致，然后依托当地的资源优势、政策优势等开拓新兴产业的发展，如迪拜大力发展的旅游业、卡尔加里充分利用其地理优势和资源优势发展的畜牧产业和造船业、休斯顿依托美国国家航空和宇宙航行局航天中心发展起来的航空航天产业等。

石油资源型城市如何摆脱"资源诅咒"

"资源诅咒"是一个经济学理论，指的是资源丰裕度与其经济发展呈反向变化的现象。 当下，如何摆脱"资源诅咒"，如何推动资源型城市的转型和可持续性发展已经成为一个全球性的问题，我国对此也在不断地探索之中。

从2001年首次确定为资源枯竭型城市经济转型试点，到2007年出台第一个针对资源型城市可持续发展问题的综合性政策文件**《关于促进资源型城市可持续发展的若干意见》**，再到2013年**《全国资源型城市可持续发展规划（2013—2020年）》**（以下简称《规划》）的印发实施，我国对资源型城市转型的探索不断深入。在《规划》中，我国首次确定了262个资源型城市，并将其分为四类：成长型、成熟型、衰退型和再生型四种类型，明确了不同类型城市的发展方向和重点任务。其中，石油资源型城市占了16个。石油资源型城市在地理位置、产业结构等方面都具有一定的特殊性，我国的石油资源型城市如克拉玛依、大庆等也都在摸索城市经济转型的道路。但城市经济的转型是一个漫长的过程，非一朝一夕所能完成的，因此，我国绝大部分的石油资源型城市仍处于转型进行时的阶段。

阿联酋迪拜、美国休斯顿、加拿大卡尔加里等石油资源型城市的转型，在城市地理位置、资源条件、经济基础和政府支持等方面与我国的资源型城市存在一定差异，但其发展经验对于我国的石油资源型城市的转型发展仍然具有借鉴意义。

政府主导构建转型期制度体系
资源型城市由于其特殊的社会经济形势，政府就成为

微评

★ 实现石油城市劳动力就业，经济结构优化和升级，建立市场机制实现体制转轨，生态环境整治和恢复，保持社会稳定。资源型城市的转型还有很长的路要走。

其进行经济转型的中坚力量。迪拜在城市转型过程中，专门设立了发展和执行委员会，出台了一系列制度举措，诸如设立经济自由区。自由区内没有税收，不征个人所得税、公司税或进出口税，极大地吸引了外商投资，刺激了经济的发展。有鉴于此，我国石油资源型城市可以结合城市实际情况，通过出台支持政策或制度法规，建立系统的转型政策支持体系和制度保障体系，为城市的产业转型提供良好的制度环境。同时，落实政府主导推动转型发展的责任，在政策支持、生产力布局、资金保障等方面对转型目标产业进行倾斜。

以实际需求为依托，确立转型期主导产业

从迪拜和休斯顿等石油资源型城市成功转型的经验中可以看出，每个城市的顺利转型都是找到了能够替代石油产业的非资源性产业。因此，我国石油资源型城市的转型可以依托城市发展需求的实际状况，确立替代石油的主导产业。**在替代产业的选择上可以因地制宜，突出城市自己的相对特色优势**，诸如依托农业优势，发展绿色食品产业；以工业遗迹优势，发展全域旅游等等，发挥好替代产业的"助推器"作用。

以未来发展为导向，制定转型期城市理念

理念具有先导性，如果确定得当将极大地助力城市的转型发展。"城市作为生活休闲娱乐的综合体"的发展理念，现在得到大力倡导并逐步践行。该理念倡导城市发展应具有多种属性功能，并以旅游观光、休闲娱乐、餐饮购物等为主要特征，城市中应云集大量娱乐和休闲于一体的综合体设施。因此，对于我国石油资源型城市来说，在城市规划转型的初期适时确定城市的发展理念，可以借鉴"城市作为生活休闲娱乐的综合体"的理念，**将该创新理念作为城市转型发展的基本路径，这样能在一定程度上避免资源型城市在主导产业退化期造成的城市"空心化"现象，增加城市吸引力。**

同时，还需注意石油资源型城市在转型的过程中，避免过分追求速度。迪拜在城市发展过程中，投资建设了众多高端工程，然而由于2008年经济危机的冲击，各种建设项目未能实现预期，陷入全面停滞，形成短期债务危机。因此，我国石油资源型城市的转型在确定城市发展转型定位的基础上，可以结合自身城市的经济基础，降低杠杆率，避免过分追求发展速度，从而实现城市的可持续发展。

野生动物大迁徙？不，肯尼亚真的不止于此

熊海峰

一提到肯尼亚，我们脑海中可能会立即浮现出《动物世界》中的壮观场面：广袤的大草原上，烈日炎炎，炙气蒸腾，由无数斑马、角马、羚羊、水牛等动物组成的迁徙大军，拖家带口地从坦桑尼亚的塞伦盖蒂草原北上，横渡马拉河，生死跋涉3000公里，迁徙至马赛马拉保护区。

这可能是大多数国人对肯尼亚的印象了。然而，肯尼亚的神奇与有趣绝不止于此。

开着汽车穿越肯尼亚的部分国土，在主要的城市与乡村落落脚，近距离接触了可爱的肯尼亚人民，火辣的太阳和热情的居民们让我对这个位于非洲东部与印度洋西岸、距离北京9000余公里的遥远国度，有了新的认识和感悟。

公园之国

肯尼亚居然堪称"公园之国"，没想到吧？与我们对非洲荒凉苍茫的刻板印象不同，被赤道横穿而过的肯尼亚其实是一个植被丰富、风景优美的热带国家。同时，他们也非常重视对生态和动物的保护。目前肯尼亚有国家公园及野生动物保护区56个，占到国土面积的7.6%，内罗毕国家公园也是世界上唯一一个位于首都市的国家公园。难能可贵的是，他们的自然保护意识已经深入人心——任你软磨硬泡，当地导游也绝对不会让你将那些可爱的野生动物"拐"回家饲养的，因为他们觉得这些动物属于大自然，人类无权占有。

东非之心

落后贫穷？不，肯尼亚也并非我们想象中那么原始。由于区位优越、法律完善（沿用殖民时代的英国法律体系）以及自1963年独立以来就没有战乱的和平环境，肯尼亚快速成长为东非第一大经济体，成为联合国非洲总部（联合国内罗毕办事处）以及众多跨国公司的东非总部所在地。当前肯尼亚已是东非区域的经济、金融、交通、国际贸易中心。肯尼亚首都内罗毕，更无疑是东非最领先、最时尚、最现代化的"C位"城市。在我的感觉中，相比坦桑尼亚的达累斯萨拉姆（Dar es Salaam）和乌干达的坎帕拉（Kampala），内罗毕要高出了好几个档次，即使与国内的三线城市相比，现代化程度也毫不逊色，而国际化水平则更高。

创新热土

经济实力的增强，让雄心勃勃的肯尼亚政府有了向更高目标进取的底气，积极地谋划打造非洲科技与媒体中心。孔扎科技城（Konza）是正在建设中的高科技产业引擎，占地3万余亩，目前一期基础设施已完成，正在洽谈引

微评

★ 肯尼亚国家公园体系是保护区和国家公园共同构成了肯尼亚的自然保护系统，其中有20处保护区是以"国家公园"名义指定的。1946年设立的内罗毕国家公园是全国第一座国家公园。目前的公园系统涵盖了热带大草原、高山雪峰、珊瑚礁、野生动物禁猎区和原住民居留地。

微评

★ 孔扎科技城位于肯尼亚首都内罗毕东南约70公里。这一科技城由肯尼亚政府于2008年提出构想,2013年1月正式动工建设,目标是将其打造为非洲的"硅谷",发展肯尼亚的ICT、生物技术、电商等高科技产业。

★ "一带一路"坚持全方位的对外开放原则,在已有的合作机制上推动地区建设,实现各地区的繁荣发展,以实现战略对接,打造利益共同体为目标,而肯尼亚相继提出"向东看"政策和制定《2030年远景规划》,在一定程度上与"一带一路"战略形成了战略对接的态势。

入IBM、谷歌、微软等企业,目标是成为"非洲硅谷"。同时,肯尼亚政府邀请了中国企业四达时代共同建设"肯尼亚文化传媒城",该项目预计投资超过10亿美元。根据其总统、信息通信和技术部(ICT)部长的构想,要力求打造非洲的媒体中心。

开放之邦

"亲,这边欢迎您来肯尼亚发展业务呢!"肯尼亚奉行开放发展政策。我国是肯尼亚最大的贸易伙伴和投资来源国,有近200家中资公司在肯开展业务。例如对肯尼亚经济社会发展影响巨大的"蒙巴萨(东非最大的港口城市)——内罗毕"铁路,就是完全按照中国标准、由中国企业承建的。当前在肯尼亚的中国人大约2万人,在入住的酒店中,我们就能不时地碰到同胞。随着"一带一路"倡议的推进,可以预见未来会有更多国人来到这里投资兴业。目前国内已经开通从广州到内罗毕的直飞航线,出行较为便利。值得一提的是,"广州——内罗毕"也是一条"鲜花航线",美丽、优雅与浪漫的肯尼亚高品质鲜花,就是通过这条航线输送入境的。

折叠之都

当然,我们也不能过分鼓吹肯尼亚的高速发展。正如许多高速发展的后起地区一样,农业时代、工业时代、信息时代的典型特征在内罗毕也魔幻般地折叠在同一空间里:这里高速的4G移动网络就应用在刚接触手机的人群之中;这里现代高耸的办公楼宇下面就是低矮脏乱的茅棚;

这里最昂贵的汽车就奔驰在狭窄拥堵颠簸的城市道路上；这里高端的消费不亚于欧美，但实际上40%左右的人每天生活费不足1美元，一些人就靠饭蕉、木薯等食物艰难度日；这里当我们刚走出舒适安全的酒店，等待你的也许就是手机或财物被抢，混乱的治安让你无法追索。

这就是肯尼亚，一个充满发展活力、又深含隐忧的国家。也许正如大草原上那些勇敢的迁徙者一样，只有经过了重重考验，这个国家和人民才能抵达理想的彼岸吧！

微评

★ 非洲已经被纳入"一带一路"的重要区域，而肯尼亚的地理位置优越，海陆交通便捷，已经成为"一带一路"倡议在非洲地区的重要落脚点国家，期待中国与肯尼亚的合作。

从最不发达的国家到小众旅游胜地：坦桑尼亚是怎么做到的

侯雪彤

这里有典型的非洲大草原——塞伦盖蒂，也有赤道雪山——乞力马扎罗，有酷似欧洲小镇的桑给巴尔，也有最原始的马赛部落，这里是联合国评选的世界上最不发达的国家之一，但是这里也同时拥有超过百分之九十的手机普及率和超过百分之六十的移动支付的普及率。让我们一起看看坦桑尼亚的旅游产业缘何蓬勃发展。

微评

★ 坦桑尼亚旅游资源十分丰富，约有38%的陆地被划为自然保护区，有16个国家公园，坦桑尼亚旅游业收入领先于其他东非国家。

2011年，坦桑尼亚政府出台《国家发展规划（2011-2015）》，确定了农业、基础设施、工业、旅游、人力资源、信息通讯六大优先发展领域。**相关数据显示，经过五年发展，2016年旅游业已成为坦桑尼亚的支柱型产业，收入占国家GDP的18%，提供了大约130万个工作岗位。**坦央行数据显示，2018年上半年坦旅游业外汇收入4.03亿美元，同比上升13.6%。坦桑尼亚旅游业蓬勃发展的背后离不开丰富的自然资源、多元的文化资源以及本国政策等因素的支撑。

山林湖海，自然资源得天独厚

坦桑尼亚的旅游产业由自然资源和旅游部管理，从机构的设置便可以看出其旅游产业主要依托于丰富的自然资源。非洲三大湖泊维多利亚湖、坦噶尼喀湖和尼亚萨湖（马拉维湖）均在坦桑尼亚边境线上，东北部的海拔5895米的非洲第一高峰—乞力马扎罗山世界闻名。其他自然景观有恩戈罗恩戈罗火山口、东非大裂谷、马尼亚纳湖等。**坦桑尼亚三分之一的国土为国家公园、动物和森林保护区**。当地共有塞伦盖蒂、恩戈罗恩戈罗等15个国家公园、50个野生动物保护区、1个生态保护区、2个海洋公园和2个海洋保护区。

相比于其他世界知名山峰，乞力马扎罗山更适合旅游开发。虽然号称"非洲屋脊"，但临近赤道，雪线非常高，相对更容易攀爬，因此吸引了大批登山爱好者。目前攀登乞力马扎罗的人均费用超过2000美元，这笔费用除了日常的装备、事物等开销，最大一部分是用于请当地的挑夫和向导。根据乞力马扎罗国家公园管理规定，每个挑夫负载量不能超过20公斤，但是登顶的周期一般为一个星期左右，需要大量的物资，因此山脚名为莫西的小镇中很多当地人都以此谋生。

据统计，每年有超过2.5万名登山客慕名来此，以欧美登山客居多，这里的游客基本没有当地人，当地人基本都在扮演厨师、挑夫等服务者的角色。

殖民历史带来文化融合奇观

2000年坦桑尼亚的桑给巴尔石头城被联合国教科文组织认定为世界文化遗产，**桑给巴尔岛上汇集了非洲、阿拉伯、波斯、印度以及欧洲的文化元素，形成了独特的文化融合的景观**。最直观的反映就是岛上的建筑，根据

微评

★ 历史上作为殖民地，坦桑尼亚经历了深重的苦难。但殖民的历史却为坦桑尼亚带来了多元的文化元素，不同背景的文化元素让坦桑尼亚呈现出了多元文化交融的独特面貌。

统计，城中占最大比重的是印度风格的建筑，共546座，占32%；其次是阿拉伯风格的建筑，共426座，占25%；剩下的则是混合了各种风格的现代建筑及欧式建筑，共256座，占15%，建筑风格的多元性源于其复杂的殖民历史。

殖民历史虽然推动了桑给巴尔文化融合奇观的形成，但我们不得不反思黑奴贸易带来的惨痛历史。非洲这个长久被称为第三世界的大陆，似乎从被发现开始就笼罩在一层悲剧的色彩中，尤其是历史上的黑奴贸易，桑给巴尔正是非洲黑奴贸易的主要中转站。如今，大部分关押黑奴的地牢已被拆除，原址被改建成了一座教堂，也许是对曾经悲惨历史的救赎。

仅存的地牢是大约40平方米的房间，高度只有1.5米，人必须佝偻着身体。据介绍，在黑奴贸易时期，在这样一个逼仄狭小的空间中，一个房间要关押40个人。这些奴隶的吃喝拉撒全都在这个狭小的地下室内，奴隶贩子将奴隶从非洲大陆运到桑给巴尔岛之后让他们暂居于此，待到石头城的奴隶市场开市后再一并转运过去进行交易。狭小的地下室卫生条件极为恶劣，大多数奴隶都因为窒息或疾病死去，最终存活下来的奴隶大约只有6%。

曾经关押奴隶的地下室和奴隶交易市场成了桑给巴尔重要的文化旅游参观地，其中还常设有展现奴隶贸易历史以及世界范围内奴隶状况的展览以及各类文创小店等。

曾经的黑奴交易市场，黑奴在圆台上被当作商品一样展示，买家坐在台下挑选。现在这里已经变成一个当地人的公共空间，很多年轻人在这里进行社交、娱乐活动。

除了桑给巴尔石头城，坦桑尼亚还有重要的人类起源地奥都瓦伊考古遗址，有大量史前时期人类岩画遗存，还有彪悍尚武的马赛人文化和本国的斯瓦希里文化，为当地旅游产业的发展带来了更为丰富的内容支撑。

从观光到体验，旅游产品丰富多元

　　基于优渥的自然资源和文化资源，坦桑尼亚在旅游产品在开发上相对成熟，种类丰富。坦桑尼亚旅游产品具体而言包括以下几部分，一是野生动物观光摄影类，相比于肯尼亚此类产品的大众化趋势，坦桑尼亚政府鼓励发展低密度、高质量的旅游产品，使游客能更好地接触大自然。二是鸟类研究观察，据统计目前世界所发现的鸟类品种大约有7000种，其中有1000多种生活在坦桑尼亚或者在坦桑尼亚可以被发现。三是登山类项目，除了前文提到的乞力马扎罗山，附近的阿鲁沙国家公园的梅鲁山以及马哈雷山也颇受游客欢迎。四是沙滩度假及水上休闲类，主要集中在桑给巴尔群岛、马菲亚岛和达累斯萨拉姆北部的度假村区域。五是文化旅游类产品，当地文物历史管理部门指出，在坦桑尼亚大约有500个文化遗产地，但是目前大约只有20个被开发，未来文化旅游产品的打造将是重要方向。

可持续，促就业，政策引领旅游产业快速发展

　　坦桑尼亚国家级旅游政策早在1991年就已颁布实施，它的主要目的和战略意义是提出在坦桑尼亚可持续地发展旅游业。1999年第二次颁布旅游产业新政策，主要目的是促进经济的发展和人民的生活水平，尤其是减少贫困程度，这一政策的主要内容侧重于立足旅游产业拉动国内就业。其后，坦桑尼亚正式出台了国家层面的旅游产业规划，制定了五大发展方向。第一，在客源市场提高坦桑尼

微评

★ 坦桑尼亚得天独厚的自然资源非常适合体验式为主导的旅游产品的开发，旅游产品开发需要对当地资源进行深度挖掘，瞄准核心定位进行要素配置与布局。

★ 坦桑尼亚正在对其首都和重要旅游城市的港口和机场等基础设施进行现代化改造，也在加快高速公路的建设，不断提升酒店和餐饮的服务质量。

★ 中国是坦桑尼亚第一大贸易伙伴，"一带一路"倡议提出后，坦桑尼亚与中国之间商贸、文化交流和旅游业之间联系日渐紧密，未来一定会有更多中国游客将坦桑尼亚作为出境游的目的地。

亚国家旅游的知名度，第二，丰富坦桑尼亚旅游产品。第三，提高国际市场竞争地位。第四，通过培训提高旅游服务劳动力的技能。第五，促进私人投资和吸引外资。

纵观坦桑尼亚旅游产业的发展，虽然有着丰富的自然旅游资源和人文资源，在世界市场上有较高的认可度，但是它目前已有的滞后的基本设施，加上不够完善的市场营销体系，使得坦桑尼亚的旅游市场目标人群无法朝着多样化发展。从另一方面来看，坦桑尼亚虽然不太适合大众化旅游，落后的基本设施和高昂的成本，为游客出行带来了不便。但是却也推动了坦桑尼亚独特的旅游产业模式的发展——打造低密度，高质量的小众高端旅游目的地。如何化自身劣势为特色，推动旅游产业转型升级？坦桑尼亚模式为我国部分发展文旅产业的经济欠发达地区提供了有益的镜鉴。

◎ 后记

　　本书是"言之有范"系列丛书的第十一卷。"言之有范"从第一卷到第十一卷，其中不仅承载着几年来我和学生们的学术思考，也记录着一批又一批青年才俊成长的轨迹。约翰逊曾言："伟大的作品不是靠力量，而是靠坚持来完成的。"大道至简，贵在坚持。日复一日的学习、分享或许十分辛苦，但当许多学生在毕业多年后还在感慨和怀念那段美好时光时，我倍感欣慰。

　　自2014年创办以来，"言之有范"已走过六载春秋。六年来，"言之有范"坚持每日思考，从实践中获取真知。我的学生们始终坚持把握时代脉搏，探索专业前沿。密切关注政策变化、专业前沿、时政热点，从中进行深度分析和思考。"言之有范"从点滴学术思考札记到自媒体写作分享，早已成为他们步入社会的实践课堂。其中，读书分享、区域规划参与、园区企业联谊等活动不仅有效弥补了课堂教学的不足，也让他们在实践中深刻感受着文化领域的变革和发展。

　　我时常和我的学生们说要乐享生活，快乐科研。要饱含激情地投入生活和工作之中，在实践中快速成长。读万卷书，行万里路，方能做到知行合一。也正是一次次实践让他们学会用脚步丈量世界，用敏锐的眼光把握时代的发展，在快速变化的环境中沉下心来学会思考。在他们的身上，我也学到了很多，在感受着他们新的想法和观念的同时，也让我能够时刻保持一颗年轻的心，和他们一起感受时代的变化和发展，洞察知识的变革和更新。

2020年受新冠肺炎疫情影响，同学们居家长达半年的时间。这段时间的分别我们并没有停止前进的步伐。在此期间，我们采取线上的方式交流学习，共同关注国内外的形势变化、趋势动向，研讨疫情给人们的生活方式和消费方式带来的变革。随着国内疫情取得阶段性成果，当同学们再次回到熟悉的校园，一个学期的分别让我们更加珍惜平日里一起学习、一起生活的快乐时光。对"言之有范"来说，这里是一群志同道合的团队共同奋斗的地方。尽管在这其中会有艰难险阻，坚持努力就一定能够得到收获。无限风光在险峰，未来"言之有范"一定会不忘初心，陪伴大家继续前行。

这一卷的编辑工作由孙巍、常天恺、李姝婧负责统筹，巩仪、赵航、隋缘、万晨阳、李渊、路俊迪、侯晓、张雨曦、李思雨、刘锦、吕璐芳等同学参与了编辑修订工作，在此对他们的辛勤付出和努力表示感谢。